项目管理理论与实务

重庆赛迪工程咨询有限公司／编著

肖学文　刘京安·主编

全过程工程咨询项目关键技术与管理丛书

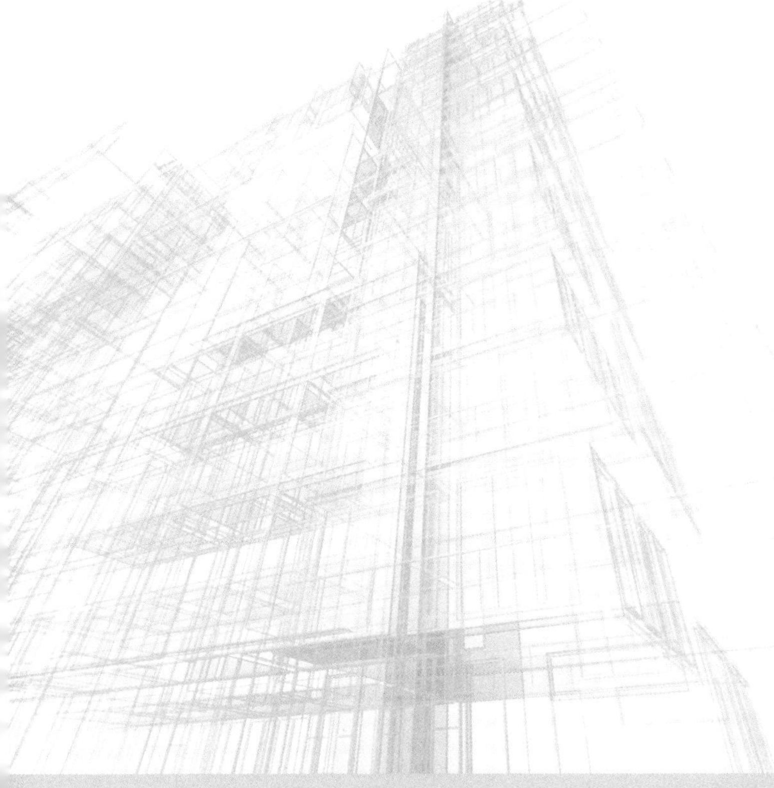

法律出版社
LAW PRESS·CHINA
北京

图书在版编目(CIP)数据

项目管理理论与实务 / 重庆赛迪工程咨询有限公司编著. -- 北京 : 法律出版社, 2023
(全过程工程咨询项目关键技术与管理丛书 / 肖学文, 刘京安主编)
ISBN 978-7-5197-8284-9

Ⅰ. ①项… Ⅱ. ①重… Ⅲ. ①项目管理 Ⅳ. ①F224.5

中国国家版本馆 CIP 数据核字(2023)第 167784 号

项目管理理论与实务 **XIANGMU GUANLI LILUN YU SHIWU**	重庆赛迪工程咨询有限公司 编著	策划编辑 似 玉 责任编辑 似 玉 装帧设计 汪奇峰

出版发行 法律出版社
编辑统筹 法律应用出版分社
责任校对 邢艳萍
责任印制 刘晓伟
经　　销 新华书店

开本 710 毫米×1000 毫米 1/16
印张 19 **字数** 289 千
版本 2023 年 9 月第 1 版
印次 2023 年 9 月第 1 次印刷
印刷 固安华明印业有限公司

地址:北京市丰台区莲花池西里 7 号(100073)
网址:www.lawpress.com.cn
投稿邮箱:info@lawpress.com.cn
举报盗版邮箱:jbwq@lawpress.com.cn

销售电话:010-83938349
客服电话:010-83938350
咨询电话:010-63939796

书号:ISBN 978-7-5197-8284-9
定价:79.00 元
凡购买本社图书,如有印装错误,我社负责退换。电话:010-83938349

全过程工程咨询项目关键技术与管理丛书
编辑委员会

总　序

推行全过程工程咨询模式，是工程咨询领域落实新发展理念、深化供给侧结构性改革、推动高质量发展的重要举措，是全面提升投资决策科学化水平和效益、提升工程建设质量和运营效率的重要方向，也是提高我国工程咨询服务专业化水平和国际竞争力的重要途径。

2017年2月，国务院办公厅印发了《关于促进建筑业持续健康发展的意见》（国办发〔2017〕19号），首次提出培育全过程工程咨询的概念，明确"鼓励投资咨询、勘察、设计、监理、招标代理、造价等企业采取联合经营、并购重组等方式发展全过程工程咨询，培育一批具有国际水平的全过程工程咨询企业""政府投资工程应带头推行全过程工程咨询，鼓励非政府投资工程委托全过程工程咨询服务"。该意见发布至今已6年，这期间各地区、相关企业积极开展实践探索，市场上选择全过程工程咨询模式的项目、提供全过程工程咨询服务的企业不断增多，各地配套政策、制度标准不断完善，全过程工程咨询在我国已逐步成为工程项目管理的主流模式。

在实践过程中，行业和企业不断深化对于全过程工程咨询服务核心理念、所需关键技术能力、组织管理系统等的认识，在大的方向上基本达成了共识。

关于全过程工程咨询的核心理念，大家普遍认同工程咨询领域知名专家、同济大学丁士昭教授的观点，全过程工程咨询模式旨在改变工程咨询碎片化的现状，对投资咨询、勘察设计、造价咨询、招标代理、工程监理和项目管理等专项咨询进行整体性治理，把工程咨询整体集成，提供全生命周期的工程顾问服务。工程设计在工程咨询中起主导作用，引导其他工程咨询业务的进行。

基于全过程工程咨询的核心理念，咨询企业的核心竞争力，除了企业已经具备的专项咨询能力,更重要的是集成整合能力和价值创造能力。工程咨询提供的是智力服务,智力服务的核心竞争力本质上又取决于提供服务的人才水平。改革开放以来,在体制和市场的共同作用下,工程咨询行业形成了投资咨询、招标代理、勘察、设计、监理、造价、项目管理等专业化的咨询业态。与业态相匹配,行业内"一"字型、"I"字型人才储备较为丰富。"一"字型人才知识面较宽,但缺乏深度。"I"字型人才在具体某个专业上造诣较深,但知识结构不够完善,统筹全局的能力相对较弱。借鉴国际咨询顾问大型企业的发展经验,我国发展全过程工程咨询,需要抓紧培养一批既具有扎实系统的专业知识,又具备全局视野和经济、管理、法律等领域知识的复合型人才,即"T"字型人才,为全过程工程咨询业务的持续健康发展和国际竞争力提升提供人才支撑。

与传统工程咨询相比,全过程工程咨询不再局限于单专业或者单独体系的咨询,具有目标多元、主体多样、专业清晰、界面融合、系统开放、管理动态等诸多复杂特征,常规的经验管理、程序化管理体系或系统管理体系已经难以适应全过程工程咨询。这就需要我们借鉴钱学森先生提出的针对融合多学科、多领域工程的管理方法论"综合集成方法论",探索适合全过程工程咨询的综合集成组织管理体系。

只有正确理解全过程工程咨询的核心理念、借鉴国内外优秀工程咨询企业在全过程工程咨询服务中的关键技术与管理经验,培养较多的复合型专业人才,探索建立适合全过程工程咨询的组织管理体系,才能够更好地实现全过程工程咨询服务目标,推动行业高质量发展。

重庆赛迪工程咨询有限公司作为国内工程咨询行业的先行者,多年之前即开始在全过程咨询领域进行探索。2006 年在巴布亚新几内亚瑞木镍钴项目中,公司即开展了以项目管理为依托,覆盖集设计咨询、施工监理、设备监制、造价咨询、结算审核、投产运行服务为一体的全过程工程咨询服务,成为国内工程咨询企业在国外最早成功开展全过程工程咨询服务的典型项目之一。2014 年,重庆赛迪工程咨询有限公司在宜昌奥林匹克体育中心项目开展的全过程工程咨询服务,为本项目获得詹天佑奖奠定了坚实的基础。

2017 年以来,按照国办发〔2017〕19 号文件精神,重庆赛迪工程咨询有限公司加快从传统的工程咨询公司迈向全过程工程咨询企业的转型步伐，入选住建部首批 40 家全过程工程咨询试点企业，跻身行业高质量转型的领军行列。5 年多以来，公司大力开拓，在粤港澳大湾区、长三角地区、成渝地区双城经济圈、海峡西岸经济区、雄安新区、西咸新区等落地几十项全过程工程咨询项目，并成功在印度尼西亚、玻利维亚、刚果(金)等国外项目中推广了全过程工程咨询模式。2022 年以全过程工程咨询模式在 3 个月内高质高效完成中央援港应急医院建设。几年来，公司全过程工程咨询业态涉及项目业态包括医院学校、体育场馆、文化场馆、科技展馆、市政工程、环境治理、军民融合、工业项目等，为行业转型升级积累了成功案例和管理经验。

秉持博采众长的理念，公司积极参与行业交流，在学习实践中追求精益求精。同时也受邀参与标准编制工作，形成了《建设项目全过程工程咨询管理标准》《医疗建筑项目全过程工程咨询管理标准》《全过程工程咨询服务合同示范文本》等一系列具有指导意义的标准成果。

通过这些年的努力，重庆赛迪工程咨询有限公司在实践中更加深刻理解了全过程工程咨询服务的核心理念，初步建立起适应全过程工程咨询服务的组织管理体系，培养了一批既懂技术又懂经济、既懂设计又懂采购和施工、既懂商务又懂法律、既能管理国内项目又能管理国外项目的复合型人才队伍，并且将数字化技术与业务深度融合，创新研发了“轻链”全过程工程咨询业务数字化平台，为推动全过程工程咨询业务的数字化转型作出了新的探索，已经成长为具有行业引领示范效应的全过程工程咨询龙头企业。

本着促进交流，共同提高，共同发展的初衷，我们梳理已经实施的、典型的全过程工程咨询项目，按全过程工程咨询服务内容涉及的投资决策、设计、项目管理、造价、监理、BIM 等关键技术和管理要点总结相关案例。本套丛书比较全面地介绍了在全过程工程咨询服务过程需要关注的重点和难点，既可作为高校和科研院所的学习教材，也可为行业广大从业人员开展全过程工程咨询服务提供有益的参考借鉴。我们希望该套丛书的出版能对全过程工程咨询迈向更高质量的发展贡献绵薄之力，也恳请各位读者提出宝贵意见！

借此机会向一直关心和支持重庆赛迪工程咨询有限公司发展的大型公建、

市政交通、医疗教育、生态景观、环境治理、市政交通、智能制造等领域的企业、平台公司,以及清华、同济、重大等高校致以衷心的感谢。

丁士昭教授在百忙之中欣然为本书作序。中国建设监理协会前副会长、赛迪工程咨询开拓者孙世杰先生为本套丛书的编著倾注了大量心血。法律出版社似玉女士在本书出版过程中给予较多的指导和帮助。在编写过程中本套丛书引用了大量案例,得到了诸多项目单位的理解和支持,也参阅了大量文献,引用了部分著作和文献资料,在此一并表示感谢。

肖学文

2023 年 2 月

推荐序

虽然国际上并没有生命周期工程顾问的服务规程（Life Cycle Project Consulting，LCPC），各国工程顾问的组织模式也不尽一致，但对其内涵的理解是类同的：提倡工程顾问服务视需求延伸到工程项目的运营期；提倡以设计为主导，引领生命周期工程顾问服务；工程顾问服务宜尽可能地整体集成。

作为住建部指定的全过程工程咨询的试点企业，重庆赛迪工程咨询有限公司按照国务院办公厅《关于促进建筑业持续健康发展的意见》（国办发〔2017〕19号）的精神和参照国际上生命周期工程顾问的理念，近年来在国内外顺利、成功地完成了几十项全过程工程咨询示范项目。赛迪作为学习型工程咨询企业，在工程实践中对全过程工程咨询的项目文化、组织模式、管理与控制方法、信息技术运用等方面作了有益探索，并对在工程实践中积累的相关知识和经验进行了提升、创新和总结。在此基础上，赛迪团队在集团董事长的领导下编著了《全过程工程咨询项目关键技术与管理丛书》。它有助于更好地理解综合型全过程工程咨询企业的组织特点、全过程工程咨询过程需要密切关注的重点和难点以及更好地理解全过程工程咨询的关键技术和管理经验，将有利于推动全过程工程咨询事业的高质量发展。

同济大学教授

2022 年 10 月 26 日

目 录

第一篇 全过程工程咨询理论

第二篇 全过程工程咨询案例

第一篇

全过程工程咨询理论

第一章

全过程工程咨询概述

第一节 全过程工程咨询定义

一、全过程工程咨询

全过程工程咨询是指工程咨询方综合运用多学科知识、工程实践经验、现代科学技术和经济管理方法，采用多种服务方式组合，为委托方在项目投资决策、建设实施乃至运营维护阶段持续提供局部或整体解决方案的智力性服务活动。全过程工程咨询包括投资决策综合性咨询和工程建设全过程咨询。

(1)投资决策综合性咨询是指工程咨询方接受投资方委托，就投资项目的市场、技术、经济、生态环境、能源、资源、安全等影响可行性的要素，结合国家、地区、行业发展规划及相关重大专项建设规划、产业政策、技术标准及相关审批要求进行分析研究和论证，为投资方提供决策依据和建议的活动。

(2)工程建设全过程咨询是指工程咨询方接受建设单位委托，提供招标代理、勘察、设计、监理、造价、项目管理等全过程一体化咨询服务的活动。

二、全过程工程咨询的特点

(1)全过程。工程咨询方在项目全生命周期持续提供工程咨询服务,包括项目的决策阶段、实施阶段和运营阶段。

(2)集成化。工程咨询方全面整合项目建设过程中所需的项目投资决策咨询、招标代理、勘察、设计、监理、造价、项目管理及其他专业咨询,实现项目组织、管理、经济、技术等全方位一体化。

(3)多方案。工程咨询方根据建设项目的实际情况和委托方的需求,采用多种组织模式,为项目提供局部或整体多种解决方案。

三、全过程工程咨询的原则

(1)独立。独立是指全过程工程咨询单位应具有独立的法人地位,不受委托人和其他方面偏好、意图的干扰,独立自主地执业,对自己完成的咨询成果独立承担法律责任。全过程工程咨询单位的独立性,是其从事市场中介服务的法律基础,是坚持客观、公正立场的前提条件,是赢得社会信任的重要因素。

(2)科学。科学是指全过程工程咨询的依据、方法和过程应具有科学性。全过程工程咨询的科学性,要求实事求是,了解并反映客观、真实的情况,据实比选,据理论证,不弄虚作假;要求符合科学的工作程序、咨询标准和行为规范,不违背客观规律;要求体现科学发展观,运用科学的理论、方法、知识和技术,使咨询成果经得住时间和历史的检验。全过程工程咨询科学化的程度,决定全过程工程咨询的水准和质量,进而决定咨询成果是否可信、可靠、可用。

(3)公正。公正是指在全过程工程咨询工作中,坚持原则,秉持公正立场。全过程工程咨询的公正性,并非无原则地调和或折中,也不是简单地在矛盾的双方之间保持中立。在建设单位、全过程工程咨询单位、承包单位三者关系中,全过程工程咨询单位无论是为建设单位服务还是为承包单位服务,都要替委托人着想,但这并不意味着盲从委托人的所有想法和意见。当委托人的想法和意见不正确时，全过程工程咨询单位及咨询工程师应敢于提出不同意见，或在授权范围内进行协调或裁决，支持意见正确的另一方。特别是对不符合宏观规划、政策的项目，要敢于提出并坚持不同意见，帮助委托人优化方案，甚至作出否定的咨询结论。这既是对国家、社会和人民负责，也是对委托人负责，因为不符合宏观要求的盲目发展，不可能取得长久的经济和社会效益，最终可能成为委托人的历史包袱。因此，全过程工程咨询是原则性、政策性很强的工作，既要忠实地为委托人服务，又不能完全以委托人满意度作为评价工作好坏的唯一标准。全过程工程咨询单位及其执业人员要恪守职业道德，不应为了自身利益丧失原则性。

第二节　全过程工程咨询组织模式

全过程工程咨询机构可独立于建设单位进行全过程工程咨询，也可将其专业咨询人员派入建设单位相关职能部门共同形成一体化工作团队。全过程工程咨询实行咨询项目负责人责任制。

工程咨询机构可根据项目投资决策及建设实施不同阶段咨询内容或专项咨询内容设立不同的咨询工作部门，委派咨询工作部门负责人。咨询工作部门的咨询业务涉及勘察、设计、监理、造价咨询业务的，相应咨询工作部门负责人应为勘察项目负责人、设计项目负责人、总监理工程师、造价咨询项目负责人。

第三节　全过程工程咨询服务内容

全过程工程咨询单位可根据建设单位的委托，独立承担项目全过程全部专业咨询服务，全面整合项目建设过程中所需的投资咨询、勘察、设计、造价咨询、招标代理、监理、运营维护咨询以及全过程工程项目管理等咨询服务业务。

第四节　全过程工程咨询相关政策

2017 年以来，中央和地方均出台了促进全过程工程咨询发展的指导文件，颁布了相关支持政策。我国全过程工程咨询政策文件见表 1－1。

表 1－1　我国全过程工程咨询政策文件

全过程工程咨询政策文件	发文日期
国务院办公厅《关于促进建筑业持续健康发展的意见》（国办发〔2017〕19 号）	2017 年 2 月 21 日
国家发展和改革委员会、住房和城乡建设部《关于推进全过程工程咨询服务发展的指导意见》（发改投资规〔2019〕515 号）	2019 年 3 月 15 日
住房和城乡建设部《关于开展全过程工程咨询试点工作的通知》（建市〔2017〕101 号）	2017 年 5 月 2 日
住房和城乡建设部《关于印发〈工程勘察设计行业发展“十三五”规划〉的通知》（建市〔2017〕102 号）	2017 年 5 月 2 日
住房和城乡建设部《关于促进工程监理行业转型升级创新发展的意见》（建市〔2017〕145 号）	2017 年 7 月 7 日
住房和城乡建设部建筑市场监管司《关于征求在民用建筑工程中推进建筑师负责制指导意见（征求意见稿）意见的函》（建市设函〔2017〕62 号）	2017 年 12 月 11 日
住房和城乡建设部建筑市场监管司《关于征求推进全过程工程咨询服务发展的指导意见（征求意见稿）和建设工程咨询服务合同示范文本（征求意见稿）意见的函》（建市监函〔2018〕9 号）	2018 年 3 月 15 日
住房和城乡建设部建筑市场监管司《关于征求全过程工程咨询服务合同示范文本（征求意见稿）意见的函》（建司局函市〔2020〕199 号）	2020 年 8 月 28 日
浙江省住房和城乡建设厅《关于印发〈浙江省全过程工程咨询试点工作方案〉的通知》（建建发〔2017〕208 号）	2017 年 6 月 13 日
四川省住房和城乡建设厅《关于印发〈四川省全过程工程咨询试点工作方案〉的通知》（川建发〔2017〕11 号）	2017 年 7 月 17 日
广东省住房和城乡建设厅《关于印发〈广东省全过程工程咨询试点工作实施方案〉的通知》（粤建市〔2017〕167 号）	2017 年 8 月 7 日

续表

全过程工程咨询政策文件	发文日期
福建省住房和城乡建设厅、福建省发展和改革委员会、福建省财政厅《关于印发〈福建省全过程工程咨询试点工作方案〉的通知》（闽建科〔2017〕36号）	2017年8月30日
江苏省住房和城乡建设厅《关于印发〈江苏省开展全过程工程咨询试点工作方案〉的通知》（苏建科〔2017〕526号）	2017年10月27日
广西壮族自治区住房和城乡建设厅《关于印发〈广西全过程工程咨询试点工作方案〉的通知》（桂建发〔2018〕2号）	2018年2月1日
湖南省住房和城乡建设厅《关于印发〈全过程工程咨询工作试行文本〉的通知》（湘建设〔2018〕17号）	2018年2月2日
河南省住房和城乡建设厅《关于印发〈河南省全过程工程咨询试点工作方案（试行）〉的通知》（豫建设标〔2018〕44号）	2018年7月25日
安徽省住房和城乡建设厅等七部门《关于印发〈安徽省开展全过程工程咨询试点工作方案〉的通知》（建市〔2018〕138号）	2018年9月30日
山东省住房和城乡建设厅、山东省发展和改革委员会《关于在房屋建筑和市政工程领域加快推行全过程工程咨询服务的指导意见》（鲁建建管字〔2019〕19号）	2019年10月14日
陕西省住房和城乡建设厅、陕西省发展和改革委员会《关于在房屋建筑和市政基础设施工程领域加快推进全过程工程咨询服务发展的实施意见》（陕建发〔2020〕1118号）	2020年8月26日

第二章

工程项目建设管理咨询

第一节　项目管理

一、项目管理概述

1. 项目管理的概念

项目管理是运用系统的理论和方法,对建设工程项目进行的计划、组织、指挥、协调和控制等专业化活动。

2. 项目管理的任务

项目管理的核心任务是项目的目标控制,包括投资控制、进度控制、质量控制、安全管理、合同管理、信息管理等。通过选择合适的管理模式、构建科学的管理体系、进行规范有序的管理,实现管理全过程的协调、顺畅和高效,达到投资受控、质量可靠、工期满足要求、绿色生态以及安全生产等目标,提高项目的投资效益。

二、项目管理工作内容

项目管理包括项目策划及总体管理、项目报批报建、项目前期管理、勘察设计管理、工程技术管理、招标采购管理、合同管理、投资管理、进度管理、质量管理、安全管理、BIM管理、档案与信息管理、竣工验收及移交管理等的管理与协调。

1. 项目策划及总体管理

负责项目管理目标策划，项目管理工作分解，项目合同架构及招标计划，项目管理总控制进度计划，项目资金投入计划，项目组织协调策划，项目管理工作制度、流程策划等工作，并编制项目管理策划文件；负责总体协调项目各层面、各相关单位、各项工作关系、项目外部关系等。

2. 项目报批报建

负责编制报批报建工作计划，完成项目前期及工程建设期间的各项报批报建手续，包括办理土地、规划、建设、环保、人防、消防、气象、水土保持等，并对各参建单位的报批报建工作进行协调管理。

3. 项目前期管理

负责项目现场情况调查、需求调研，协助委托人论证项目建设的必要性，提出合理的建设规模；对项目的可行性研究报告及专项评估评价报告进行技术把关，提出优化建议；协助委托人完成项目前期的各类手续和相关招标工作。

4. 勘察设计管理

负责制定勘察设计管理工作大纲，明确勘察设计管理的工作目标、管理模式、管理方法等。包括勘察任务书、设计任务书的编制管理、设计条件的移交管理、工程地质勘察管理、方案设计管理、初步设计管理、施工图设计管理，对项目勘察设计全过程的进度、质量、投资进行管理。

5. 招标采购管理

根据项目特点对招标采购工作内容进行分解，制订招标采购计划，确定招标方式、招标时间、标段划分等内容，编制招标文件和拟定设备材料的技术要求；对报价原则、工程量清单、标底、上限价等经济技术指标进行审核；组织实施项目的招标采购管理工作。

6. 合同管理

负责项目勘察、设计、施工、咨询、供货及相关的专业合同的起草、谈判，协助签订;对合同履约、变更、索赔、合同后评价进行管理;对合同风险进行分析并制定应对措施。

7. 投资管理

确定投资控制目标,建立投资管理体系,制订投资管理制度、措施和工作程序,做好决策、设计、招标、施工、结算各阶段的投资控制。

8. 进度管理

确定进度管理总体目标及节点目标,编制项目进度计划及控制措施,分析影响进度的主要因素,对进度计划的实施进行检查和调整。

9. 质量管理

负责对项目参建的勘察、设计、监理、施工单位的质量行为进行管理,包括各参建单位的项目质量管理保障体系、质量自控、质量监控、质量问题处理、质量验收等方面的质量行为管理。确保项目工程质量达到验收标准和合同约定的要求,验收合格并交付使用。

10. 安全管理

项目安全管理主要工作是履行建设单位的法定责任,负责审查监督参建单位的安全保证体系的运行情况、安全法定责任履行情况和安全生产规章制度的执行情况。

11. BIM 管理

负责组织落实项目 BIM 应用工作,保证项目 BIM 价值的实现,实现对项目 BIM 实施的综合管理。

(1)审核项目 BIM 总体实施方案和各专项实施方案,规范 BIM 实施的软硬件环境,审核招投标文件 BIM 专项条款,审核项目的 BIM 实施管理细则、各项 BIM 实施标准和规范。

(2)审查 BIM 相关模型文件(含模型信息),包括建筑、结构、机电专业模型、各专业的综合模型以及相关文档、数据,模型深度应符合各阶段设计深度要求。

(3)审查 BIM 可视化汇报资料、管线综合 BIM 模型成果、BIM 工程量清单、BIM 模型"冲突检测"报告。

(4)审查相关BIM成果是否符合国家和地方规范标准的要求,提交审查报告并负责成果验收。

12. 档案与信息管理

(1)借助专业的信息管理软件及先进的信息技术平台,根据时间、内容、类型进行分类、编码、归集,高效检索、分享、传递、审批工程项目信息,保存能清楚证明与项目有关的电子、文档资料直至项目移交。

(2)负责对勘察、设计、监理、施工单位工程档案的编制工作进行指导,督促各单位编制合格的竣工资料,负责本项目所有竣工资料的收集、整理、汇编,负责通过档案资料的竣工验收以及移交。

(3)借助先进的信息管理软件或信息技术平台,对工程建设过程中如质量、安全、文明施工等信息进行高效分享、传递、监督、反馈、管理。

13. 竣工验收及移交管理

(1)负责组织项目相关参建各方办理项目专业验收和总体竣工验收申报手续,并协助进行项目专业验收和总体竣工验收,及时解决工程竣工验收中发现的工程质量问题。

(2)负责项目移交工作的管理,包括质量监督、档案验收、项目审计、财务决算、环境保护、卫生监督、劳动安全、消防、工程总结等。

三、项目管理工作方法

1. 项目策划及总体管理

(1)项目管理目标策划

在项目管理策划中应制定项目的总控目标,包括投资、进度、质量、安全等控制目标,然后再将这些整体目标进行分解,分解成各个可具体执行的组成部分,通过各种有针对性的技术、经济、组织和管理措施,保证各个分解目标的实现,进而实现项目的整体目标。

(2)项目管理工作分解

项目管理工作结构分解(WBS)是为了管理和控制的目的而将项目分解成小要素。它是按层次把项目分解成子项目,子项目再分解成更小的、更易管理的工作单元（或称工作包），直至具体的活动（或称工序）的方法。项目负责人应根据项目管理合同的范围、内容，编制工程项目管理流程，纳入项目管理规划中。

（3）项目合同架构及招标计划

项目负责人应组织招标合约管理工程师，与项目建设单位共同研究，分析各种合同模式的特点，按照咨询、勘察、设计、施工、采购、监理、审计等阶段和范围，进行项目的合同架构策划。确定整个项目的合同结构、策划项目的发包方式后，按确定的合同结构、发包方式编制项目招标（采购）计划和方案，明确相关各方职责，起草需甲方供应的主要材料、设备清单，审核不同专业工程招标文件，在招标过程中制订风险管理策略，审核最高限价和预算，组织合同谈判，签订合同。

（4）项目管理总控制进度计划

项目管理总控制进度计划是对项目进度的总体策划，是保证项目按预期总体目标开展的纲领性文件。项目负责人应与建设单位沟通主要节点进度目标，按照进度目标分解、工作结构分解编制总控制进度计划。在编制总控制进度计划时宜使用网络计划技术进行编制，以掌握和控制项目进度关键线路、关键工作，及时发现偏差并采取措施进行整改，实施纠偏。项目管理总控制进度计划从开始项目策划至本项目竣工备案完成为止，按照建设程序和各项工作的逻辑关系进行编制，涵盖项目建设全过程。

（5）项目资金投入计划

项目负责人应根据总控进度计划和项目工作结构分解，组织招标合约工程师对项目总投资进行分解，编制项目资金投入计划，该计划应按照时标（如年度）、工作分解等综合反映节点投入的数量，与建设单位充分沟通，以便其按照工程进度组织资金，保证项目进展。资金投入计划编制完成后，报建设单位审批。

（6）项目组织协调策划

项目负责人应根据项目的实际情况，建立有效的项目沟通协调机制，组织好项目管理部内部的沟通，做好项目负责人与业主方的沟通协调，项目管理部与承包商的沟通协调，与设计、监理、施工单位的组织与协调，以及项目管理部与政府有关部门的协调等。

(7)项目管理工作制度、流程策划

项目负责人应根据合同约定及业主要求,结合建设单位相关管理流程及项目实际情况组织专业管理工程师,制定项目管理工作制度并建立制度台账,制度内容应全面、具体,具有可实施性,并在建设单位审批同意后组织各参建单位交底,明确相关的工作范围、工作职责及工作流程,留存相应的工作制度交底记录。

2. 项目报批报建

(1)项目报批报建工作方法

①根据项目总控计划,编制项目报建计划。

②根据项目报建计划,编制沟通计划表。

③根据报建计划及沟通计划表,收集报建资料,熟悉报建各行政主管部门内部流程,及时沟通设计及行政主管部门,组织报建。

(2)相关主管部门报批报建要求

①发展改革部门的报批

发展改革部门的报批内容包括项目建议书的报批、节能评估报告的报批、可行性研究报告的报批及招标方案的备案与核准、招标备案(包括招标文件、中标文件备案)、初步设计概算报批等。

②规划部门及国土部门的报批

规划部门的报批内容包括办理建设项目选址意见书、建设用地规划许可证、建设工程规划许可证,一般简称为“一书两证”的办理。

国土部门的报批内容包括意向用地意见函、土地置换意见、置换土地批复、土地整合意见、办理用地手续地籍调查、办理土地登记地籍调查、办理规划手续地籍调查、国有土地使用权初始登记、国有土地使用权变更登记等审批手续。

③建设部门的报批

建设部门的报批包括项目初步设计审查、项目施工图审查备案、建筑工程外立面装饰设计审查、工程招标投标监督备案、建设工程施工合同备案、建设工程质量监督备案、建设工程安全监督备案、报建费核准缴纳、建筑工程施工许可证的报批等。

3. 项目前期管理

(1)管理工作

①组织设计例会,组织各设计单位之间、设计单位与外部有关部门的协调工作。

②办理各项前期报建手续、完成相关招标工作。

③对勘察的现场进行管理。

(2)需求研究及管理

①在对同类项目调研、使用需求调研、项目现状调研、相关政策调研的基础上,组织研究项目总体建设需求、边界条件、建设规模及投资规模。

②为规划、方案设计提供技术咨询服务,组织和开展规划条件研究、设计需求研究和全过程设计需求管理。

③协助委托人与项目使用单位进行沟通,提出符合各阶段设计深度要求的用户需求,准确表达委托人对工程质量、进度、投资的要求;在设计全阶段协调沟通用户需求;负责协调项目使用单位对各阶段设计成果进行确认。

(3)项目可行性研究报告修编技术把关和审批后监督执行

①在对项目建设过程中总体需求变化研究的基础上,根据调研、论证、规划方案设计等工作成果,对可行性研究报告提出优化意见,对可能出现的可研修编可能性实时报告并提出建议。

②审核可行性研究报告应根据国家、地方的相关规范、政策,项目建议书及批复的投资匡算进行评估,对项目用地面积、建筑面积、建设规模、工程建安造价指标进行系统分析,并根据对项目场地与项目功能、规模的分析,判断投资控制的方向和可能出现的疑难问题。

③对可行性研究报告的审核应充分评估项目的经济性、可实施性及适用性,明确项目建设标准,明确项目的质量、投资、进度、安全目标,使项目的建设规模、投资标准与项目需求相匹配,做到需求合理、论据充分,深度达到国家及地方的相关规定要求及委托人所需下一步工作要求。

④参加相关汇报会、论证会,直至可行性研究报告通过专家评审并取得投资主管部门批文和修编再批复。

⑤在可行性研究报告取得投资主管部门批文后根据批文监督跟踪后续建设与可行性研究批复的一致性情况并及时反馈。

(4)投资监控

①在确保设计的安全性的前提下,根据各不同设计阶段,服务单位须评估及审查设计单位设计文件及图纸的经济性和合理性。

②根据价值工程理论,按限额设计控制投资,在限额设计范围内对初步设计全面进行价值工程评估。

③按照限额设计指标,对施工图设计内容进行核实和审查。

4.勘察设计管理

(1)勘察设计质量管理

①勘察设计质量管理采用动态控制的方法,通常通过事前控制和设计阶段成果优化来实现。

②在各个设计阶段前编制设计任务书,分阶段提交给设计单位,明确各阶段设计要求和内容,在各阶段设计过程中和结束后及时对设计提出修改意见,并对设计成果进行评审及确认。

③加强各专业、各设计单位之间的配合,减少设计失误。

④注重设计评审,通过早期预警克服设计缺陷,对设计进行跟踪审查,及时向设计人员反馈工程设计中出现的错误及设计深度不够的地方,并提出相应的改进意见,协助设计单位将工程设计做到最完善,力求将工程施工期间更改设计的机会减至最低,并在设计概算报批前,对其进行详细审核。

⑤加强施工过程的专项设计管理和深化设计管理。

(2)勘察设计进度管理

设计阶段进度管理的方法是规划、控制和协调。规划是指编制、确定项目设计阶段总进度规划和分进度目标;控制是指在设计阶段,比较计划进度与实际进度的偏差,及时采取纠偏措施;协调是指协调各参与单位之间的进度关系。

①编制设计总进度目标,明确各阶段设计成果交付时间和相应的设备、材料招标建议计划,并提前确定设计中所涉及材料、设备的技术要求和标准。设计单位应据此完成设计文件交付,设计图纸交付计划必须满足施工进度计划要求和

主要设备及材料的订货要求,项目管理中应充分考虑各设计单位、各专业之间的接口配合要求和时间,及时组织设计联络会,保证设计进度。

②注重多界面协调,制定统一的项目编码系统,将项目各参与方的进度纳入统一的编码系统管理,通过统一检测、汇总准则及统一进度报告,对项目进度实施多界面的一体化管理。

③实行计划的分级管理,凡涉及计划修改与变动的任何里程碑性的建议,都必须获得委托方的同意和批准,否则不可调整。强调计划及协调的重要性,注重事前计划和过程协调,确保进度目标实现。

④设置主要控制点,可以按照设计流程设置以下控制点:方案、初步设计、施工图文件提交时间;各阶段设计文件内部审查、确认时间;政府相关机构报建审批完成时间;关键设备和材料采购文件的技术标准提交时间。

(3)勘察设计投资管理

①设计任务书应全面反映委托方的需求,确定设计标准及工程所需材料、设备的标准,以便于设计单位开展设计。

②方案优化工作是设计阶段控制投资的关键。要求设计人员克服重技术、轻经济、设计保守浪费的倾向,要求造价人员应具备必要的专业知识,了解设计意图,熟悉工艺技术方案,用动态分析方法进行多方案技术经济比较,以节约工程投资。

③做好勘察工作,挖掘地基潜力,减少不必要投资。必要时邀请专家会同设计人员对基础选型进行分析研究,充分挖掘地基潜力,选用最佳基础设计方案,减少不必要的投资。

④进行项目投资分析。将项目的投资计划分解至各专业设计环节,以指导各专业设计工作的开展。

⑤推行限额设计。设计过程中要积极推行限额设计,明确限额目标,实现工序管理,使限额设计贯穿可行性研究、初步设计、技术设计以及施工图设计等各阶段。

⑥审查设计概算。重点审查设计概算是否在批准的投资估算范围内,若概算超过估算,应找出原因,修改设计,调整概算。

⑦推行设计收费与工程设计成本节约相结合的办法，制定设计奖惩制度，对节约成本设计者给予一定的比例奖励，从而鼓励设计者寻求最佳设计方案，防止不顾成本、随意加大安全系数等现象的发生。

⑧加强设计变更管理，规范设计变更制度和现场签证的程序。

5. 招标采购管理

招标采购作为建设工程项目最主要和最重要的采购方式，其工作质量的高低，直接影响甚至决定建设工程项目管理目标能否实现，能否达到工程项目投资、进度、质量目标控制要求。

(1)区分强制招标和可以不招标情形

依据我国《招标投标法》、《招标投标法实施条例》及相关配套法律、法规、规章、制度的规定，从招标范围和规模标准两个方面明确项目是属于强制性招标项目(依法必须招标)，还是属于非强制性招标(自愿招标)项目，包括依法必须招标项目中暂估价部分的招标采购，以及可以不进行招标内容的划分和分析。

(2)招标采购条件审核

根据《国务院关于投资体制改革的决定》《政府核准的投资项目目录》，按照项目资金来源和投资主体性质，区分项目审批、核准、备案类型。根据相关招标投标法律、法规、规章、制度以及项目所在地建设行政主管部门的规定，结合项目标段或标包划分，审核项目标段或标包是否具备招标采购条件(招标前置条件)。

(3)确定招标采购组织形式和招标采购方式

根据项目实际情况及相关法律法规规定，确定项目招标采购方式，通过公开招标、邀请招标、不采取招标方式选择项目承包商、供应商、服务商。确定三种方式的标段、标包范围报项目审批、核准部门审批核准。不采取招标方式选择承包商、供应商、服务商的，应区分不同情况确定采购方式(询价、竞争性谈判、比选等)。

(4)标段划分

标段划分应遵循的基本原则为：合法合规、责任明确、经济高效、客观务实、便于操作。

影响标段划分的因素有：建设资金来源、工程性质、工程技术要求、对工程造价的期望、对工期的期望、对质量的期望以及资金的充裕程度等,应充分考虑各因素对项目标段划分的影响程度,达到合理划分工程标段的目的。

(5)招标采购项目的进度计划制定、实施和检查

进度计划制定。对采购时间的安排应遵循两个原则:一是必须符合相关法律法规的规定;二是各标段的时间安排要服从施工进度总体要求。根据施工组织及进度要求,需要先开工、先到货的标段,应安排先进行采购,并考虑一定的机动时间,以防止采购过程中出现异议投诉或受到不可预见事件的影响。

进度计划实施和检查。招标采购项目(工作)实施与检查是指按照招投标程序要求、招标采购工作的里程碑计划及进度计划安排,与招标采购工作的实际进展情况进行比较,以此发现存在的问题,从而为招标工作和项目管理的各种决策提供依据。其目的在于确定招标采购工作所处的真实状态,实现招标采购的目标。

(6)确定合同形式

根据项目各招标采购内容的实际情况,选择不同的合同类型,包括单价合同、总价合同和成本加酬金的合同。

建议选择标准招标文件中的合同条款或合同示范文本的合同条件。针对具体采购内容,可以针对其特点,通过专用条款进行约束,针对项目特点对专用合同作修改、补充。专用条款应体现工程的针对性,并且公平合理,特别是重要条款如价款支付方式、价格调整方式、合同风险的分担等,应慎重考虑双方工程风险的合理分担,以激励承包人努力完成项目的投资、进度、质量目标,达到最好的工程经济效益,使项目各方都受益。

(7)招标采购风险管理

在招标采购过程中由于各种不可控情况的出现,可能出现招标采购的实际结果与预期目标相偏离的情形,招标采购风险是指出现偏离的可能性和对偏离程度的判定。

招标采购过程实质是买卖双方的博弈过程,在此过程中,始终存在信息不对称的状态,在此阶段,不同的利益主体的决策互相影响、相互作用。提前预测风险并制定措施,是全过程咨询管理能力与水平的体现,也是充分保证招标采购过

程公平、合理、合法的重要措施。对于招标人来说，由于信息不对称，其对投标人的信息掌握并不完全，其中的主要风险来自投标人的行为，目前主要控制风险的手段是通过评标和签订采购合同来控制风险。另外，招标人内部不同个体行为的不规范、意志和价值观不统一也是重要的风险，对此应从招标人的内部管理及办事程序上控制风险。招标采购风险管理是对招标采购环节上的外部或内部风险予以识别，并对其风险作出定性或者定量的衡量和评估的行为，在此基础上探讨和研究风险规避、防范及应对措施，达到控制或减少各种意外损失，实现招标采购预期目标的活动。

6. 合同管理

(1)组建高素质、分层次的合同管理团队。在建设项目管理机构中，建立合同履行保证体系，从机构设置、人员安排、设备配置等方面来保证合同管理的顺利开展。设立专门的合同管理部门，把计划管理、预算控制、财务等相关部门联系起来，分工负责，密切配合，各自把关。

(2)严格制定合同管理程序。建立合同管理体系，做到岗位设置齐全，职责明确，确保有效地开展合同管理工作，使项目建设、合同管理处于控制之中，保证合同目标的实现。

(3)实行全员合同管理，组织合同培训和学习，对具体管理人员进行技术交底，对合同主要内容作出解释和说明，特别是容易产生争议的条款。对合同内容进行分解，将具体的合同管理任务和责任落实到有关部门和有关人员。

(4)建立合同管理信息系统，确保合同信息的完整和准确。建设目标信息管理是合同管理的基础，也是项目管理的最基本依据，完整、准确的信息管理为保证项目的顺利进行和对项目的建设质量、进度、投资目标的实现都有重大意义。

(5)对施工单位违规处罚的针对性管理措施。加大项目管理部组织协调和现场管理力度，做到令行禁止，保证项目管理有序高效。针对承包人在施工过程中有关人员、机械、材料等方面以及涉及进度、质量、造价、安全文明施工管理与控制中出现的问题，业主、全过程咨询单位现场代表和监理工程师在检查、巡视中指出后，承包人应及时进行整改。

7. 投资管理

(1)认真审查施工图

通过合理化建议改正施工图在技术、经济上不合理的或错误的问题,这不仅可以保证工程的质量,也有利于节约工程投资;通过合理化建议使图纸中的错误消除在施工之前,避免使设计变更发生的费用变化进入施工合同价,减少施工过程中工程计量各方的工作量,避免返工造成的索赔。

(2)全面掌握现场情况

项目部进入现场后,首先要全面了解工程的情况,包括各参建单位及组织机构,现场的地形地貌及地下情况、环境情况、临建布置情况,承包商的人力、物力、财力等生产要素情况等。虽然在施工过程中上述情况可能会有较多变化,但是对原状的全面了解和掌握,可以为日后处理各参建方的经济关系、做好投资控制奠定良好的基础。

(3)全面熟悉和掌握各方的承包合同

承包合同是全过程工程咨询专业工程师进行投资控制的主要依据之一。一方面,专业工程师要熟悉全部合同文件;另一方面,还要求专业工程师在施工前,针对合同文件中的问题,尽早向业主和承包单位提出意见和建议。

(4)认真审核施工组织设计(施工方案)和施工进度计划

专业工程师应运用技术经济的观点,从优化的角度,对施工组织设计、施工方案、人力资源和资金投入计划进行审核、评定和完善,这是保证工程质量和进度的重要措施,也有利于承包单位降低施工成本,同时也可以为业主节约投资。

(5)编制投资控制基准计划

根据合同中标价、项目预算费用、工作结构分解(WBS)、项目总进度计划,运用 MS Project Management、电子表格等手段,编制投资控制工作目标、计划和详细的投资控制工作流程图,编制资金使用计划。

(6)严格工程计量,控制工程款的支付和工程费用的增加

对于实行工程量清单管理的项目,专业工程师应熟悉工程量清单及清单说明的内容。掌握工程项目具体的工作范围、工作内容、计量方式与方法,按合同约定,对已完工工程量进行准确计量。专业工程师要熟悉计量的特点和方法,从

而进行准确计量。特别是对于实行清单管理项目,合同约定“实际工程量与清单项目工程量有差别时,按实调整”的,专业工程师更要在工程计量方面投入更多精力,严格控制因工程量变化而增加的预算外支出,防止承包方因虚报工程量而增加工程投资。同时,专业工程师应对清单中工程量做到心中有数,对于可能出现的实际工程量比清单工程量少的,应提醒承包单位如实进行调整,核减清单工程量,核减工程费用。

(7)控制设计变更和洽商,有效控制工程造价

设计内容不完善或设计深化不足,是产生工程变更和费用索赔的重要原因。设计内容不完善或设计深化不足,常常导致工程大量设计修改和设计变更,引起工程造价的提高。因此,要加强对设计变更和工程变更的有效控制。加强对施工图的全面审查,重点审查是否完全符合有关规范的要求,是否符合工程的各方面实际条件,以及错、漏、碰、缺等问题。做到事前发现,事前纠正,减少实施过程中或建设完成以后因图纸设计问题而造成的工程变更。无论是设计变更还是工程变更,全过程咨询单位均应进行多方案比选,并对各方案进行技术经济分析比较,对增加造价的变更必须进行严格控制。

(8)控制工程材料及设备单价

对于工程变更项目的单价,清单中已有相同项目单价的,按清单中的单价执行;有类似项目单价的,按类似单价执行;清单中没有相同或类似项目单价的材料或设备,及工程量清单中属于暂估价格或暂估项目的,应是工程造价控制的重点。专业工程师应协助业主多方询价,了解市场价格动态,确定既能满足本工程使用要求,又不突破计划值的合理低价。同时造价工程师应协助业主把好合同关或明确价格的性质,防止因价格不明确或包含的内容不清在价格调整时发生扯皮现象。

(9)严格按合同约定进行控制,防止工程发生索赔

专业工程师应按照预控原则,采取防范措施,尽量不发生或减少发生索赔事件,减少业主的损失。当索赔事件发生时,应做好工程施工记录,收集各种有关索赔事件的相关文字依据,为正确处理索赔提供依据。

(10)做好工程造价的动态管理和结算、审计工作

专业工程师特别是造价工程师应在日常管理工作中及时收集与工程投资及项目结算有关的文件、资料,如合同文件、价格确认文件等,做好工程投资的统计表,及时对已完工程进行结算,对变更价款进行调整,做好合同内价款及合同外新增变更价款台账,为顺利进行竣工结算创造条件。

8. 进度管理

(1)进度控制的事前控制措施

①落实项目机构中进度控制的人员,明确控制任务和管理职责分工。

②分析进度滞后的风险所在,尽早提出相应的预防措施。根据造成进度滞后的风险的原因,有针对性地向业主、承包单位、分包单位、设备供应单位等提出"预警"信息和建议,使各方意识到造成进度滞后的潜在风险,采取相应的防范性对策。

③认真审核承包单位提交的施工总进度计划。分析所报送的进度计划的合理性和可行性,提出审核意见,由项目负责人批准执行。审核时重点分析总工期目标分解是否合理,分部、分项工程目标划分是否清晰、可行、合理,检查各工序间顺序安排是否符合逻辑关系;根据工程规模、质量标准、工艺复杂程度、施工现场条件,审核承包单位的劳动力配备、施工机具配备、材料设备供应、水电供应等是否满足进度需要。以上述分析为基础,结合施工合同有关条款、施工图及经过批准的施工组织设计,制定进度控制方案,对进度目标进行风险分析,确定防范性对策。

④建立进度控制协调工作制度,确定协调会议的时间、协调会议的参加人员等。

⑤对影响进度目标实现的干扰条件与风险因素进行分析,制定相应的措施。

⑥审核施工单位提交的施工方案,确保设备、人力、施工方法等措施能够保证进度计划的实现;审核承包商提交的施工进度计划。

⑦协助制订分解的单项工程工期及关键节点进度,通过总工期的分解切块,保证总工期目标的实现。由于工程节点、关键工序常常关系到工程项目总工期的长短,因此,在施工进度计划的编制过程中,承包商应对工程节点、关键工序单

独编制进度计划。

⑧协助业主完善外部手续，按期完成现场障碍物的拆除、渣场的确定，落实现场临时供水、供电和施工道路，及时向施工单位提供现场和创造必要的施工条件。

⑨督促总承包单位按时提供设计施工图纸等设计文件。

⑩协助业主做好保证资金供应的工作，按合同约定及时向施工单位支付工程进度款。

(2)进度控制的事中控制措施

①建立反映工程进度状况的管理日志，管理人员要随时收集和记录影响工程进度的有关资料和事项，逐日如实记载每日完成的实物工程量。同时，如实记载影响工程进度的内、外、人为和自然的各种因素。暴雨、大风、现场停水、现场停电等应注明起止时间(小时、分)。随时掌握承包商工程施工过程中存在的问题，以便及时协调和解决影响进度的各种矛盾和不利因素。

②审核总承包单位每周、每月或每季度的工程进度报告，每周召开管理例会检查进度情况，将实际进度与计划进度进行比较，及时发现问题。对滞后的工作，分析原因，找出对策，并调整可以超前的工序进行弥补，尽量保证总工期不受影响。

③按合同要求，及时进行现场质量合格工程的计量验收工作。

④及时认真处理有关进度、计量方面的签证。专业工程师积极配合承包单位的工作，及时到工地检查和签认，无特殊原因，不可因个人工作的延误影响施工的正常进行。

⑤对工程进度实施动态管理，工程开工后，专业工程师应建立单项工程的月、旬进度报表及进度控制图表，以便对分项施工的工程月、旬进度进行控制。当实际进度与计划进度产生差异时，应分析产生的原因，向承包商发出工程进度缓慢信号，要求承包商采取措施加快进度，并提出进度调整的措施和方案，相应调整施工进度计划及设计、材料设备、资金等进度计划，必要时调整工期目标。

⑥及时为工程进度款的支付签署进度、计量方面的认证意见，对进度控制采

取经济奖惩措施。

⑦认真组织现场协调会,及时协调总承包商不能解决的内外问题、总图管理问题、现场重大事宜等涉及进度管理控制方面的问题。

⑧及时收集掌握设计、设备材料的供应状态以及由总承包单位提交的有关进度报表资料,加强现场跟踪检查,定期向业主报告有关工程进度的情况。

(3)进度控制的事后控制措施

①根据工程进展的实际情况,适时调整局部的进度计划,使其更加合理和有可操作性。

②当发现实际进度滞后于计划进度时,立即签发通知单指令承包单位采取调整措施。

③对由于资金、材料设备、人员组织不到位导致的工期滞后,在例会上进行协调,并由责任单位采取措施解决。

④如承包单位发生非自身原因的延误,应对进度计划进行优化、调整,如确属无法消除的延误,应在与业主协商后,审核批准工程延期,并相应调整其他事项的时间与安排,避免引起工程使用单位的索赔。

9. 质量管理

(1)制定质量管理工作制度,制定现场施工质量管理控制程序,按照规定的质量管理制度和程序开展工作是进行质量控制的重要方法。

(2)开工前审核各项技术保证资料是对工程质量进行全面监督、检查与控制的重要程序。审核的具体内容如下:

①审查进入施工现场的各单位的资质、人员资格证明文件,特别是对照各单位投标人员名单进行专项审查,并约谈单位负责人,确保投入本项目人员的技术水平。

②审查施工承包单位的开工申请应具备的各项条件,检查、核实施工准备工作落实情况。

③核查承包单位提交的施工组织设计、专项方案等技术保障措施的审批程序合法性。

④审查施工单位提交的重要的有关材料、半成品和构配件的质量证明文件,

一般材料、半成品在监理审查的基础上进行抽查。

(3)协调组织各种相关施工技术、工艺、质量问题的会议,如施工图会审会议、设计技术交底会议、地基基础处理会议等。为了使施工单位准确理解设计技术要求,全过程咨询单位项目管理部要组织设计、施工、监理等相关方参加会议,以便有效准确地按照设计规范、标准开展施工活动。

(4)对进场的原材料、构配件和设备进行监控。进场的原材料、构配件和设备经施工单位自检后,全过程咨询单位项目管理部(或监理工程师)对检查合格的产品进行审核。凡是不合格的不能进入现场,更不得在施工中使用。

(5)认真进行现场质量监督检查,施工中各工序、工艺要求严格按照方案实施,重要工序、关键部位要求监理旁站监督控制,坚持施工方自检和专项检查、抽检、平行检、巡检、预检相结合的原则,强化施工过程中的隐蔽检查验收工作,通过施工方的自检和专项检查,发现质量问题,及时处理,消除质量隐患。

(6)制定工程质量控制方案措施,明确各分部、分项工程保证质量的措施及质量控制重点,按照实施、检查、纠正、再检查、验收的管理程序,才能进入下道工序的循环,克服质量的薄弱环节和通病、缺陷、隐患,以促进工程质量的提高。

(7)按照国家施工验收规范、质量检验标准和设计的要求,对分部、分项、重点部位、关键部位、结构安全、使用功能、原材料等进行质量的检验评定和取样抽检评定。

(8)工程质量追踪回检,对完成后的各项工作及交付使用后的工程要进行回访,检查工程质量的变化情况,及时收集质量信息,由于施工原因造成的质量问题,要认真处理,不断总结提高工程质量水平。

(9)认真落实每月的质量安全大检查,坚持组织监理及相关单位每月进行质量大检查,对月度质量问题在月度会上进行点评。

10. 安全管理

(1)建立健全安全保障体系,以体系的有效运转确保安全生产。根据项目实际情况建立本项目安全管理体系,并制订项目安全生产目标计划。

(2)加强风险清单管理,明确安全管理重点,制定具体防范措施。项目部进场后应根据项目施工特点及类似工程管理经验,编制项目危险源清单,明确安全管理重点,并制定具体的防范措施加以控制。

(3)注重安全方案审查管理,过程中加强安全方案执行情况检查。安全专项方案的审查、执行是安全生产的有力保障,其管理重点主要有:①建立安全专项方案管理台账;②审查专项方案审批的合法性,方案的技术可行性、全面性;③执行方案执行情况实行验收制。

(4)做好定期、不定期的安全检查工作,切实做好安全生产检查、监督工作,并纳入安全台账管理范畴。

(5)严格监督施工单位安全文明施工措施费的使用,并定期检查。

11. BIM 管理

(1)成立 BIM 管理团队,进行内部准备工作,协助建设单位组织 BIM 招标工作。

(2)BIM 管理前期准备及策划工作,主要包括审核监理及总包单位 BIM 合同、计划,编制 BIM 管理总控计划、实施细则,完成相关手续的办理,组织 BIM 管理工作交底。

(3)项目实施阶段的 BIM 管理,基于 BIM 技术进行工程质量、进度、投资、安全、工程信息的管理,对各参建方进行组织协调管理。

(4)项目收尾阶段 BIM 管理,组织完成 BIM 专项验收、进行咨询整理归档,对 BIM 管理工作进行总结。

(5)项目交付使用阶段 BIM 管理,组织将 BIM 模型及资料移交给使用单位,对 BIM 竣工模型试运行期间进行管理。

12. 档案与信息管理

(1)要求各参建单位配备资料管理员,负责施工资料的收集和整理工作。

(2)在施工过程中,对施工资料随时进行检查,要求总包单位统一编号和汇总,并对施工资料的真实性和完整性负责。

(3)利用专业的计算机软件对工程项目管理的全过程进行信息档案管理。

(4)建立项目部内部沟通交流制度。及时传递项目管理信息,保障信息沟通、传递和信息反馈准确、及时。

(5)定期和不定期巡视现场,及时收集项目有关质量、进度、投资、安全文明施工、设备材料、合同管理等方面的信息资料并进行整理、统计和分析，提出预计性的建议和意见，发现偏差及时调整，重要问题及时向业主方报告。

(6)做好项目管理工作实施过程中所有文件资料的收集、整理、分类、归档、保管工作，确保管理资料的完整有效。

(7)认真填写项目管理日志。各专业人员应对本专业工程每天现场人、机、料动态，质量、进度、计量、安全文明施工检查情况，以及当天办理的其他有关工程事宜在日志上作详细准确的记录。

(8)工程完工后，项目管理部应认真协助业主办理档案移交工作并按规定向业主移交项目管理工作档案。

(9)工程资料按项目所在地城建档案管理相关办法和项目业主的要求整编。

13. 竣工验收及移交管理

(1)竣工验收管理

①编制项目竣工验收计划和保障措施，按计划周密组织，各项竣工验收准备工作无缝衔接，确保项目一次性通过竣工验收。

②成立竣工验收领导小组，明确小组各成员分工。

③编制竣工验收工作计划，由竣工验收领导小组专题会商审核后实施。

④竣工验收工作计划应包含资料准备、质量检查整改、专项检测、专项验收、各标段完工验收、竣工预验收、竣工验收、备案等工作内容。

⑤各专项验收由专业工程师组织建设单位和相关参建单位准备、填写、提交报验资料，并及时沟通协调确定验收时间后报项目负责人，做好验收组织工作。

⑥竣工验收计划应考虑各项工作的逻辑先后顺序，专项验收工作时间应考虑工程实体质量验收整改、资料准备报验等工作所需时间。

(2)移交管理

①组织进行工程实体移交和整改，督查各参建单位向业主和档案馆移交档案资料。

②要求设计、跟审、施工、监理等参建单位，在项目管理部的统一组织安排下，分工负责，对本单位责任范围内的工程文档进行全面系统的收集、整理、

归档。

③填写提交建设工程竣工档案预验收申请表,提请城建档案馆对工程档案进行预验收,预验收合格后出具建设工程竣工档案预验收意见书。

④竣工验收后,全过程工程咨询项目管理部组织各参建单位在规定时间内向档案馆完成档案资料的移交工作,同时向业主移交。

⑤组织协调质量整改和实体移交应交叉同步进行,缩短实体移交时间,尽量提前业主投入使用时间。

⑥应以总包单位为主体进行移交。注意资料的完整性,在移交前,全过程工程咨询项目管理部应组织监理对移交资料进行核查。

⑦向业主方及城建档案馆移交工程竣工资料,在规定的时间内按工程竣工资料清单目录进行逐项交接,同时办清交验签章手续并妥善保存。

第二节 招标代理

一、招标代理概述

1. 招标代理机构

招标代理机构是依法设立、从事招标代理业务并提供相关服务的社会中介组织,应当有从事招标代理业务的营业场所和相应资金和有能够编制招标文件和组织评标的相应专业力量。

2. 招标代理工作要求

(1)工程咨询方应根据全过程工程咨询合同,开展工程监理、施工招标代理及材料设备采购管理咨询等工作。

(2)按照相关法律法规要求,在合同委托权限范围内开展工程监理、施工招标代理活动,保证招投标活动符合相关法律法规规定,避免不正当竞争。

(3)工程监理、施工招标时,应科学策划工程监理、施工招标方案,遵循公开、公平、公正和诚信原则,协助委托方优选中标单位。

(4)负责材料设备采购管理时,应根据法律法规及委托方要求采用直接采购、询价采购或招标采购方式,采购品质优良、价格合理的材料设备,并应保证所采购的材料设备供应满足工程建设进展需求。

二、招标代理工作内容

1. 工程监理招标代理

(1)进行工程监理招标策划,并应协助委托方划分工程监理标段和选择工程监理招标方式。

(2)协助委托方合理设定工程监理招标条件,并应编制和发布招标公告或发出投标邀请书。

(3)工程监理招标设有资格预审环节的,工程咨询方应组织工程监理招标资格预审。

(4)协助委托方选定工程监理合同示范文本和制定合同主要条款,并应编制和发出工程监理招标文件。

(5)协助委托方与拟中标监理单位进行合同谈判,并应协助委托方签订工程监理合同。

2. 工程施工招标代理

(1)进行工程施工招标策划,并应协助委托方合理设定施工合同边界和划分工程施工标段,选择工程施工招标方式。

(2)协助委托方合理设定工程施工招标条件,并应编制和发布招标公告或发出投标邀请书。

(3)工程施工招标设有资格预审环节的,工程咨询方应组织工程施工招标资格预审。

(4)按照工程量清单计价标准要求编制工程量清单,并应合理设定暂估价项目,避免产生不平衡报价和重大偏差项目。

(5)协助委托方选定工程施工合同示范文本和制定合同主要条款,并应编制和发出工程施工招标文件。

(6)合理设定工程款支付条件,重点关注安全文明施工费使用支付条款、奖罚条款、工程质量保证条款等。

(7)组织评标委员会按照招标文件中确定的评标方法进行工程施工评标

（含清标），不得选取低于成本价的投标者中标。

（8）协助委托方与拟中标施工单位进行合同谈判，并应协助委托方签订工程施工合同。

3. 材料设备采购代理

（1）制订材料设备采购计划，并应根据需要分别制定直接采购、询价采购和招标采购管理制度，报送委托方批准后实施。

（2）对于需要采用直接采购方式进行采购的，工程咨询方应就每一种直接采购产品提供专门咨询报告，对于超过暂估价的产品应重点报告，并应建立直接采购产品台账。

（3）对于需要采用询价采购方式进行采购的，工程咨询方应制定询价采购产品清单，并应编制询价书，明确产品技术要求和主要合同条款，列出拟询价供应商清单，报送委托方批准。

（4）对于需要采用询价采购方式进行采购的，工程咨询方应组织询价小组，向拟询价供应商发出报价邀请并进行资格预审。应制定评比办法，对不少于三家公开报价的单位进行评比，并应根据评比结果推荐预成交供应商，出具询价结果报告报送委托方。

（5）对于需要采用招标采购方式进行采购的，工程咨询方应合理制定招标条件，提出技术要求，发布招标公告或投标邀请函。

（6）对于需要采用招标采购方式进行采购的，工程咨询方应编制资格预审文件、招标文件，制定评标办法，经委托方同意后组织开标评标，并应协助委托方定标。

（7）制定材料设备进场验收程序，并应将其写入招标文件和合同文件。

（8）协助委托方进行合同谈判，详细列明付款条件、交货验收要求、交接保存责任等主要条款。

（9）在合同谈判的基础上，结合合同示范文本，协助委托方签订材料设备供货合同，并监督管理材料设备供货合同履行。

三、招标代理工作方法

1. 招标采购策划

(1)招标范围的确定。与业主会商项目所需进行招标的范围,厘清所有需招标的工作内容,为下一步确认承发包模式和开展标段划分做准备。招标工作范围应涵盖工程建设全过程的设计、施工、检(监)测、监理、造价咨询、审查、测量等所有施工和咨询服务内容;应确定甲供材料设备的范围,涉及的材料设备必须招标的应纳入招标工作范围。

(2)承发包模式及招标标段划分。根据项目内外部环境、业主的组织架构、项目特点(资金来源、规模、工期)与业主进行会商,选择适合本项目需要的设计和施工承发包模式,划分主要招标工作标段和工作包。

2. 招标组织形式选择

在招标内容、承发包模式、标段划分等工作内容清晰确定后,应与业主进行会商,明确所有标段的招标组织形式进行会商。根据会商结果,初步拟定各项招标内容的招标组织形式,招标组织形式有公开招标、邀请招标、公开比选、询价采购等。对各项招标内容的招标组织形式是否满足国家和项目所在地相关法律法规、项目法人或其主管单位的规定进行审核。

3. 招投标实施

(1)招标制度(办法)制定。作为后续招标工作实施的指导文件,明确不同招标组织形式(公开招标、邀请招标、公开比选、询价采购)的各参建单位具体招标工作内容、流程、职责、工作时限、罚则。

(2)招标工作(进度)计划的编制与实施。编制《招标工作计划》,组织业主和其他相关单位共同讨论,作为后续招标工作实施的工作计划文件。

(3)招标文件的编制管理。编制招标文件,组织业主和相关单位进行讨论,确保合法合规、满足招标意图、利于合同履约,并经修改确认后挂网招标。

(4)开、评、定标。办理招标报建、挂网、澄清、质疑回复、限价发布、开标、评标、定标工作。

第三节　造价咨询

一、造价咨询概述

1. 造价咨询的概念

工程造价咨询是指工程造价咨询企业接受委托方的委托，运用工程造价的专业技能，为建设项目决策、设计、发承包、实施、竣工等各个阶段工程计价和工程造价管理提供的服务。

2. 造价咨询工作目标

工程造价咨询服务的工作目标是通过全过程的造价控制服务，促进本工程造价经济、合理，并为委托方办理工程决算提供真实、可信的依据，确保工程投资控制目标的实现。全过程造价控制工作应随时纠正发生的偏差、减少变更与签证，把工程造价控制在批准的额度内，以求在工程项目建设中取得较好的投资效益和社会效益。

(1)质量控制目标

全过程造价质量达到建设单位要求，让建设单位随时掌握投资资金使用情况，有效控制投资进度，配合建设单位保障项目的顺利竣工结算及工程决算审计。

将工程造价成果文件误差控制在合同要求指标以内。按照住建部对工程造价咨询的相关规定和有关造价工作质量控制制度，对建设过程中各阶段进行质量跟踪，有效控制本工程造价成果质量。

项目审查过程中，严格执行国家及有关部门关于基本建设项目的相关法律、法规及规定，客观、公正、公平执业，切实维护国家利益及各方的合法权益，达到委托审查的目的和满足委托的相关要求，出具真实、合法的审核报告。

(2)进度控制目标

进度控制满足建设单位对项目建设总体工期要求，以建设单位批准的进度计划为准。

工程进度款是项目建设单位支付给施工单位的、按工程承包合同有关条款约定的工程合格产品的价格，它是工程项目竣工结算前工程投资支付的最主要的方式。一般来说，在工程的初步设计阶段确定了工程的工期，也就确定了工程应有的进度，全过程造价控制的进度控制目标应满足整个项目总体工期要求。

(3)投资控制目标

投资控制在工程总投资范围内，通过对工程设计变更、工程签证的提前预判和及时处理，有效控制影响工程投资因素，控制投资成本，力争预算不超过概算，结算不超过预算。

根据批复的投资概算制定工程的投资控制目标值，分解各分项投资控制目标。通过施工阶段实施过程的审核，严格控制工程变更，不增加工程额外费用。严格计量，不发生超前支付。以合同为依据，严格遵守工程技术经济签证程序，严格控制合同外费用的支出，按施工合同进行工程计量和付款。以事前控制为主，减少索赔事件的发生，合理处理索赔，使各分项的造价控制在目标之内。

建设项目全过程投资控制工作是一项贯穿项目实施各个阶段，由项目参与各方协同完成，涉及技术、经济、组织和合同等方面的系统工作。工程造价的有效控制，以合理确定量价为基础，以有效控制为核心。工程造价的控制是贯穿项目建设全过程的控制。

(4)安全控制目标

项目全过程造价控制过程中，须结合工程建设的特点，严格按照业主要求、国家和地方现行施工安全标准、规程和规范，结合有关安全文明施工制度，做好项目部安全文明施工交底，确保在项目实施过程中无重大质量安全事故，保证项目工作人员的人身安全。

(5)合同、信息管理目标

合同管理规范、防止索赔、避免争议、为工程建设提供保障。及时、准确、完整地掌握有关各方信息，并通过分析、处理为项目决策和管理、施工过程控制、资源共享和信息沟通提供优质服务。

(6)组织协调工作管理目标

渠道畅通、环境和谐、周边关系安定，与各参建单位相互配合促进施工，无投诉。在全过程造价控制过程中，加强组织、管理、控制和协调，利用系统工程方法，全面统筹安排，在确保质量目标的前提下，同时兼顾投资、进度控制目标，力求建设项目的总体目标（质量、进度、投资、安全目标）与项目建设单位、监理单位、施工单位的总体目标得以最合理地实现。

二、造价咨询工作内容

1. 决策阶段

决策阶段造价咨询的主要工作为投资估算的编制与审核、建设项目经济评价。

（1）编制投资估算时，应依据相应工程造价管理机构发布的工程计价依据以及企业积累的有关资料，并在分析编制期市场要素价格变化的基础上，合理确定建设项目总投资。

（2）经济评价应依据国家有关政策和现行标准，在项目方案设计的基础上，对拟建项目的经济合理性和财务可行性进行分析论证，并进行全面评价。

（3）审核投资估算时，应依据相应工程造价管理机构发布的工程计价依据以及其他有关资料，审核投资估算中所采用的编制依据的正确性、编制方法的适用性、编制内容与要求的一致性、投资估算中费用项目的准确性、全面性和合理性。

2. 设计阶段

设计阶段造价咨询的主要工作为设计概算的编制、审核与调整，以及施工图预算编制与审核。

（1）设计概算应控制在批准的投资估算范围内，施工图预算应控制在已批准的设计概算范围内。当遇有超概算情况时，应调整概算，提交分析报告，交委托人报原概算审批部门核准。

（2）设计概算和施工图预算编制应依据相应工程造价管理机构发布的工程计价依据，并根据企业积累的有关资料以及同期的人工、材料、设备、机械台班市场价格，合理确定建设项目总投资。

（3）设计概算和施工图预算审核应依据工程造价管理机构发布的计价依据以及有关资料，对其编制依据、编制方法、编制内容及各项费用进行审核。

(4)设计概算和施工图预算的审核可采用全面审核法、标准审核法、分组计算审核法、对比审核法、重点审核法等。应重点对工程量的计算,人、材、机要素价格的确定,定额子目的套用,管理费、利润、规费税金等计取的正确性、全面性等进行审核。

3. 发承包阶段

发承包阶段造价咨询的主要工作为工程量清单的编制与审核,最高投标限价的编制与审核,招标策划、招标文件的拟定与审核、招标答疑,清标和完善合同补充条款。

(1)建设工程招标的工程量清单、最高投标限价、投标报价应根据现行国家标准《建设工程工程量清单计价规范》(GB 50500—2013)的有关规定编制与审核。

(2)最高投标限价、投标报价的工程量应依据招标文件发布的工程量清单确定,最高投标限价和投标报价的单价应采用综合单价,其综合单价应包括人工费、材料费、机械费、管理费、利润、规费和税金。

4. 实施阶段

实施阶段造价咨询的主要工作为编制建设项目资金使用计划,进行工程计量与工程款审核,询价与核价,进行工程变更、工程索赔和工程签证的审核,合同中止结算、分阶段工程结算、专业工程分包结算的编制与审核和进行工程造价动态管理。

(1)项目资金使用计划应根据施工合同和批准的施工组织设计进行编制,应与计划工期、预付款支付时间、进度款支付节点、竣工结算支付节点等相符。项目资金使用计划应根据工程量变化、工期、建设单位资金情况等定期或适时调整。

(2)全过程工程咨询造价部根据咨询合同约定,在工程的实施阶段可按照竣工结算的有关要求,编制或审核合同中止结算、分阶段工程结算和专业工程分包结算,确定合同款项和应支付的数额等。

(3)全过程工程咨询造价部在确定或调整建筑安装工程的人工费时,可根据合同约定、相关工程造价管理机构发布的信息价格,以及市场价格信息进行计算；主要材料、设备机械台班及专业工程等相关价格的查询与审核，可按照市场调查取得价格信息进行计算。

（4）全过程工程咨询造价部应在工程变更、工程签证确认前，对工程变更、工程签证可能引起的费用变化提出建议，并应根据施工合同的约定，对有效的工程变更和工程签证进行审核，计算工程变更、工程签证引起的费用变化，计入当期工程造价。

（5）全过程工程咨询造价部应与项目各参与方进行联系与沟通，并应动态掌握影响项目工程造价变化的信息情况。对于可能发生的重大工程变更应及时做出对工程造价影响的预测，并应将可能导致工程造价发生重大变化的情况及时告知委托人。

5. 竣工阶段

竣工阶段造价咨询的主要工作为竣工结算书的编制与审核。

编制与审核竣工结算书时，应按施工合同约定的工程价款的确定方式、方法、调整等内容进行，合同中没有约定或约定不明确的，应按合同约定的计价原则以及相应工程造价管理机构发布的工程计价依据、相关规定进行竣工结算。

三、造价咨询工作方法

1. 投资控制方法

（1）根据项目初步设计概算、施工图预算、承包合同和项目建设的具体情况，合理地设置项目投资控制目标，分块切割，制定各单项、分部、分项工程的投资控制目标。

（2）采用全面控制和重点控制相结合的方式、以事前预控为主的造价控制方法，控制重点放在合同外的费用的控制上。

（3）分析项目造价控制的难点、重点和易突破口，采取主动控制的方法，严格控制设计变更和施工变更，严格进行现场计量，严格把好工程进度款、结算款的审核支付工作。

（4）熟悉施工承包合同中合同价款的类型及费用的相关条款，明确工程款支付的内容、时间、支付条件、预付款项及应扣除项目等。

(5)使用技术与经济相结合的投资控制手段。

(6)了解市场行情,搜集材料、设备价格信息,当好建设单位参谋。

(7)编制建设项目招标、评标、发包阶段投资控制详细的工作流程图和细则。

(8)审核标底,将标底与投资计划值进行比较。审核招标文件中与投资控制有关的内容。

(9)参加项目招标的系列活动,如项目的评标、决标,对投标文件中的主要施工技术方案作出技术经济论证。

(10)控制工程变更和防止发生索赔。事前应协助建设单位在合同中明确对工程变更和签证的处理方法。在施工过程中,建设单位、设计及承包单位等各方提出的变更应交全过程工程咨询造价部核查同意后方可实施。

(11)加强对工程造价的动态控制,及时提醒和建议建设单位补充完善承包合同,尽量减少可能产生的索赔。

(12)造价工程师根据施工中出现的问题进行归纳汇总,及时报告建设单位,建设单位应与设计单位交换意见,尽量减少不必要的设计变更。

(13)根据工程内容的变化及时向建设单位提出合理化建议,协调解决投资、质量、工期之间的矛盾。

(14)审核施工阶段投资控制的工作流程图和投资计划。

(15)施工阶段投资控制经济措施的工作方法:审核项目工程量,并与已完成的实物量进行比较;审核工程进度款清单;在项目施工进展过程中,进行投资跟踪;定期向项目总监、建设单位提供投资控制报表;审核竣工决算。

(16)施工阶段投资控制技术措施的工作方法:审查施工单位的施工组织设计、施工方案,提出改进意见;对技术变更部分进行技术经济比较;对施工方案进行技术经济比较;寻求项目建设中通过设计的修正挖潜节约投资的可能。

(17)施工阶段投资控制合同管理的工作方法:参与处理工程索赔工作;参与合同修改、补充工作,着重考虑对投资控制有影响的条款;依据施工合同有关条款、施工图,对工程项目造价目标进行风险分析,并制定防范性对策。

2. 进度控制方法

确定项目总进度目标和分解进度目标。在项目进展的全过程中，采用动态控制方法，将实际进度和计划进度进行比较，发现偏差，及时采取措施纠正。及时协调各参建单位之间的进度关系。

（1）设置工期控制点

以建设单位已批准的总进度计划网络为依据，详细编制各分部工程计划网络和每月、季度进度计划，在计划中确定各分项工程进度目标及分部工程竣工计划工期，分阶段予以控制，以保证总进度计划的实施。

（2）横道图法

横道图是以时间为横坐标，以各分项工程或施工工序为纵坐标，按一定的先后施工顺序和工艺流程，用带时间比例的水平横道线表示对应项目或工序持续时间的施工进度计划图表。横道图作为一种项目施工进度控制的工具，不但用于编制施工进度计划，还用于工程进度实施中的监控。在进度计划实施中，造价工程师在计划进度横道线下方同时标出各分项工程或施工工序的实际进度。然后根据实际进度与计划进度的比较，对工程进度进行有效监督和控制。

（3）S 曲线法

对工程项目采用横道图监控工程进度时，计划进度与实际进度的比较只能在各个分项工程或工作（序）之间进行，无法对整个工程进度情况进行全局性的管理，针对这一不足，可采用 S 曲线法与其配合使用。

S 曲线在全过程造价控制的主要应用包括：审批施工进度计划时，用 S 曲线判断承包商编制的施工进度计划是否合理，资金使用计划和实际进度计划是否匹配；监控施工进度计划实施阶段，对进度控制利用 S 曲线评价实际进度情况属于正常、提前或滞后，进度款支付是正常、拖欠还是超付。

（4）网络计划图法

网络计划图是以加注工作持续时间的箭线和节点组成的网状流程图来表示施工进度计划。造价工程师依据工程特点，首先根据各工作间的相互关系及其工作先后顺序流程编制工程项目进度计划网络图，其次通过计算找出计划中的关键工作及关键线路，最后通过不断调整、改善网络计划，选择最优的方案匹配投资控制方案付诸实施。

3. 组织协调管理

（1）与建设单位的协调

①与建设单位的请示、报告一般应通过项目负责人进行，以保证传递信息的完整、统一。

②项目负责人应直接向建设单位代表请示、汇报工作。

③向建设单位提交的报告、发文等均应经项目负责人审核批准并加盖项目部公章后才能发出，发文应有专门立档的签收记录表和有关人员签字。

④建设单位给项目部的批示、发文等应单独立档保存。

⑤指导日常工作的月、周工作计划、管理月报由专人准时报送建设单位。

（2）与设计单位的沟通

①由项目部技术负责人牵头负责与设计单位的沟通、协调。

②对设计图纸等文件的管理信息应由专人统一登记、保存，使用时办理领用手续。

③项目部应派人参加设计交底会、工程例会及其他专题会。

④项目部各专业工程师负责与设计专业负责人协调沟通，对设计变更、洽商作出确认。

⑤凡涉及设计单位的工作计划应抄报设计单位。

⑥与设计单位的收、发文件应单独立档保存。

（3）与监理、施工单位的协调

①与监理、施工单位的沟通一般通过会议、发文及口头等方式，按专业对口的原则进行。

②对施工单位现场投资控制的问题，一般应及时处理，必要时可组织有监理、施工单位和建设单位代表参加的专题会。

③准时参加由总监理工程师组织的与造价相关的监理交底会、工程例会。

④对分包单位现场投资控制的管理，一般应通过总包单位进行。

⑤与各方的收、发文件均应单独立档保存。

(4)组织全过程造价控制重大事项联席会议

全过程造价控制单位应定期组织全过程造价控制重大事项联席会议,解决施工过程中出现的与工程投资相关的重大问题,并形成会议纪要。

第四节　工程监理

一、工程监理概述

1. 工程监理的概念

建设工程监理是指工程监理单位受建设单位委托,根据法律法规、工程建设标准、勘察设计文件及合同,在施工阶段对建设工程质量、造价、进度进行控制,对合同、信息进行管理,对工程建设相关方关系进行协调,并履行建设工程安全生产管理法定职责的服务活动。

2. 监理工作目标

(1)质量控制目标。满足国家、行业、地方有关规范、标准、规定等的相关要求,并通过国家、行业、地方相关主管部门审查,工程一次性竣工验收合格。

(2)投资控制目标。达到国家、行业、地方有关规范、标准相关要求,确保工程建设投资控制在批复的概算投资范围内,并满足合法合规的要求。

(3)进度控制目标。参与工程施工等工程建设全过程进度管控工作,确保委托人工程建设进度目标按期实现。

(4)安全文明施工管理目标。严格执行国家、行业、地方有关法规、条例及制度要求。

(5)合同管理目标。通过合同管理,督促合同相关方全面履行合同义务。

(6)信息管理目标。通过运用计算机、网络等 IT 技术,提高工程管理信息数据收集整理工作,以其及时性、高效性,使项目建设各类信息在共享和沟通上更加便利,为工程的顺利进展提供保障。

(7)组织协调工作目标。协调好工程参建各方的关系,确保工程顺利进行;将协调管理工作贯穿工程建设全过程,为工程建设创造良好的外部环境;通过监理的综合协调与管理工作,为工程目标的顺利实现奠定基础。

二、工程监理工作内容

1. 质量控制

工程质量监理是对施工全过程的监理,它贯穿合同执行过程的始终。

(1)审查施工单位现场的质量管理组织机构、管理制度及专职管理人员和特种作业人员的资格。

(2)审查施工单位报审的施工方案。

(3)审查施工单位报送的新材料、新工艺、新技术、新设备的质量认证材料和相关验收标准的适用性。

(4)检查、复核施工单位报送的施工控制测量成果及保护措施。

(5)查验施工单位在施工过程中报送的施工测量放线成果。

(6)检查施工单位为工程提供服务的实验室。

(7)审查施工单位报送的用于工程的材料、构配件、设备的质量证明文件。

(8)对用于工程的材料进行见证取样、平行检验。

(9)审查施工单位定期提交影响工程质量的计量设备的检查和检定报告。

(10)对关键部位、关键工序进行旁站。

(11)对工程施工质量进行巡视。

(12)对施工质量进行平行检验。

(13)验收施工单位报验的隐蔽工程、检验批、分项工程和分部工程。

(14)处置施工质量问题、质量缺陷、质量事故。

(15)审查施工单位提交的单位工程竣工验收报审表及竣工资料,组织工程竣工预验收。

(16)编写工程质量评估报告。

(17)参加工程竣工验收等。

2. 进度控制

(1)检查业主开工条件准备情况,并提出检查意见。

(2)审查施工单位开工准备落实情况,并提出审查意见。

(3)督促施工单位编制施工总进度计划,并督促其执行。

(4)制定各项进度的控制原则;确定各个阶段工作管理目标和进度要求;审查施工组织设计中编制的进度计划方案。

(5)审查承包商提报的人力、材料、设备及其规格、数量和质量是否满足合同要求和工程进度的要求。

(6)按进度计划的要求进行过程控制,建立工程进度台账,核对工程形象进度图,定期举行进度会议;在项目进度全过程中检查月度、季度、年度工程的进展。

(7)监督承包商严格按照施工承发包合同约定的工期和业主下达的季度、年度施工计划组织施工,按月度、季度向业主报告施工计划的执行情况和存在的主要问题。

(8)定期对进度进行检查,将计划值与实际值进行比较,发现偏差及时提出纠正意见。特别是对控制工期的重点工程,一定要准确了解工程进度,如发生延误,及时分析原因,提出相应措施,并报告业主。

(9)监督施工单位严格按照施工承发包合同约定的工期和业主下达的季度、年度施工计划组织施工,监理人应每月向业主报告施工计划的执行情况和存在的主要问题。

(10)建立工程进度台账,核对工程形象进度,按月度、季度向业主报告。

(11)督促施工单位充分利用网络技术和必要的组织措施,保证重点工程的施工工期,定期检查重点工程实际进度是否按计划进行,对重点部位和关键工序的施工进度予以重点控制。

(12)检查施工单位人力、材料、设备供应与总工期目标的符合性,施工进度计划与施工方案的协调性、合理性。

(13)针对影响现场施工进度的实际情况,及时协调内、外部关系,确保工程顺利实施,以保证总工期的实现。

3. 投资控制

(1)熟悉施工合同文件及监理合同文件,特别是熟悉有关监理工程师在计量与支付方面的条款。

(2)熟悉设计图纸、工程地质报告、周边施工条件,对影响投资控制目标实现的风险进行分析。对易引起投资失控的事件,如设计变更、工程签证等,严格按规定的程序进行控制。

(3)审核施工组织设计方案及增加工程的施工图预算,提出控制投资的措施意见。

(4)逐步分解投资总目标,亦即逐层进行项目分解,做到能分能合,便于查询,且分解的层次有可靠的数据来源,避免漏项和重复。

(5)每月编制投资控制报表,并注意对影响投资目标实现的因素进行分析,及时采取控制措施。

(6)审核施工单位提出的施工用款月计划,每月上报业主。并将上月计划用款与实际用款进行对比,及时了解项目的资金动向。

(7)审核材料购货单,及时了解材料价格的变动,审查材料、设备的质量和规格。

(8)审核施工单位编制的工程结算书,提出意见。将设计概算、施工投标价和施工结算进行对比分析。

(9)检查、监督施工单位履行合同情况,使其全面履约。

(10)定期、不定期进行工程费用超支分析,提出控制工程费用的方案和措施。

4. 安全管理

(1)审查总包、专业分包和劳务分包单位资质及安全生产许可证。

(2)审查电工、焊工、架子工、起重机械工、塔吊司机及指挥人员、专业安装工等特种作业人员资格,督促安装施工企业雇佣具备安全基础知识的一线操作人员。

(3)督促施工承包单位建立健全施工现场安全生产保证体系,建立健全安全生产责任制;督促施工承包单位检查各分包企业的安全生产制度。

(4)审核施工承包单位编制的施工组织设计、安全技术措施、高危作业安全施工及应急抢险方案。

(5)督促施工承包单位做好逐级安全交底工作。

(6)审查承包商提交的施工现场平面布置;督促承包商定期或不定期地检

查用电、机械设备、临边防护消防等安全。

(7)依照安全生产的法规、规定、标准及监理合同要求,督促协调承包商从管理着手,全面地在施工中执行各种规范,对可能发生的事故采取预防措施,实施设备安装全过程的安全生产。及时制止和纠正各种违章作业,及时发现各种隐患、督促其整改。对重大隐患和问题有权责令承包商停工整改。

(8)对承包商施工机械设备的数量、性能、检修证及特种工种作业人员操作证等进行审核、监督,确保机械设备的正常运转,消除不安全隐患。

(9)检查承包商特殊工序(危及人身安全、重大设备安全、行车安全的工序)是否有应急预案,预案是否完善,是否切实可行,并将检查情况及时向业主汇报。

(10)监督施工承包单位按照工程建设强制性标准和专项安全施工方案组织施工,制止违规施工作业。

(11)对施工过程中的高危作业等进行巡视检查。发现严重违规施工和存在安全事故隐患的,应当书面要求施工承包单位整改,并检查整改结果,签署复查意见;情况严重的,由总监下达工程暂停施工令并报告建设单位;施工承包单位拒不整改的应及时向安全监督部门报告。

(12)督促施工承包单位进行安全自查工作;每周对施工现场的安全用电、动用明火、防护设施、消防器材的设置、设备安装、防火、防事故措施的落实情况进行一次综合性的检查。每月书面向业主安全管理部门反馈安全监理情况,重大信息及时汇报。

(13)复核施工承包单位施工机械、安全设施的验收手续并建立台账。对塔吊、起重设备、附着式脚手架等未经有关主管部门验收认可的机械设备、安全设施不得投入使用。

(14)监理人员应对高危作业的关键工序实施现场跟班监督检查。

(15)监理人员应在监理日志中记录当天施工现场安全生产和安全监理工作情况,记录发现和处理的安全施工问题。总监应定期审阅并签署意见。

5. 合同管理

合同管理主要内容包括招标采购、工程变更、工程延期、工程款支付、费用索赔、工程分包、工程保险、发包人和承包人违约等问题的处理,这些合同问题如果处理不当,有可能大幅增加合同工程量清单以外的工程费用,直接影响发包人和承包人的切身利益。因此,妥善解决好这些问题,对于保证工程进度、工程质量和控制工程费用具有重要的意义。监理工程师在合同管理中的具体工作内容包括:

(1)认真阅读,详细了解与工程有关的所有合同内容及要求,督促甲乙双方严格执行合同,履行合同约定的条款。

(2)进行合同风险分析,制定防范措施,减少索赔和违约事件发生。

(3)主持开工前的第一次工地会议和施工阶段的工地例会,负责组织监理例会并签发会议纪要,参加施工单位为实施合同组织的有关会议。

(4)根据工程实际情况,监理单位应按施工合同文件约定的变更范围要求施工单位提出变更工程内容和价格、变更建议,经监理工程师审查后报业主批准。

(5)对施工单位提出的工期的延长或费用索赔,监理单位应就其申诉的理由,查清全部情况,并根据合同条款审定延长的工期或索赔的款额,报经业主批准后发出通知。

(6)认真审查施工单位提出的任何分包资格和分包工程的类型、数量,提出建议报业主核准。

(7)监督、检查施工单位主要技术、管理人员的落实是否到位,对不称职的主要技术管理人员,监理工程师有权提出更换要求。

(8)监督、检查施工单位进场的主要技术装备的落实是否到位,对于不能满足工程工期和质量要求的,监理工程师应提出更换或停止支付费用。

(9)督促、检查施工单位对各阶段及全套竣工图的资料整理,交建设单位归档,工程完工后及时向建设单位提交相关工作资料。

(10)编制监理工作月报、监理工作总结,报建设单位和有关主管部门。

6. 信息管理

设置专人对工程信息资料进行管理。

(1)根据业主统一部署,配置信息化管理设备,建立信息化管理网络,实现并督促承包人实施信息化管理。

(2)建立健全信息台账,建立月度、季度、年度计划及报告、报表制度,提供的信息和资料均应以文字为凭、数字为据,并对各类报表的数据真实性负责。

(3)建立健全文件管理制度、责任制度、培训制度、考核制度、检查验收制度和督促整改制度等,归档工作如图纸及文件资料的收发、整理等应及时、真实齐全、分类有序。

(4)建立健全档案管理制度,做好本单位档案的收集、整理、归档工作,并督促、检查承包人的档案管理工作。

(5)配置专职档案管理人员,并设置满足工程需要的档案室,档案室面积不少于20平方米。

(6)按照业主相关档案管理制度,依据报审的单位、分部、分项工程划分,建立工程档案抽检资料,每完成一个分项、分部工程,应及时向业主报备工程档案抽检资料。

(7)拍摄施工过程中的重要工序、重要施工情况、工程事故等照片,编制成电子文件并提交业主。

(8)对承包人发出的监理通知应同时抄报业主。

(9)认真审核资料,不得接受经涂改的报验资料,并在审核整理后交资料管理人员存放,按单位工程建立案卷盒(夹),分专业存放保管并编目录,以便于跟踪检查,监理资料的收发、借阅必须通过资料管理人员履行手续。

(10)监理档案的组卷应按照国家档案局、地方档案局、地方城建档案馆相关规定及委托人的有关档案管理制度的规定执行。

7. 组织协调

(1)项目监理部内部的协调。一方面,一个项目的建设监理不是一两个人就可以完成的,通常是由多人按一定专业比例组成的,并按责任范围进行科学分工;另一方面,除主体项目外,还有若干个配套项目。为此,监理部首先要搞好内部关系的协调。内部关系的协调,实际上是监理本身的协调工作,这里包括内部组织关系的协调、人际关系的协调等。

(2)与项目业主之间的协调。建设监理受业主的委托,独立、公正开展施工现场管理工作。与业主协调的好坏直接影响监理目标实现的顺利程度。目前,工程建设各方对监理制度的认识还不够,一些业主的行为不规范,合同意识较差,随意性大,主要体现在:一是基建管理模式,搞“大统筹,小监理”,一个项目,往往是业主的管理人员对监理工作干涉多,并插手监理人员的具体工作;二是不把合同中约定的权力交给监理单位,致使总监有职无权,发挥不了作用;三是不讲究科学,项目科学管理意识差,在项目目标确定上压工期、压造价,在项目进行过程中变更多或时效不符合要求,给监理工作的质量、进度、投资控制带来困难。因此,与业主的协调是监理工作的重点和难点。

(3)与项目承包单位的协调。监理工程师对质量、进度和投资的控制是通过控制承包单位的工作来实现的,所以做好与承包单位的协调工作是监理工程师组织协调工作的重要内容;应坚持原则、实事求是,并严格按规范、规程办事,讲究科学态度;监理工程师在监理工作中应强调各方面利益的一致性。围绕建设工程总目标,寻找、排除对目标控制可能的干扰,加强沟通。经验表明,双方了解得越多越深刻,监理工作中的对抗和争执就越少;协调不仅是方法、技术问题,还是语言艺术、感情交流和用权分寸问题;有时尽管协调意见是正确的,但由于方式或表达不妥,反而会激化矛盾。而高超的协调能力则往往能起到事半功倍的效果,令各方都满意。

(4)与设计单位的协调。监理单位必须参与与设计单位的协调工作,以加快工程进度,确保质量,降低消耗;真诚尊重设计单位的意见;施工中发现设计问题,应及时通过业主向设计单位提出,以免造成大的直接损失;若监理单位掌握比原设计更先进的新技术、新工艺、新材料、新结构、新设备时,可主动向设计单位推荐;注意信息传递的及时性和程序性。监理工程师联系单、设计单位申报表或设计变更通知单传递,要按设计单位(经业主同意)至监理单位至承包商的程序进行;监理单位与设计单位都是受业主委托进行工作的,两者之间并没有合同关系,所以监理单位主要是和设计单位做好交流工作,协调要靠业主的支持。工程监理人员发现工程设计不符合建筑工程质量标准或者合同约定的质量要求的,应当报告建设单位,由建设单位要求设计单位改正。

(5)与政府主管部门的协调。做好与工程质量监督站、工程安全监督站、建设行政主管部门等各个政府相关部门的协调关系。工程质量监督站是政府授权的工程质量监督的实施机构，对委托监理的工程，质量监督站主要负责核查勘察设计、施工单位的资质和工程质量；重大质量事故，在承包商采取急救、补救措施的同时，应敦促承包商立即向政府有关部门报告情况，接受检查和处理；建设工程合同应报政府建设管理部门备案。要敦促承包商在施工中注意防止环境污染，坚持做到文明施工；协助有关方做好消防、安全生产监督等部门的联系、沟通、检查、验收。

三、工程监理工作方法

1. 质量控制

工程质量是工程监理的核心，质量控制牢固树立"质量第一"的方针，协调处理好质量、进度、投资、安全四个互相制约的目标。施工阶段质量控制的任务，就是要通过建立有效的质量监督工作体系来确保工程质量达到预定的标准和等级要求。工作的重点应放在开工前的质量控制。

（1）事前控制方法

①建立健全、专业配备齐全的项目监理机构，完善职责分工及有关质量监督制度和质量沟通制度，落实质量控制的责任。

②积极改善生产、管理环境，确定项目管理各方协调联络方式和渠道，主动与质监部门沟通联络，完善质量报表和质量管理控制制度。

③熟悉和掌握工程质量控制的技术依据，掌握工程特点，部署质量监理控制工作重点，为监理工作实施做好充分的准备。在项目实施过程中，严格检查、督促承包单位执行国家、行业和地方标准及规范。

④做好施工场地的检查验收工作，包括现场障碍物的清理验收以及现场定位轴线、高程标桩的测设、验收工作，督促施工承包单位采取有效的保护措施并经常检查和校测。

⑤核查施工队伍的资质，审查承包方主要技术管理人员和主要技术工种施工人员的资质和上岗作业证书，以保证施工管理和作业操作基本水准。审查、确认工程施工分包单位资质、信誉和质量保证体系。审核施工单位自有试验室或外委试验室的质检测试仪器、设备的精度以及测试机构人员的资质。

⑥做好图纸会审和设计交底工作

在施工设计交底前，要求施工单位组织有关人员熟悉施工图纸，了解工程特点以及工程关键部位的质量要求，并对施工设计图纸进行会审，施工单位应将图纸中影响施工质量的环节及图纸差错等汇总填写图纸会审记录，提交设计单位，在设计交底时，协商研究统一意见。开工前，监理单位组织设计交底，由设计单位按照设计施工图纸，向施工单位、监理单位、业主进行设计交底。施工图纸交底和会审应有文字记录，交底后由施工单位整理填写会议纪要，经设计单位、监理单位、业主各方面会签后，会议纪要可作为施工和签订设计变更、工程洽商的依据。

⑦审查、签认施工单位编写上报的施工组织设计和施工方案，检查施工单位的技术保障和质量保证体系是否健全。结合本项目的具体情况，一般要求施工单位编制重点分部(分项)工程的施工工法方案以及预防质量通病的技术措施、为保证质量而制定的质量预控措施等。

⑧对进场材料、构配件、设备进行质量控制。用于工程的主要设备、材料、构配件，每批进场时都必须有正式的产品出厂证明、合格证、材质化验单。有的材料、制品还需审查样品，有的材料应按规定做复试，如水泥、钢筋、焊条、防水材料、水泥外加剂等，应提交复试合格证书等资料报监理签认。结构构件生产厂家还应核查其生产许可和生产工艺、质保体系等内容。

⑨对进场施工机械设备和测量仪器进行质量控制。

⑩组织施工监理交底，贯彻执行项目监理规划和监理细则。

⑪核查工程开工条件，批准工程开工报告。

(2)事中控制方法

工程项目可以划分为若干个紧密联系的施工过程，每个施工过程的质量和构成体现了工程项目的整体质量，施工过程是施工的重要环节，监理工程师应严格对施工过程的质量进行控制。

①现场巡视检查和旁站。

A. 监理项目部建立巡视检查和旁站制度；

B. 对监理工程项目的重要施工过程及施工过程的关键工序，特殊工序、重点部位的关键控制点进行旁站；

C. 监理工程师在巡视过程中，发现并及时纠正施工中不符合要求的有关问题。

②严格施工工艺过程的质量控制。严格施工工艺过程的质量控制，结合项目的内容和特点，针对工序活动中的重要部位或薄弱环节，设置质量控制点，实施预控。

③严格工序交接检查制度。坚持上道工序不经检查验收不准进入下道工序的原则。上道工序完成后，先由施工单位进行自检、专职检验，认为合格后通知现场监理工程师和业主代表会同现场检查，检验合格后方可进入下道工序。

④严格隐蔽工程检查验收制度。对隐蔽工程进行旁站监理检查签证，未经签证不得覆盖。隐蔽工程检查的内容，根据设计和施工规范的要求，检查规定的所有质量指标。对关键工序和部位进行旁站或见证监理，并核签其检验试验报告和调试试验报告。

⑤加强对检验批、分项工程验收。对符合要求的检验批、分项工程由监理工程师签认，对不符合要求的分项工程，由监理工程师签发不合格工程项目通知，由施工承包单位整改。分项工程检验批验收应符合下列规定：

A. 施工单位具有相应分项合格质量的验收记录；

B. 主控项目的质量抽样检验应全数合格；

C. 一般项目的质量抽样检验，除有特殊要求外，计数合格率不应小于 80%，且不得有严重缺陷。

⑥坚持样板带路原则，及时组织各方进行样板施工前的方案讨论和施工后的样板点评，总结提高，持续改进。

⑦认真做好分部工程检查验收工作。单位工程的基础分部及主体分部工程完成后，由总监理工程师组织阶段性验收，业主、承包单位、设计单位共同核查施工技术资料，并进行现场工程质量验收，共同协商验收意见并共同签认。

⑧严格执行设计变更、工程洽商制度，加强对进场材料、构配件和设备质量的监理抽查工作。

⑨行使质量监督权，下达停工令。必要时在征得业主同意下可向承包单位

下达工程停工令，要求承包单位改正不合格的工程部分。

⑩严格单项工程开工报告和复工报告审批制度。

⑪认真执行见证取样及送检制度，严格执行质量、技术签证制度。

⑫建立质量监理日志，定期召开监理例会或现场质量专题协调会，研究和改进工程质量。

⑬及时对不称职的施工管理人员、不合格的分包单位提出撤换的要求。

⑭认真做好工程质量问题及质量事故的处理工作。

⑮定期向业主报告工程质量动态状况。

⑯项目实施过程中，检查、督促承包单位严格执行国家标准及规范，对违反设计图纸及设计变更资料、违反工程施工质量验收标准的行为及时制止并提出改正意见。

（3）事后控制方法

①认真组织工程预验收。单位工程完工后，经施工单位初验合格后提出验收申请，由监理单位组织工程竣工预验收，发现问题及时组织施工单位限期落实整改，整改完成并经验收合格后由监理单位组织向业主提交预验收工作情况汇报、质量评估报告并提出竣工验收申请。

②协助业主搞好工程竣工验收。工程完工交验合格后，经业主批准，向施工单位签发交工验收证书。

③督促施工单位严格按工程所在地建设工程竣工验收要求整编工程技术文件资料，及时审核并组织归档。

④工程保修期，对施工单位保修范围的工程项目进行跟踪，对发现的问题督促实施保修。

2. 进度控制

工程进度涉及业主和承包人的重大利益，是合同能否顺利执行的关键。在施工监理工作中，一般都把计划进度和实际工程进度间的平衡作为控制进度和计划管理的关键环节。实现计划进度的方法是在工程实施过程中，密切注视工程实际进度与计划进度间可能出现的差距，及时督促承包人加快工程进度，以便按照计划完成工程。

在项目实施过程中，监理工程师要制定一套控制进度的措施和科学的计划管理方法，并根据合同赋予的职权监督承包人执行计划，以保证工程在合同约定的期限内顺利完成。

(1)事前控制方法

①落实项目监理机构中进度控制的专职人员，明确控制任务和管理职责分工。

②总监理工程师应依据施工合同有关条款、施工图纸、经过批准的施工组织设计进度以及业主有关工期总体策划要求制订进度控制方案，组织监理工程师对进度目标进行风险分析，制订防范性措施并上报业主。

③根据合同约定的期限，认真审查总承包单位编制的项目实施总进度计划，审核承包商制订的计划是否合理，是否适应工程项目和实际情况，是否满足业主提出的施工进度要求(总进度目标要求)，审核施工进度计划与施工方案的协调性和合理性，避免不切实际的施工计划，用科学的施工计划指导施工，监理工程师审批的重点是承包商实施计划的能力以及施工时间安排的合理性，最后报业主批准。

④建立进度控制协调工作制度，包括协调会议举行的时间，协调会议的参加人员等。

⑤对影响进度目标实现的干扰和风险因素进行分析，制订相应的措施进行纠正。

⑥审核施工单位提交的施工方案，使设备、人力、施工方法等确保进度计划的实现。审核承包商提交的施工进度计划，审核的主要内容有：

A. 进度计划是否符合施工合同中开竣工日期的约定，是否与总包单位、其他施工单位的施工节点进度计划有冲突；

B. 进度计划中的主要工程项目是否有遗漏，总承包、分承包单位分别编制的单项工程进度计划之间是否相协调；

C. 施工顺序的安排是否符合施工工艺的要求；

D. 工期是否进行了优化，进度安排是否合理；

E. 劳动力、材料、构配件、设备及施工机具、设备、水、电等生产要素供应计划是否能保证施工进度计划的需要，供应是否均衡；

F. 业主提供的施工条件（资金、施工图纸、施工场地、采供的物资等），承包单位在施工进度计划中提出的供应时间和数量是否明确、合理，是否有造成因业主的原因导致工程延期和费用索赔的可能，如有如何处理；

G. 协助制订由业主供应材料、设备的采购、供应计划。

⑦协助制订分解的单项工程工期及关键节点进度，通过总工期的分解切块，保证总工期目标的实现。

⑧协助业主完善外部手续，按期完成现场障碍物的拆除和落实现场临时供水、供电和施工道路，及时向施工单位提供现场和创造必要的施工条件。

⑨提醒业主单位按时提供设计施工图纸等设计文件。

⑩协助业主做好保证资金供应的工作，及时按合同约定向施工单位支付工程进度款。

（2）事中控制方法

①建立反映工程进度状况的监理日志，监理人员要随时收集和记录影响工程进度的有关资料和事项，逐日如实记载每日完成的实物工程量。同时，如实记载影响工程进度的内、外、人为和自然的各种因素。暴雨、大风、现场停水、现场停电等应注明起止时间（小时、分）。随时掌握承包商工程施工过程中存在的问题，以便及时协调和解决影响进度的各种矛盾和不利因素。

②在工程开工之后，监理工程师应对整个工程进行专业分析，建立工程分项的月、旬进度控制图表，以便对分项施工的月、旬进度进行监控。图表宜采用能直观反映工程实际进度的形式，如形象进度图、网络计划图、工程曲线等，可随时掌握各专业分项施工的实际进度与计划间的差距。

采用进度表：进度表是监理工程师要求承包人每月按实际完成的工程进度和现金流动情况向监理工程师提交的报表，这种报表应由下列两项资料组成：一是工程现金流动计划图，应附上已付款项曲线；二是工程实施计划条形图，应附上已完成工程条形图。承包人提供上述进度表，由监理工程师进行详细审查，向业主报告。当月进度报表反映的实际进度和计划进度失去平衡时，监理工程师应对这种不平衡情况进行详细的分析，结合现场记录和各分项所控制的进度以及实际完成的工程和工程支付的实际情况进行综合性评价。

采用网络计划：采用网络法制订施工计划和控制工程进度，可以使工序安排紧凑，便于抓住关键，保证施工机械、人力、财力、时间均获得合理的分配和利用。因此承包人在制订工程进度计划时，采用网络法确定项目关键线路是相当重要的。监理工程师除要求承包人制订网络计划外，监理机构内部也应要求监理人员随时用网络计划检查工程进度。

采用工程曲线图：工程曲线是以横轴为工期（或以计划工期为100%，各阶段工期按百分率计），竖轴为完成工程量累计数（以百分率计）所绘制的曲线。把计划的工程进度曲线与实际完成的工程进度曲线绘在同一图上，并进行对比分析，当发现工程实际进度与计划进度出现差距时，监理工程师可通知承包人采取措施，调整计划，以确保按期完成工程。

③审核承包单位每周或每月、每季度的工程进度报告，重点审核计划进度与实际进度的偏差以及形象进度与实物工程量完成情况的一致性。

④按合同要求，及时进行现场合格质量工程的计量验收工作。认真处理有关进度、计量方面的签证。

⑤对工程进度实施动态管理，工程开工后，监理工程师应建立单项工程的月、旬进度报表及进度控制图表，以便对分项施工的工程月、旬进度进行控制。当实际进度与计划进度发生差异时，应分析产生的原因，向承包商发出工程进度缓慢信号，要求承包商采取措施加快进度，并提出进度调整的措施和方案，相应调整施工进度计划及设计、材料、资金等进度计划。必要时调整工期目标。

⑥及时为工程进度款的支付签署进度、计量方面的认证意见，对进度控制采取经济奖惩措施。

⑦认真组织现场协调会，及时协调总承包单位不能解决的内外问题、总图管理问题、现场重大事宜等涉及进度管理控制方面的问题。

⑧及时收集掌握设计、材料的供应状态以及由总承包单位提交的有关进度报表资料，加强现场跟踪检查，定期向业主报告有关工程进度的情况。

（3）事后控制方法

当实际进度与计划进度发生差异时，在分析原因的基础上采取以下措施：

①制订保证总工期不突破的措施,如采用新技术、新工艺,缩短工艺时间、减少技术间歇期,实行平行流水立体交叉作业;增加作业队数、增加工作人数、采用高效机械施工;实行经济包干、经济奖惩、提高单价等措施;改善外部配合条件、改善劳动条件、实施强有力调度等措施。

②制订总工期突破后的补救措施。

③调整相应的施工计划、材料设备、资金供应计划等,在新的施工条件下组织新的协调平衡。

3. 投资控制

(1)据项目初步设计概算、施工图预算、承包合同和项目建设的具体情况,合理地设置项目造价控制目标,分块切割,制订各单项、分部、分项工程的造价控制目标和造价控制计划。

(2)根据合同条款以及业主有关计量与支付管理规定,制订项目监理机构的工程计量与支付程序,使工程投资监理科学化、规范化、程序化。

(3)分析项目造价控制的难点、重点和易突破口,采取主动控制的方法,严格控制设计变更和施工变更,严格现场计量,严格把好工程进度款、结算款的审核支付工作。

(4)采用技术与经济相结合的投资控制手段,积极推广应用新技术、新工艺以及最佳施工方案,开展合理化建议,节约开支,提高综合经济效益。

(5)编制建设项目招标、评标、发包阶段投资控制详细的工作程序图和细则。

(6)审核标底,将标底与投资计划值进行比较。审核招标文件中与投资控制有关的内容。

(7)参加项目招标的系列活动,如项目的评标、决标,对投标文件中的主要的施工技术方案作出技术经济论证。

(8)审核施工阶段投资详细的工作程序图和投资计划。

(9)施工阶段造价控制经济措施的工作方法:

①审核项目工程量,并与已完的实物量进行比较。

②审核工程进度款清单。

③在项目施工进展过程中，进行费用跟踪。

④定期向项目业主、项目管理公司提供投资控制报表。

⑤审核竣工决算。

(10)施工阶段造价控制技术措施的工作方法：

①审查施工单位的施工组织设计、施工方案，提出改进意见。

②对技术变更部分进行技术经济比较。

③对施工方案进行技术经济比较。

④寻求项目建设中通过设计的修正挖潜节约投资的可能。

(11)施工阶段造价控制合同管理的工作方法：

①参与处理工程索赔工作。

②参与合同修改、补充工作，着重考虑对投资控制有影响的条款。

③依据施工合同有关条款、施工图，对工程项目造价目标进行风险分析，并制订防范性措施。

(12)着重在以下内容中，找出工程造价最易突破的部分，向业主汇报：

①建设资金不到位。

②施工图纸不到位。

③建设单位供应的材料、设备不到位等。

4. 合同管理

(1)合同分析

①对合同类型和相关条款进行分析、归纳，建立项目的合同结构。对工程承包、材料设备采购等与工程建设相关的合同条款、法律条款分别进行详细的分析，对合同条款的变更、延期说明、投资变化等及时分析、备案。

②对业主有关的活动分别存档，以防漏项。合同分析是合同管理的基础，与过程控制紧密相连，过程中的变化应及时总结、归纳，实现合同管理的动态控制。

③分析合同中易产生风险和变更的条款，并分析这些条款与设计、总包、分包、监理等单位以及与工程质量、进度、投资的关系，为制定预防措施提供依据。

(2)制定预防措施

在合同分析的基础上,对项目合同实施过程中可能出现的合同违约、变更情况等进行预测,制定相应的预防措施,并及时提交给业主。在此基础上,要求承包单位、材料设备供应商根据各自的合同内容制定相应的预防措施,并提交监理审核。预防措施的制定,可有效地减少合同纠纷、变更及索赔等事件。

(3)建立合同管理信息系统

在项目监理信息管理系统的基础上,采用计算机建立合同管理子系统,形成项目合同管理数据库。其主要功能为:

①提供合同结构模式供选用。

②合同文件、资料的登记录入、修改、删除、查询和统计。

③合同执行情况的跟踪及处理过程和管理。

④形成合同执行情况报表。

⑤为投资控制、进度控制、质量控制提供有关数据。

⑥现行经济法规、资料的查询。

5. 信息管理

(1)根据业主统一部署,配置信息化管理设备,建立信息化管理网络,实现信息化管理,并督促施工单位实施信息化管理。

(2)建立信息资料编码系统及程序结构图,对项目监理工作资料信息进行分类和编码。

(3)建立健全信息台账,建立月度、季度、年度计划及报告、报表制度,提供的信息和资料均应以文字为凭、数字为据,并对各类报表的数据真实性负责。

(4)建立健全文件管理制度、责任制度、培训制度、考核制度、检查验收制度和督促整改制度等,做好图纸及文件资料的收发、整理等归档工作保证文件及时、真实齐全、分类有序。

(5)按照业主相关档案管理制度,依据报审的单位、分部、分项工程划分,建立工程档案抽检资料,每完成一个分项、分部工程,应及时向业主报备工程档案抽检资料。

(6)结合项目特点规划项目资料信息管理体系和信息结构,信息传递程序严格按工程质量、工程进度、工程用款、交工验收、安全生产及其他六个方面分类管理。各种申请、报表、签证、记录按规定格式印制和填报。

(7)各专业监理人员及时填写监理日志,及时填报和签认各种报表和文件资料。

(8)文件传递一律以书面文字为准,坚持收发签字制度。

(9)资料、信息管理采用计算机和应用软件等现代管理手段辅助管理。

(10)资料、信息管理应高效、科学并具有预见性。

6.组织协调

(1)召开会议是工程建设过程中监理协调最常用的重要方法

通过开会可以共同协商,在充分讨论的基础上取得一致,使问题得到解决。监理应运用这种方法提高会议的效率,化解阻碍会议成功的行为,调动促进会议成功的因素。

开会的办法优点是可以把话说在明处,一旦形成协调结果,大家彼此互为监督,协调效果明显;缺点是若监理控制不好,会议容易出现扯皮、推诿,甚至产生争吵,伤害感情,使协调无结果而增加了下一步工作的难度。

①监理内部的协调,可采取定期或不定期召开碰头会的方式。每个人的专业、年龄、性格、经历、习惯各不相同,对同一问题的认识和尺度掌握也不一样,尤其是不同专业交叉作业时容易产生矛盾和问题,这就要求监理内部要统一协调,否则,监理单位的两种意见或两种评价结论,必然导致工程无法顺利进行,同时也损害监理单位的形象。监理单位除按层次、按专业明确划分工作范围、职责和权限外,召开定期碰头会是解决交叉问题和相互矛盾有效的办法。如每天班前会和班后会,解决难点问题;每周监理例会前召开准备会,交流情况,布置工作,对有关问题进行协商,统一内部意见和认识,向有关单位提出明确的意见和要求;召开与工程项目有关的专项、专题会议之前,由总监召开内部协调会,统一步调、交流意见,决定会议的主要内容及会议程序。

②在协调监理与各有关单位的关系上,可视项目进展情况召开不同形式的专项、专题会议,会前应使与会各方明确开会目的,对参加人员应明确职级和授权。在协调各有关单位的关系上,可视不同工程的进展情况促成相关单位间的

协调会。监理应于会前明确主持单位和主持人,若与会各方均要求监理方主持,总监理工程师应掌握各方的期望目标和预期结果,明确自己被授权和认可的范围。

③定期举行工地例会

项目实施期间定期举行工地例会,由总监理工程师主持,参加者包括监理工程师及参与工程建设各方负责人或其代表。工地例会召开的时间根据工程进展情况安排,一般有周、半月和月例会等几种。目的是针对过去一段时间工作当中出现的问题以及总包单位与各分包单位、分包单位与分包单位之间需要协调的问题,通过监理单位的协调,通知相关单位予以配合,加快施工进度,提高工作效率。

④组织专题现场协调会

工地例会不能解决的重大问题可以根据工程施工需要,召开现场协调会,对设计交底、施工方案或施工组织设计审查、材料供应、复杂技术问题的研讨、重大工程质量事故的分析和处理、工程延期、费用索赔等进行协调,提出解决办法,并要求各方及时落实。

专题会议一般由总监理工程师提出,或由承包商提出后,由总监理工程师确定。参加专题会议的人员应根据会议的内容确定,除业主、承包商和监理单位的有关人员外,还可以邀请设计人员和有关部门人员参加。由于专题会议研究的问题重大,又较复杂,因此会前应与有关单位一起,作好充分的准备工作。有时为了使协调会达成更多的共识,避免在会议上形成冲突或僵局,或为了更快地达成一致,可以先将议程打印发给各位参加者,并可以就议程与一些主要人员进行预先磋商,这样才能在有限的时间内,解决最多的问题。

每一次会议总监理工程师以及各专业监理工程师都要认真听取和记录与会各方的汇报,对提出的问题经过认真思考,能够及时解决的及时解决,不能及时解决的在会上共同讨论,确定解决方法达成统一意见,形成文字编制成会议纪要,各方参与人员签字约束各方认真执行。

⑤交谈协调法

在实践中,并不是所有问题都需要开会来解决,有时可采用“交谈”这一方法。交谈包括面对面交谈和电话交谈两种形式。

无论是内部协调还是外部协调,这种方法使用频率都是相当高的。其作用在于:

A. 保持信息畅通。由于交谈本身不会立即产生合同效力及其方便性和及时性,所以建设工程参与各方之间及监理机构内部都愿意采用这一方法进行。

B. 寻求协作和帮助。在寻求别人协作和帮助时,往往要及时了解对方的反应和意见,以便采取相应的对策。另外,相较于书面寻求协作,人们更难以拒绝面对面的请求。因此,采用交谈方式请求协作和帮助比采用书面方法获得帮助的可能性更大。

C. 及时地发布工程指令。在实践中,监理工程师一般都采用交谈方式先发布口头指令,这样,一方面可以使对方及时地执行指令,另一方面可以和对方进行交流,了解对方是否正确理解了指令。随后,再以书面形式加以确认。

⑥书面协调法

当会议或者交谈不方便或不需要,或者需要精确地表达自己意见时,就会用到书面协调的方法。书面协调方法的特点是具有合同效力,一般常用于以下几个方面:

A. 不需双方直接交流的书面报告、报表、指令和通知等。

B. 需要以书面形式向各方提供详细信息和情况通报的报告、信函和备忘录等。

C. 事后对会议记录、交谈内容或口头指令的书面确认。

⑦访问协调法

访问法主要用于外部协调,有走访和邀访两种形式。走访是指监理工程师在建设工程施工前或施工过程中,对与工程施工有关的各政府部门、公共事业机构、新闻媒介或工程毗邻单位等进行访问,向他们解释工程的情况,了解他们的意见。邀访是指监理工程师邀请上述各单位(包括业主)代表到施工现场对工程进行指导性巡视,了解现场工作。因为在多数情况下,这些有关方面并不了解工程,不清楚现场的实际情况,如果进行一些不恰当的干预,会对工程产生不利影响。这个时候,采用访问法可能是一个相当有效的协调方法。

⑧情况介绍法

情况介绍法通常与其他协调方法紧密结合在一起,它可能是在一次会议前,或是一次交谈前,或是一次走访或邀访前的向对方进行的情况介绍。形式上主要是口头的,有时也可能是书面的。介绍往往作为其他协调的引导,目的是使别人首先了解情况。因此,监理工程师应重视任何场合下的每一次介绍,要使别人能够理解你介绍的内容、问题和困难、你想得到的协助等。

总之,组织协调是一种管理艺术和技巧,监理工程师尤其是总监理工程师需要掌握领导科学、心理学、行为科学方面的知识和技能,如激励、交际、表扬和批评的艺术、开会的艺术、谈话的艺术、谈判的技巧等。只有这样,监理工程师才能进行有效的协调。

(2)信息沟通是有效协调的前提条件

信息沟通是监理单位实现有效协调的必备条件,信息沟通是传递、接收和解释信息的过程。总监理工程师应是一位有能力的信息沟通者,既能与个人沟通,又能与多数人沟通,并能把二者融会贯通地结合在一起。

信息不通,情况不明,协调工作就会没有目的,也难以收到成效。信息沟通应包括各单位不同层次之间不同形式的接融和交流,总监理工程师应有意识地组织不同的信息沟通渠道,如监理工程师与建设单位各专业人员之间、与设计工程师之间、与承包单位专业管理人员之间的信息沟通和交流,总监理工程师与建设单位驻工地代表之间、与设计单位项目主持人之间、与承包单位项目经理之间的信息沟通。

总监理工程师与多数人之间可通过监理月报、监理会议纪要、工程简报、备忘录、录像或照片以及召开会议等形式传递信息,还可以将监理单位的有关信息传达给相关单位,主动沟通,增加各方对监理单位的信任,从而获得更多对方的信息,便于顺利有效开展本章前一节所述各种关系的协调工作。

(3)加强协商是成功协调的重要手段

监理单位掌握各方信息后,要合理运用,其主要方式就是协商。信息是协商的基础,协商是减少矛盾、统一认识、共同做好工作的重要手段。无论协调哪一方关系,均要落到人与人之间,其本质仍是人际关系。加强协商就是主动运用沟通掌握的信息，有目的地与当事人进行沟通，达到目标的统一，这是对召开会议协调方式的补充和取得好的会议效果的前期工作。监理单位在协调各有关单位之间的关系时，与建设单位、设计、承包等单位领导层主要负责人的个别协商是工作重点，在作出重大决定如停工、撤换分包单位时更应加强与有关单位和人员的协调，了解各方信息。

(4)交流思想、联络感情，建立融洽的人际关系

建立融洽的人际关系、营造良好的工作环境是做好一切协调工作、达到项目建设预期目标的基础条件。

监理单位应主动利用各种条件做好与各有关单位人员，特别是领导层人员的交流工作，可以邀请建设单位、设计单位、承包单位等参加监理单位的各种活动，相互沟通思想，增进感情，融洽人际关系。

(5)抓主要矛盾，分析矛盾主因，并全力予以解决

工程建设过程中，由于人与人之间、部门之间、单位之间的职责分工、工作衔接、利益分配不同，不可避免地出现各种矛盾。如处理不当，矛盾往往会激化，为此，总监理工程师应抓住主要矛盾，而将次要矛盾交由各层次监理工程师处理。监理应掌握主要矛盾的主要方面，分清其产生的根源，找准切入点并全力予以解决。

(6)合同签订职责清楚，提前制定协调程序

为了防止协调沟通不畅情况的大量出现，监理单位，在各种合同签订之前，应仔细分清各方的责、权、利，了解各方目标，并经各方认可列入合同，这是最好的预控不协调、减少协调工作量的办法。在合同签订后，应组织有关人员认真学习，并组织制定有效的协调程序。无论合同如何严谨，因为工程建设系统的开放性，合同执行一直处于动态之中，协调不可避免，这就要求总监理工程师根据实施目标计划做好可能出现偏差的预防措施，随时进行偏差的组织协调工作。应提前制定协调程序，每月按实际召开各方高层会，商定下月进度目标，并据此安排有关事宜，协调程序化后，工程更可能顺利进展。

针对不同阶段出现的各种问题，监理工程师应与相关单位进行协调，目的是使遇到的问题和矛盾得到圆满解决。监理人员在协调相关单位时应注意度的把

握，既要能解决问题，又要与相关方和谐相处，不能为解决矛盾而影响正常的工程建设。

在建设工程进行中，出现的问题可能涉及工程的很多方面。例如，工程方案的变更问题，工程设计变更、费用优化以及施工方案的优化等。监理应通过组织协调尽量减少不必要的浪费，节约投资，对已经发生的问题进行综合分析，全面评估，从工程全局出发，按照损失最小、效果最好的原则协商解决。监理人员要在效率上下功夫，能当时解决的绝不找借口拖延时间，遵守合同要求，使工程建设在合同约定时间内圆满完成，满足业主对工程建设持续时间的要求。

协调各方关系时要站在全局的高度，从整体出发，力求公平公正，高超的协调能力会起到事半功倍的效果，令各方都满意。各方满意度越高，工程建设工作进行的就越顺利，监理组织协调工作目标也随之实现。

7. 安全文明施工

安全文明施工监理的方法主要是规划、控制、协调和监督、管理，概括起来主要有以下方面：

(1)安全文明施工监理应以事前控制(预防)为主。

(2)严格按监理规划、监理细则和经审批的施工组织设计和安全施工方案的要求对施工过程进行检查，对施工结果进行验收，及时纠正违规操作，消除安全隐患，验证纠正效果。

(3)切实做好安全文明生产的宣传工作，要将“安全责任重于泰山”“安全第一、预防为主、综合治理”的思想深深地植入现场每一位建设人员的心中。

(4)对工程的关键工序、重点部位和隐蔽部位施工过程进行旁站监理。

(5)及时协调各参建单位之间的关系，使各参建单位在安全问题上意见统一，通力协作。

(6)对现场的施工单位和各级施工人员实行严格的安全文明生产奖罚制度。

(7)安全控制要点及监理方法，如表 2 -1 所示。

表2-1　安全控制要点及监理方法

安全工作内容	控制要点	监理方法
安全职责落实	(1)落实建设各方责任主体职责 (2)建立并完善安全保证体系	(1)按国家相关规定结合现场安全管理需要建立安全管理组织体系及职责分工 (2)检查施工单位安全管理制度及安全体系是否符合要求 (3)建立项目文明及安全管理办法
安全施工方案审查	(1)超过一定规模的较大危险性工程需专家论证的专项安全方案 (2)施工安全专项方案应报批	(1)审查方案内部审批程序的合法性 (2)审查安全体系及职责是否符合安全管理要求 (3)审查施工措施或方法是否违反强制性规定
资质审查	(1)施工单位资质审查 (2)安全管理人员资质审查 (3)特种作业人员资质审查	建立资质管理动态台账
危险源控制	(1)对危险源进行分析 (2)落实危险源控制措施	(1)建立动态危险源清单管理台账 (2)预控为主
安全隐患控制	(1)对安全隐患进行检查 (2)安全隐患消除后应复查	(1)巡视、旁站 (2)指令整改、复查
违章作业行为控制	(1)对违章行为进行纠正 (2)违章习惯趋势控制 (3)安全意识教育	(1)巡视、旁站检查 (2)安全培训、教育交底 (3)检查施工安全作业交底情况
安全防护材料、设备控制	确保安全防护材料、设备符合安全要求	(1)材料报验、复检 (2)巡视、抽检 (3)安全设施验收
文明施工及成品保护管理	(1)确保文明施工措施落实 (2)成品保护	(1)审批文明施工及成品保护方案 (2)巡视检查 (3)监控测量
安全资料管理	(1)安全管理资料确保完整、齐全 (2)通过资料管理促进现场安全、弥补漏洞	(1)按安全管理要求及项目情况建立安全管理台账 (2)安全监理日志全面、准确、真实

第五节　BIM 咨询

一、BIM 咨询概述

建筑信息模型(Building Information Modeling,BIM)技术是一种应用于工程设计、建造、管理的数据化工具,它通过对建筑的数据化、信息化模型的整合,在项目策划、运行和维护的全生命周期过程中进行共享和传递,使工程技术人员对各种建筑信息作出正确理解和高效应对,为设计团队以及包括建筑、运营单位在内的各方建设主体提供协同工作的基础,在提高生产效率、节约成本和缩短工期方面发挥重要作用。BIM 具有以下特点:

1. 可视化

可视化即"所见所得"的形式,对于建筑行业来说,可视化在建筑业的作用是非常大的,例如,施工图纸是各个构件的信息在图纸上采用线条绘制表达,但是其真正的构造形式就需要建筑业从业人员去自行想象。BIM 提供了可视化的方法,将以往线条式的构件形成一种三维的立体实物图形展示在人们面前。建筑业也有设计方面的效果图,但是这种效果图仅含有构件的大小、位置和颜色等少量信息,其他信息均无法表达,而且还缺少不同构件之间的互动性和反馈性信息。BIM 可视化是一种能够表达构件之间互动性和反馈性信息的可视化,由于整个过程都是可视化的,因此可视化的结果不仅可以用效果图展示并生成报表,更重要的是,项目设计、建造、运营过程中的沟通、讨论、决策都在可视化的状态下进行。

2. 协调性

协调是建筑业中的重点内容,无论是施工单位,还是业主及设计单位,都在做协调及相互配合的工作。项目在实施过程中遇到问题时,可将各有关人员组织起来召开协调会,寻找施工问题发生的原因及解决办法,然后提出相应的补救措施等来解决问题。在设计时,由于各专业设计师之间沟通不到位,往往会出现各种专业之间的碰撞问题。例如,暖通等专业的管道在进行布置时,由于施工图纸是各自绘制在各自的施工图纸上的,在实际施工过程中,可能在布置管线时正好有结构设计的梁等构件在此阻碍管线的布置,解决这样的碰撞问题通常都是在问题出现之后。BIM 的协调性服务可以帮助提前处理这种问题,也就是说,BIM 建筑信息模型可在建筑物建造前期对各专业的碰撞问题进行协调,生成协调数据,并予以提供。当然,BIM 的协调作用并不是只能解决各专业间的碰撞问题,它还可以解决如电梯井布置与其他设计布置及净空要求的协调、防火分区与其他设计布置的协调、地下排水布置与其他设计布置的协调等问题。

3. 模拟性

模拟性并不是仅模拟设计出的建筑物模型,还可以模拟在真实世界中难以开展的试验、分析等。在设计阶段,BIM 可以对设计上需要进行模拟的一些东西进行模拟实验,例如,节能模拟、紧急疏散模拟、日照模拟、热能传导模拟等;在招投标和施工阶段可以进行 4D 模拟(三维模型加项目的发展时间),也就是根据施工的组织设计模拟实际施工,从而确定合理的施工方案来指导施工,同时还可以进行 5D 模拟(基于 4D 模型加造价控制),从而实现成本控制;后期运营阶段可以模拟日常紧急情况的处理方式,例如,地震人员逃生模拟及消防人员疏散模拟等。

4. 优化性

事实上整个设计、施工、运营的过程就是一个不断优化的过程。当然优化和 BIM 也不存在实质性的必然联系,但在 BIM 的基础上可以做更好的优化。优化受三种因素的制约:信息、复杂程度和时间。没有准确的信息,做不出合理的优化结果,BIM 模型提供了建筑物的实际存在的信息,包括几何信息、物理信息、规则信息,还提供了建筑物变化以后的实际存在信息。复杂程度较高时,参与人员本身的能力无法掌握所有的信息,必须借助一定的科学技术和设备的帮助。现代建筑物的复杂程度大多超过参与人员本身的能力极限,BIM 及与其配套的各种优化工具提供了对复杂项目进行优化的可能。

5. 可出图性

BIM 模型不仅能绘制常规的建筑设计图纸及构件加工的图纸,还能通过对建筑物进行可视化展示、协调、模拟、优化,并出具各专业图纸及深化图纸,使工程图纸表达更加详细。

二、BIM 咨询工作内容

1. 前期规划阶段 BIM 咨询工作内容

(1)BIM 全过程咨询单位应依据建设单位的指导意见,结合项目的实际需求,编制 BIM 实施大纲,明确项目 BIM 实施总体目标及主要任务。

(2)审核规划或设计单位提交的前期规划阶段 BIM 实施方案。

(3)对规划或设计单位 BIM 工作进行监督,并对规划或设计单位提交的 BIM 成果进行审核,及时反馈优化信息或修改意见。

2. 设计阶段 BIM 咨询工作内容

(1)审核设计单位提交的设计阶段 BIM 实施方案。

(2)通过会议及邮件等形式,对各设计单位的 BIM 工作进行过程监督,并对设计单位提交的 BIM 成果进行审核,及时反馈优化建议或修改意见。

(3)监督设计单位提交设计阶段 BIM 成果,模型应符合项目模型细度的要求。

(4)设计阶段完成后,BIM 全过程咨询单位应对设计单位提交的 BIM 成果进行质量审核,保证成果的一致性。

3. 施工阶段 BIM 咨询工作内容

(1)审核施工单位提交的施工阶段 BIM 实施方案。

(2)制定施工阶段 BIM 应用实施流程,建立 BIM 会议机制、模型管理机制、各项 BIM 应用点工作要求、基于 BIM 模型验收办法、现场施工误差反馈机制等,为管理各分包单位 BIM 实施提供支持。

(3)协调各单位针对工程实际完成情况及设计变更,分阶段完成 BIM 模型的细化,利用 BIM 技术辅助现场管理施工,安排施工顺序节点,确保现场施工顺畅,按进度计划保质保量完成项目建设。

(4)审核施工单位提交的 BIM 成果。

4. 运维阶段 BIM 工作内容

(1)编制 BIM 运维实施方案。

(2)在 BIM 竣工模型的基础上完成 BIM 运维模型。

(3)通过 BIM 运维平台,基于 BIM 技术实现对项目的空间管理、资产管理、设备管理、应急管理、能源管理等。

(4)完成合同约定的其他 BIM 应用要求。

三、BIM 咨询工作方法

1. 各阶段 BIM 模型审查要点

(1)模型完整性检查:检查 BIM 模型中所应包含的模型、构件等内容是否完整,BIM 模型所包含的内容及深度是否符合交付等级要求。

(2)建模规范性检查:检查 BIM 模型是否符合建模规范,如 BIM 模型的建模方法是否合理,模型构件及参数间的关联性是否正确,模型构件间的空间关系是否正确,语义属性信息是否完整,交付格式及版本是否正确等。

(3)设计指标、规范检查:检查 BIM 模型中的具体设计内容、设计参数是否符合项目的设计要求,是否符合国家和行业主管部门有关建筑设计的规范和条例,如 BIM 模型及构件的几何尺寸、空间位置、类型规格等是否符合合同及规范要求。

(4)模型协调性检查:检查 BIM 模型中模型及构件是否具有良好的协调关系,如专业内部及专业间模型是否存在直接的冲突,安全空间、操作空间是否合理等。

2. 建筑专业建模审查要求

(1)项目原点、正北、轴网、标高等项目信息准确。

(2)模型构件正确反映设计输入的几何信息、定位信息、材质等。

(3)模型完整、连续,无多余的构件或线条。

(4)建筑构件自身无冲突,与结构模型相吻合。

(5)构件附着的属性满足项目 BIM 技术应用的要求。

(6)建筑构件与其他专业构件模型无冲突,预留孔洞位置准确。

3. 结构专业建模审查要求

(1)结构构件截面尺寸、长度精确,平面定位、空间标高准确,属性准确,正确反映设计。

(2)各楼层楼板标高、开孔等尺寸及定位准确。

(3)模型完整、连续,无多余的构件或线条。

(4)构件附着的属性满足项目 BIM 技术应用的要求。

4. 暖通专业建模审查要求

(1)布置紧凑合理,整体协调。

(2)便于施工和安装,维护方便,满足检修要求。

(3)风管、管道、设备无碰撞。

(4)风管、管道、阀门的材质、规格、设计参数、标识代码等属性满足系统设计要求与 BIM 技术应用要求。

(5)模型完整、连续,无多余的构件或线条,颜色分类符合规定。

5. 给排水专业建模审查要求

(1)布置紧凑合理,整体协调。

(2)便于施工和安装,维护方便,满足检修要求。

(3)管道、设备无碰撞。

(4)管道、阀门的材质、规格、设计参数、标识代码等属性满足系统设计要求与 BIM 技术应用要求。

(5)模型完整、连续,无多余的构件或线条,颜色分类符合规定。

6. 电气专业建模审查要求

(1)布置合理,整体协调。

(2)便于施工和安装,维护方便,满足检修要求。

(3)桥架、线槽无碰撞。

(4)桥架、线槽及接口的定位准确,外形尺寸准确,规格、设计参数、标识代码等属性满足系统设计要求与 BIM 技术应用要求。

(5)模型完整、连续,无多余的构件或线条,颜色分类符合规定。

四、BIM 的应用

1. 方案设计阶段

方案设计阶段的 BIM 应用主要是利用 BIM 技术对项目的设计方案可行性进行验证,对下一步深化工作进行指导和方案细化。利用 BIM 软件对建筑项目所处的场地环境进行必要的分析，如坡度、坡向、高程、纵横断面、挖填量、等高线、流域等，作为方案设计的依据。进一步利用BIM软件建立建筑模型，输入场地环境相应的信息，进而对建筑物的物理环境（如气候、风速、地表热辐射、采光、通风等）、出入口、人车流动、结构、节能排放等方面进行模拟分析，选择最优的设计方案。

2. 初步设计阶段

初步设计阶段的BIM应用主要是深化结构建模设计和分析核查，推敲完善方案设计模型，通过BIM设计软件，对专业间平面、立面、剖面位置进行一致性检查，将修正后的模型进行剖切，生成平面、立面、剖面及节点大样图。在初步设计过程中，沟通、讨论、决策应围绕方案设计模型进行，发挥模型可视化、专业协同的优势。

3. 施工图设计阶段

施工图设计阶段的BIM应用是各专业模型构建并进行优化设计的复杂过程。各专业信息模型包括建筑、结构、给排水、暖通、电气等专业。在此基础上，根据专业设计、施工等知识框架体系，进行碰撞检测、三维管线综合、竖向净空优化等基本应用，完成对施工图阶段设计的多次优化。针对某些会影响净高要求的重点部位，进行具体分析并讨论，优化机电系统空间走向排布和净空高度。

4. 施工准备阶段

施工准备阶段的BIM应用主要体现在施工深化设计、施工场地规划、施工方案模拟等方面。该阶段BIM应用对施工深化设计准确性、施工方案的虚拟展示等方面起到关键作用。施工单位应结合施工工艺及现场管理需求对施工图设计阶段模型进行信息添加、更新和完善，以得到满足施工需求的施工作业模型。

5. 施工实施阶段

施工实施阶段的BIM应用主要体现在施工现场管理方面，一般是将施工准备阶段完成的模型，配合合适的施工管理软件进行集成应用，其不仅是可视化的媒介，而且能对整个施工过程进行优化和控制，有利于提前发现并解决工程项目中的潜在问题，减少施工过程中的不确定性和风险。同时，按照施工顺序和流程模拟施工过程，可以对工期进行精确的计算、规划和控制，也可以对人、机、料、法等施工资源统筹调度、优化配置，实现对工程施工过程交互式的可视化和信息化管理。

6. 运维阶段

运维阶段 BIM 的应用是基于竣工模型搭建运维管理平台并付诸具体实施。其主要工作由运维管理方案策划、运维管理系统搭建、运维模型构建、运维数据自动化集成、运维系统维护 5 个步骤组成。其中基于 BIM 的运维管理的主要功能模块包括空间管理、资产管理、设备管理、能源管理、应急管理等。

第二篇

全过程工程咨询案例

第三章

巴布亚新几内亚RAMU镍钴项目全过程工程咨询

第一节　项目概况

一、基本信息

巴布亚新几内亚 RAMU 镍钴项目由瑞木镍钴管理(中冶)有限公司投资建设,项目建设地点为巴布亚新几内亚马当省。项目是由矿山的采矿、选矿、135 千米矿浆输送管道、冶炼、深水港码头、深海填埋等主体工程及公辅设施,以及连接矿山至冶炼厂的道路、马当基地等组成的超大型有色金属冶炼工程(见图 3-1)。

图 3-1 巴布亚新几内亚 RAMU 镍钴项目实景

本项目冶炼工艺为国外引进的先进技术,共涵盖198个子单位工程,总占地面积240平方千米;长输矿浆管道由美国BRASS公司独立设计,是世界上直径最大的矿浆输送管道。项目于2006年11月开工建设,2012年年底投产,是迄今为止中国在南太平洋投资最大的一个项目。

二、项目特点

(1)工程所在地基础配套差,特别是基础设施、社会服务功能、社会配套技术功能差,当地资源匮乏,交通运输困难。工程所需的材料、设备、机具、技术管理人员等绝大部分资源、生产要素均需参建单位从所在国提供。

(2)工程地处地震多发区,项目设计抗震设防烈度为9度,工程安全风险控制难度大、要求高。

(3)工程所在地旱季、雨季明显,年降水量高达4500毫米,尤其2月降水量高达1200毫米,给项目施工带来极大挑战,要求总承包单位、施工单位需科学合理组织施工,避免因雨季影响施工效率,确保项目工期得以实现。

(4)地理、自然条件差,社会治安乱,热带传染病高发,医疗条件差,生活条件艰苦,给项目的顺利实施带来较大难度。

第二节　服务内容

本项目采用全过程工程咨询服务模式,咨询服务内容包含设计咨询、设备监造、施工监理、造价咨询、工程结算等工作。

一、设计咨询服务内容

根据委托人要求对本项目勘察设计招标、基本设计、详细设计各阶段提供设计咨询服务,严格控制勘察设计深度、质量、进度、工程投资,确保其实用性、经济性、科学性和安全性。

二、设备监造服务内容

根据委托人要求和项目所在地的相关标准、规范的规定,及委托人实际的设备监造需求,针对每项设备在制造(供货)单位处进行设备驻场监造或关键节点见证,制定规划方案及实施细则;调集设备和派出专业配套、资质合格人员进驻监造设备现场;组建设备监造机构并开展工作。

三、施工监理服务内容

施工监理服务内容主要包括施工准备阶段的相关服务、施工阶段的监理及相关服务、项目涉及的所有安装监理服务、调试及联合试运转监理服务、竣工验收及结算监理服务、审计相关的监理服务、项目建设相关配套工程监理服务、项目缺陷责任阶段服务、委托人委托的本项目其他监理咨询和服务。

四、造价咨询服务内容

造价咨询服务主要内容包括本项目的预算编制、结算、竣工结算编制、审核;工程洽商、变更及合同争议的鉴定与索赔。

第三节　项目组织

一、设计咨询组织机构

项目成立设计咨询部，并在北京、重庆分别设置设计咨询项目组。设计咨询部设置设计咨询经理 1 人，设计咨询副经理 2 人，分别负责北京和重庆项目组的工作，设计咨询组织机构见图 3－2。

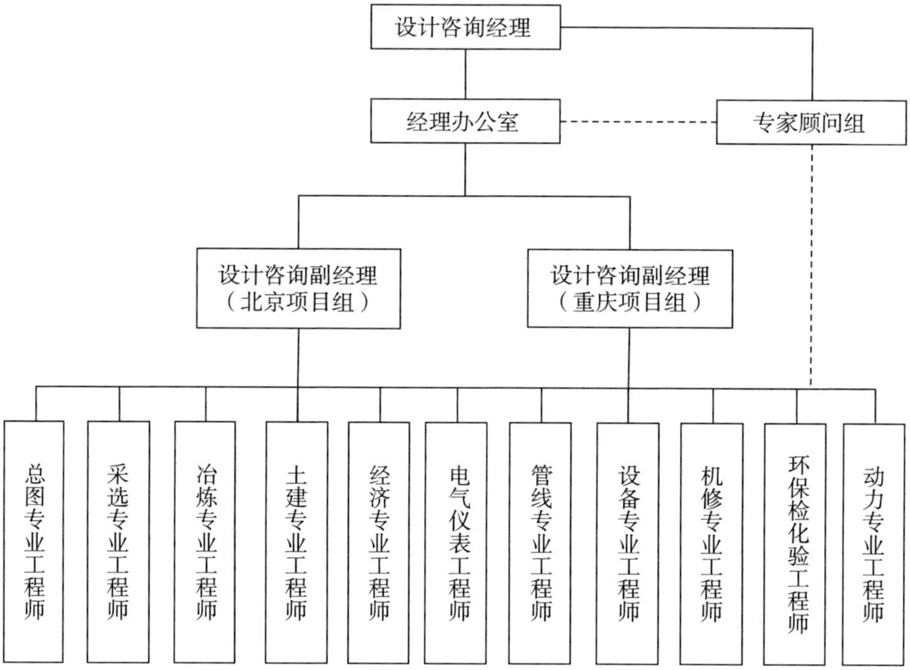

图 3－2　设计咨询组织机构

二、设备监造组织机构

设备监造项目部由设备总监理工程师和材料、制造工艺、焊接、检验检测等专业监理工程师组成（见图 3－3）。

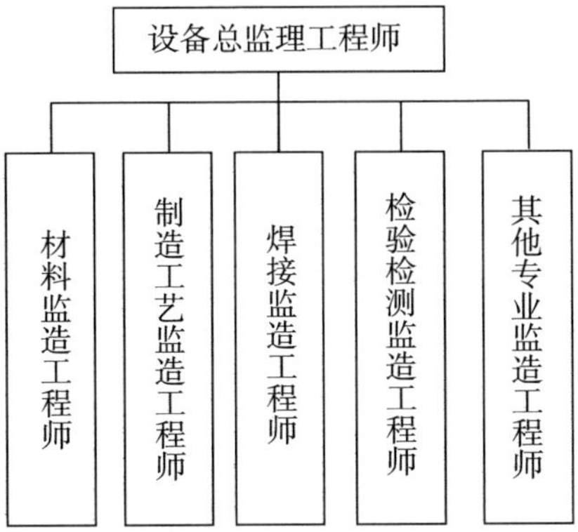

图 3－3　设备监造组织机构

三、施工监理组织机构

项目组建项目监理部，实行公司直接领导的总监理工程师负责制，选派与工程相适应、专业配套的监理工程师组成监理部，施工监理组织机构见图 3－4。

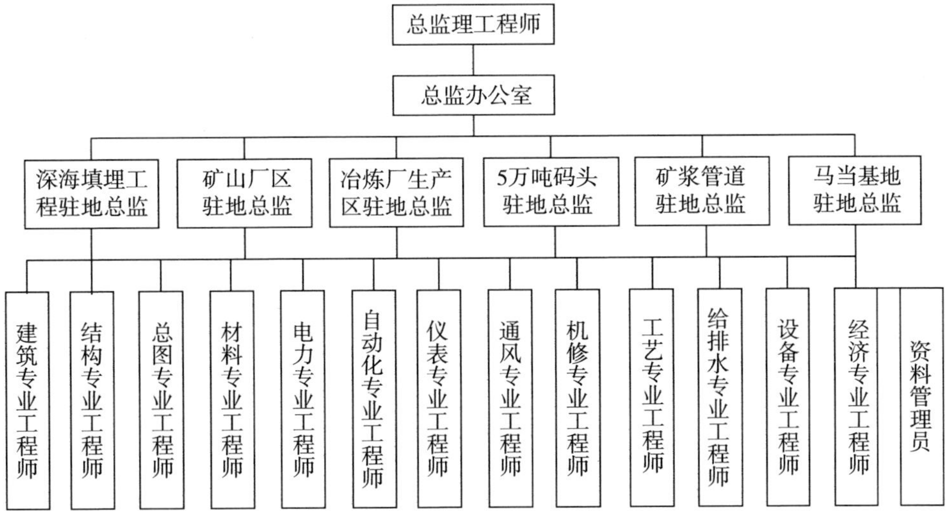

图 3－4　施工监理组织机构

四、造价咨询组织机构

项目组建造价咨询项目管理部，实行公司直接领导的项目经理负责制，分为土建组和安装组，根据项目需求配备相应专业的造价人员，造价咨询组织机构见图3－5。

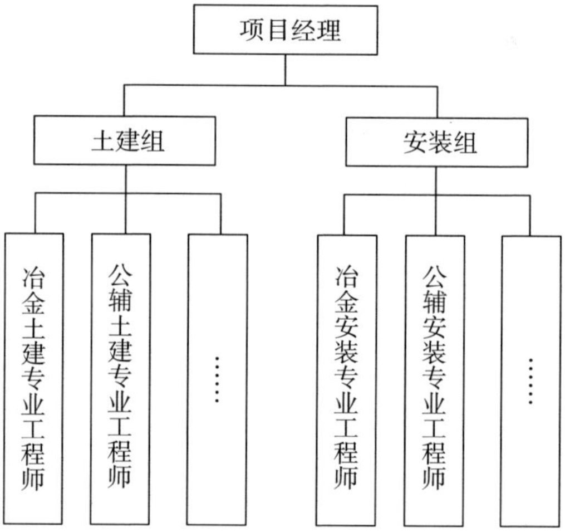

图3－5　造价咨询组织机构

第四节　咨询方案

一、咨询重点和难点

1. 设计咨询工作要求高

本项目为海外工程，且项目所在地国家的工程建设标准不完善。根据项目要求和实际情况，项目的设计工作由多个国家的设计单位参与，设计过程涉及不同国家标准转化为通用标准；技术难度大，国际国内没有类似项目可供借鉴，且项目参与的国外公司多，技术标准不统一。因此，本项目的前期设计咨询工作尤为重要，必须保证项目设计可行，从而确保设计意图的实现。

2. 设备监造难度大

本项目特种设备多，关键设备多为压力容器，质量要求高、重型设备多、设备尺寸及重量大，工况处于高温、高压、高湿及高腐蚀状态，工作介质具有强腐蚀性，工况环境恶劣。本项目的核心设备为三台高压釜，单台高压釜的外形尺寸为 5352 毫米 × 39257 毫米，重量约 750 吨，材料要求特殊，该设备要求按照美国 ASME 标准进行制造，质量要求高。设备制造周期长、涉及制造单位多、制造加工点多且分布广，组织协调工作难度大；大量设备需要通过铸造工艺、锻造工艺、焊接工艺进行制造，制造工艺复杂，对设备监造人员要求高。

3. 项目投资控制难度大

本项目总投资约 127 亿元人民币，包括基建探矿、采场工程等 52 个单位工程（198 个子单位工程），且涉及国内及其他第三国等多个国家的进口材料、设备、构配件，项目费用包括当地土地及地表附着物的使用费、拆迁补偿等。项目控制的投资巨大、工程量大、涉及面广、控制精度要求高。

二、项目咨询方案

1. 设计咨询方案

（1）建立健全设计咨询组织机构，完善咨询人员的职责分工，采用各项控制措施以保证设计咨询工作的顺利实施。

（2）围绕设计对投资、质量、进度进行控制，使工程项目建设达到预期的质量、工期、投资目标。

（3）编制有关的设计咨询文件，设置预控要点，编制设计咨询方案等，参与重大疑难技术问题的处理。

（4）按时向委托人报送设计咨询简报和专项报告。

（5）勘察设计招标阶段，协助业主和总承包单位对专业设计分包单位的选择提供咨询意见。

（6）建立工程设计咨询例会制度，并整理会议纪要。

（7）对勘察设计合同进行跟踪管理并及时向委托人报告，受托处理工程勘察设计合同中有关合同纠纷、索赔与反索赔事宜。

(8)审查并确认设计所需的技术条件、地质、勘测大纲、地质勘测成果报告等基础资料,并提出审查意见。

2.设备监造咨询方案

(1)向委托人报送委派的监造工程师及监造机构主要成员名单、监造规划和分项目监造细则并得到委托人书面确认。拟派监造工程师的专业应与所监造设备相关。

(2)监造准备。

①熟悉与被监造设备有关的法律、法规、规章、规范性文件、标准规范、合同等资料文件。

②熟悉被监造设备的图纸和相关技术条件。

③熟悉被监造设备的加工、焊接、检查、试验、无损探伤等主要工艺方法及相应标准。

④熟悉制造厂的质量保证大纲、生产大纲及相应的程序。

⑤编制或熟悉有关设备监造的管理程序。

(3)质量计划文件准备。

确保设备制造厂按照适用法律、法规、规章、规范性文件、标准规范等规定和合同要求编制质量计划,且质量计划中需对每条进行细化,即确定明确的检查内容。监理人委派的监造代表应对质量计划进行审核,选取H点(停工待检点)和W点(见证点),并按相应程序完成质量计划的审批。

(4)监造实施。

①质量控制:审查产品制造(供货)单位的质量控制体系和措施,核实质量文件。依据设备采购合同文件、设计文件、技术标准与质量检验标准,对设备供货前准备工作进行检查,对设备制造工序与资源投入进行监督,对供方产品制造的程序、条件、方法、生产过程和产品的质量状态进行监控和验证。对质量计划的控制点(W点、H点)进行见证,并签字确认。

②对处理过程中发生的不符合项进行跟踪,按照程序要求,对不同类别的不符合项进行见证处理、关闭和签字确认。

③复核设计图纸、参加设计联络会及设计交底、审核制造工艺及图纸。

④参加主要外购原材料及部件的进厂检验。

⑤按业主项目部的质量要求、技术标准要求及计划要求等，定期和不定期按时完成各项监造工作任务并提交工作成果报告，及时向委托人反映制造过程中存在的问题、处理情况以及对设备制造质量、交付进度、采购费用等可能产生的影响。

⑥向委托人提交设备制造（供货）的节点进度目标，并以此审查批准产品制造（供货）单位提出的设备供应实施进度计划，检查其实施情况。督促产品制造（供货）单位采取切实措施实现合同目标要求。

（5）出厂检验。

出厂检验是按合同和规范书要求，对设备制造质量和应交付文件进行全面的最后检查、试验和清点，包括但不限于：

①硬件检验，包括有关的功能、性能试验和必要的动作演示，总体尺寸、接口尺寸和关键尺寸的复测，零部件和备品备件的检查和清点。

②文件检验，按合同和验收相关程序要求，清点交工资料文件，审查其合格性，检查装箱文件等。

③包装及有关标识检查。

（6）主持本合同授权范围内与设备供货有关各方的协调工作，编发供货协调会议纪要。

（7）根据委托人要求，按合同约定协助委托人进行各部分设备现场交货验收，设备的现场安装、调试、试运行，取得相关法定证书等。

（8）关键节点见证工作。根据委托人的实际要求，对主要外购原材料及组件进厂检验、重要半成品试验、出厂试验等节点进行见证并出具见证报告。

（9）做好监造记录与信息反馈。按委托人要求编制监造月、周报及设备监造最终报告，对设备资料及档案按期进行整编和管理，并在供货验收或监造服务期结束后移交委托人。

（10）委托人要求的设备监造相关的其他咨询和服务工作。

3. 施工监理咨询方案

（1）施工准备阶段

①为委托人编制的工程发包计划和各招标项目的招标工作进度计划提供咨

询建议。

②为工程招标文件、比选文件的编制和修改提供咨询建议，审核工程量并出具审核意见。

③为完成工程招标、比选、合同谈判等相关工作提供咨询建议，根据委托人要求参与合同谈判。

④其他应协助委托人和向委托人提供咨询建议的工作。

(2)施工阶段质量控制

①熟悉施工图，参加设计交底会议，提出相关建议或意见。

②审查和批准施工组织设计，核实并签发施工必须遵循的设计要求、采用的技术。

③审核工程单位工程、分部分项工程和检验批的划分，并依据监理规划分析、调整和确定质量控制重点、质量控制工作程序和监理措施，制定质量控制的各项实施细则、规定及其他管理制度。

④检查督促承包人建立健全适合于本工程的质量管理体系，并切实发挥作用，督促承包人进行全面质量管理工作。

⑤协助委托人移交与工程施工有关的测量控制网点；审查承包人提交的测量实施报告，并依据监理规范要求检查和复核有关测量成果。

⑥审查承包人自建的试验室或委托试验的试验室；审查批准承包人按合同约定进行的材料、工艺试验及确定各项施工参数的试验。

⑦审查进场工程材料的质量证明文件及承包人按有关规定进行的试验检测结果，并按规定对用于工程的材料采取平行检验或见证取样方式进行抽检。对重要原材料(如钢材等)应制订生产现场的检查计划，安排人员实施检查并出具检查报告。

⑧对施工质量进行全过程的监督管理，在加强现场管理工作的前提下对重要部位、隐蔽工程和关键工序采取旁站监理；对施工质量情况及时做好记录和统计工作，对发现质量问题的施工现场及时进行拍照或录像。

⑨组织或参与质量事故的调查，审核事故处理方案，并监督质量事故的处理。

⑩组织并主持定期或不定期的质量检查会和分析会，分析、通报施工质量情况，协调有关单位间的施工活动以消除影响质量的各种外部干扰因素。

⑪对工程项目的检验批、分部分项工程、单位工程等及时进行施工质量验收和质量评定工作。

⑫审查竣工资料，组织竣工预验收。

⑬参与委托人组织的竣工验收，提交质量评估报告。

(3)施工阶段进度控制

①熟悉招标文件和合同文件中有关工程进度的条款。

②审核施工总进度计划及各阶段年度、季度、月度的进度计划并在工程施工过程中监督控制其执行情况，必要时，及时协助委托人调整施工总进度计划。

③在工程实施过程中，进行进度计划值与实际值的比较，每月、季、年提交各阶段进度控制报告。

(4)施工阶段成本控制及工程结算

①协助委托人对施工阶段的成本进行控制。

②审核并经委托人书面同意后发出变更指令。

③施工过程中的签证、变更等监理审核确认工作。

④工程竣工结算的监理审核确认及必要的结算和索赔咨询服务。

(5)施工阶段信息管理

①进行各种工程信息的收集、整理、存档。

②定期提供各类工程项目管理报表。

③建立工程会议制度，做好会议资料的汇总和发放，完成会议纪要的记录、整理，再经委托人审核后发放。

④督促各施工单位整理工程技术资料。

(6)施工阶段组织与协调

①检查施工许可等报建手续的办理情况，向委托人提交检查报告。

②审查工程开工条件，检查施工前的各项准备工作。

③复核和审查施工单位、分包单位以及材料、设备、构配件等供应单位的资格。

(7)施工阶段风险管理

协助委托人制订风险管理策略,提供并更新工程风险库。

(8)施工阶段现场安全文明管理

①审核工程总包单位的各项安全管理制度,落实委托人对安全、环境、环保的各项管理要求,确保满足国家相关法律法规及规范标准的要求。

②参与施工组织设计和安全技术措施的编制,并进行审核。

③实施每日安全巡视,发出巡视日报并跟踪整改情况。

④检查入场人员资格、入场设备,审查是否符合国家相关法律法规及规范标准,并满足委托人的要求。

⑤对发现的安全问题发出安全整改通知,并核查落实情况。对未达到整改要求的,有权要求继续整改。

⑥实施监理过程中,有权制止违章指挥、违章操作等行为。

⑦定期召开安全管理会议,通报各施工单位安全绩效,确定下一步安全关注方向。

⑧通过开具整改通知、处罚等多种管理措施确保现场各施工单位安全施工。

⑨高风险作业现场审核及许可文件签署。

⑩审核分包单位相关安全资质。

⑪审核并监督安全文明施工费的使用情况。

⑫协助处理安全事故。

⑬协调处理工地的各种纠纷。

⑭设置专门的机械设备检查员负责机械设备检查。

4.造价咨询方案

(1)设计阶段造价控制

①初步设计阶段编制概算文件。建立投资控制目标,对项目初步设计进行技术经济分析并提出优化建议,对项目投资有重大影响的单位工程进行专项分析。

②编制施工图预算。依据施工图纸、合同等相关文件,编制施工图预算。

③实行限额设计。要求设计单位必须严格按照各阶段的概、预算确定的范围、内容和投资进行设计,并将可能发生的设计变更尽量控制在设计阶段。

④设计变更的控制。审核各方提出的设计变更，对变更内容、金额进行严格审核，为项目的最终结算提供可靠依据。

(2)施工阶段造价控制

①参与各专业分包及主要材料、设备、构配件的招标采购工作，审核招标文件，编制招标控制价。

②参与合同谈判工作，对合同中有关合同价款、支付、索赔等条款进行审核并提出意见。

③审核总包单位上报并经监理审核认可的工作量报表，根据合同约定的付款条件提出付款建议，建立工程款支付台账。

④参加业主、监理、其他有关单位组织的工作会议，及时掌握工程进展的实际情况，对项目造价全过程进行跟踪管理。

⑤收集工程施工的有关资料，负责周报、月报中造价控制部分的编制工作。

(3)竣工结算造价控制

①按合同约定的工程价款的确定方式、方法等内容进行竣工结算的编制和审核。

②合同中没有约定或约定不明确的，应按合同约定的计价原则以及相关规定进行竣工结算。

第五节　项目咨询总结

一、设计阶段进度控制的手段

1. 重视设计人员的投入

设计人力资源是设计进度和质量的重要保证。该项目从开始设计至 2007 年 4 月，设计单位的人力资源一直不能满足项目设计进度和质量的要求，设计咨询部进行了多次检查和协调，于 2007 年 4 月 9 日下发了通知单，要求设计单位高度重视人力资源不足的问题，对有关专业人力资源情况做一次认真的调查和评估，提出符合实际的人力资源需求计划；对人力资源的缺口提出解决方案和措施；建立本项目的激励机制，对确保质量和进度的部门和个人给予嘉奖，以调动设计人员的积极性。通过设计咨询部的努力,设计单位重视了人力资源的投入,有效解决了人力资源的紧张情况。为了保证设计人员的投入,设计咨询部要求设计单位在每周的设计周报中列出本周各专业投入的人力及总计投入的人员,并提出下周的人力资源计划。

2007 年 6 月,设计咨询部分析了设计进度的执行情况:自项目设计工作开始以来,设计单位对设计进度计划进行了 4 次大调整,每次调整均将设计进度计划推迟了 2 个月。设计单位投入的人力严重不足,仅为要求的 1/3。为此,设计咨询部于 2007 年 6 月 5 日下发了《关于保障人力投入、确保设计进度的通知》,再次强调保障人力资源的投入对保证设计进度、提高设计质量的重要性,要求设计单位高度重视人力资源投入问题,并于 6 月 15 日前将加大投入、保证进度的整改措施报送设计咨询部,从而再次引起了设计单位对人力资源投入的重视,使人力资源投入得到进一步加强。

2. 及时向管理公司提出设计进度预警报告

2007 年 11 月,矿山区初步设计未能按照计划节点完成,并且严重滞后。针对此情况,设计咨询部于 11 月 12 日及时向管理公司发出了项目初步设计进度的预警报告,提出设计单位对设计进度管理不力、人力资源不足、设计优化不足等是造成设计滞后的主要原因,使管理公司及时了解设计进度情况。同时,设计咨询部也加强了对设计进度的检查和监督。

3. 向设计单位要求尽快开展详勘,确保施工图设计进度

详勘的完成对确保施工图设计进度十分重要。在矿山初步设计审查通过后,设计咨询部就及时向设计单位提出要抓紧开展施工图设计的勘察工作,并在 2008 年 4 月的两次设计例会上提出要协调相关人员尽快进入项目现场。同时希望管理公司协调现场、尽快完成场平施工,为详勘创造条件。

4. 重视设备订货问题

洗矿车间(C203D)、选铬车间及铬精矿堆(C204D)、矿浆浓缩车间(C205D)、洗矿车间至选矿车间泵站及管道(C209D)施工图设计开展后,设计咨询部及时向设计单位提出要抓紧设备采购,获取施工图设计所需设备的相关资料,并强调该项工作的重要性。因各种原因,设计单位的设备采购合同迟迟未

签订,因得不到施工图设计所需设备相关资料,设计工作于 2008 年 3 月初暂停。设计咨询部再次向设计单位提出要从工程进度大局着眼,抓紧设备采购合同的签订,引起了设计单位的重视,设计单位及时完成了合同签订,并在 3 月下旬恢复了施工图设计工作。

5. 认真审核设计单位上报的月进度计划

严格按管理公司确定的网络计划的子项进度和节点,审核设计单位上报的月进度计划,对无特殊原因延迟进度的子项,要求设计单位重新修改上报。

6. 充分发挥设计例会的作用

在每周的设计例会上认真检查设计进度节点,检查每个子项的设计进度执行情况。同时加强对日常进度计划执行情况的检查。

7. 对延期子项及时汇报

对设计进度延期的子项,认真了解原因并及时向管理公司汇报。

8. 加强现场专业咨询人员与公司总部的配合

现场咨询人员应加强与公司总部的沟通,对设计单位提交的设计图纸及公司总部提出的审查意见,做到当天处理;现场急需图纸需要公司总部特殊处理的,及时安排相关人员进行审查并提出审查意见。

9. 采取特殊措施发图

为完成管理公司确定的目标,保证施工图设计的发图,设计咨询部采取了一些特殊的措施。按正常的发图程序,施工图需经设计咨询单位审查,并根据审查意见进行修改,之后才能发出,但由于时间紧,未能给设计咨询单位预留审查时间。在 2008 年七八月大量出施工图的阶段,设计咨询部采取了发图和送审同步进行的办法,以保证现场可以进行施工准备,同时咨询审查意见提出后,设计单位采取设计变更方式进行修改。

10. 坚决贯彻管理公司进度控制动态管理专题会精神

管理公司召开了进度控制动态管理专题会,会议确定了矿山工程施工图设计完成时间为 2008 年 7 月 28 日,冶炼厂施工图设计完成时间为 2008 年 10 月 16 日。设计咨询部在审批设计单位的周和月进度计划时都严格按此要求进行,并落实到每个子项的进度计划。对个别延期的子项,要求设计单位说明详细的理由并制定赶工措施。

二、设计阶段质量控制的措施

1. 要求编制初步设计统一技术规定

初步设计统一技术规定是保障初步设计质量的一项重要措施，是设计和设计咨询工作共同遵守的基本原则。

2006 年 12 月 1 日，设计咨询部下发通知，要求设计单位编制《初步设计统一技术规定》。设计单位于 2007 年 2 月提交了各专业初步设计统一技术规定，但上报的 14 个专业的初步设计统一技术规定中，部分专业的深度不够，内容不全，且缺乏总体策划；不同专业之间规定不协调，不能全面达到指导初步设计的目的。为此，设计咨询部要求设计单位进行修改完善。

2007 年 3 月，设计单位完成了各专业的《初步设计统一技术规定》的编制，4 月初设计咨询部再次进行了审查，管理公司于 4 月 10 日批复同意执行。

2. 与设计单位交流质量控制问题

为了引起设计单位管理部门对本工程设计质量管理工作的重视，2006 年 12 月 26 日，设计咨询部与设计单位交流了加强设计质量管理的问题，强调了设计单位应针对本项目制定相应的质量管理措施；应当对本项目进行全过程的质量控制；着重加强对设计输入、专业接口、设计方案、设计成果等的控制；要求对马当基地餐厅、医院和宾馆出现的质量问题进行认真的分析，提出控制质量的措施。

3. 控制设计人员的资质

为保证设计质量，设计咨询部于 2006 年 12 月 8 日签发了《关于设计专业人员的资质问题的通知》，要求设计单位设计专业负责人必须由具备 5 年以上相关设计工作经验的工程师承担。

2006 年 12 月 18 日，设计咨询部审核了设计单位上报的专业负责人资质，提出选矿、给排水的专业负责人不足 5 年以上相关设计经验，要求设计单位进行更换。

2007 年 7 月 23 日至 8 月 9 日，管理公司组织国内外专家对矿山初步设计进行了阶段性审查,审查中反映出较多的设计质量问题,除其他因素外,技术力量和管理力量投入不足也是一项重要原因。设计单位参与本项目设计的部分专业设计人员经验不足,部分专业的主要设计人是近年毕业的大学生;部分专业的审核人和设计人在中途发生变化。为了确保本工程的设计质量,设计咨询部下发了《关于上报各专业设计人和审核人资质的通知》,要求设计单位在组织结构、人员配备等方面进行必要的调整和优化;开展一次人员资格的自查工作,确保参与项目的各级人员符合质量管理体系的要求;设计单位于 8 月 20 日报送自查的结果和设计人、审核人名单及简历。专业负责人变更应报管理公司和设计咨询公司批准。

4. 认真审查设计单位提交的初步设计文件

设计咨询部对设计单位提交的各专业初步设计文件进行认真审查,并提出审查意见。例如,矿山初步设计文件共进行了 7 个版本的审查,时间分别为:第 1 版,2007 年 1 月;第 2 版,2007 年 3 月;第 3 版,2007 年 4 月;第 4 版,2007 年 5 月;第 5 版,2007 年 7 月;第 6 版,2007 年 12 月(2007 年 12 月 19 日至 21 日,管理公司组织审查);第 7 版,2008 年 3 月(最终报审版,包括设计附件资料)。

5. 认真落实初步设计专家审查意见

管理公司于 2007 年 7 月 23 日至 8 月 9 日,组织国内外专家分别对矿山工程、矿浆中和、CCD 逆流洗涤、石灰石加工等工程的初步设计进行了审查。从审查的情况看,存在初步设计内容不完整、设计深度不符合要求、设计依据不充分、上下游工艺接口不清楚、工艺方案设计和设备选型过于保守等问题。为此,设计咨询部下发了《关于认真贯彻落实瑞木工程初步设计专家审查意见的通知》,要求设计单位重视本工程的设计质量,加强公司一级对本工程的质量管理。根据管理公司《关于瑞木镍钴项目初步设计问题的通报》中的整改要求、专家的审查意见和设计咨询部在审查过程中提出的有关意见,要求设计院逐条进行落实整改,尽快完成初步设计的修改。

6. 重视设计概算

设计咨询部于 2007 年 5 月 10 日下发了《关于尽快编制瑞木镍钴项目概算编制原则的通知》,根据 2007 年 4 月 25 日管理公司召开的概算计价会议确定的原则，要求设计单位结合工程的特点，编制本工程的概算编制原则，并在通知中给出了编制原则的参考内容：概算编制依据；初步设计项目一览表（三级项目表）；概算编制原则；工程建设其他费用；预备费的取定；专项费用；概算文件组成及概算表格形式。通知的及时下发和内容要求为保证矿山设计概算的编制进度和质量打下了基础。

7. 加强与设计单位之间的交流

对于在设计过程中出现的设计问题，及时从重庆派专家到北京与设计单位的专业技术人员沟通，从而确保及时达成共识，指导下一步的工作，并将上述情况及时向管理公司汇报。

8. 派专家参加业主主持的各种审查会

积极支持业主的工作，在管理公司需要时，及时派专家到北京参加各种审查会议，先后派专家共计 22 人次。

9. 审查时确保施工图设计符合初步设计

设计咨询部在施工图设计审查中，注意对照初步设计进行审查，确保施工图设计符合初步设计。对不符合初步设计的，要求设计单位说明原因，并经设计咨询单位和管理公司审批同意。

10. 严格按当地和我国有关设计标准和规范进行审查

审查中对设计不符合当地和我国有关设计标准和规范的，严格要求设计单位进行修改。

11. 严格审查设计单位的审查意见回复单

要求专业咨询工程师对设计单位的每份审查意见回复单都要进行认真审查和确认。若设计单位不同意咨询意见或者持保留意见的，要求设计单位必须给出充足的理由。

12. 认真落实管理公司对设计的意见

对管理公司各部门对设计提出的审查意见，设计咨询部都认真处理，及时将意见提交给公司总部有关专业人员，并将处理意见及时反馈给设计单位，监督设计单位落实相关意见。

13. 重视对发出的施工图图纸进行抽查

2007 年 5 月,设计咨询部对马当基地办公楼已发施工图进行了抽查,共涉及 6 个专业,发现设计单位部分专业对审查意见未完全落实,为此设计咨询部下发了《关于加强设计质量管理、加强施工图设计质量的通知》,要求设计单位高度重视设计质量问题。对发图时间要求紧的项目,经设计咨询部同意,修改后先发图,再补报质量控制检查表、进度控制检查表等。设计中要认真对待审查意见,不仅对同意的意见要修改,还应在审查意见的基础上查找类似的问题并改正。要求设计单位进行一次全面清查,落实审查意见,对未修改的图纸及时进行变更,并将自查结果报送设计咨询部。严格执行相关程序,对于在正常设计工期范围内的设计,发图前及时报送有关成果报表,经设计咨询部审查后发图。

14. 设计例会重视设计质量

每周的设计例会强调设计质量的重要性,提出设计质量存在的问题、改进措施。

15. 重视设计缺陷和图面质量问题

各专业咨询工程师在审查设计主要质量的同时,也对设计中出现较多的设计缺陷和图面质量问题提出了审查意见。

三、设计阶段投资控制的方法

(1)选择先进性、可靠性和经济性相统一的方案是投资控制的基础。项目在设计咨询过程中坚持了设计多方案比选,选取相对较优的设计方案,以确保取得相对最佳的经济效益。

(2)专业咨询工程师及时对图纸中的工程内容进行设计跟踪,并严格审查设计概算。在设计咨询过程中,发现超投资后,及时与业主商议并通知设计单位,要求按照限额修改设计,最终将投资控制在要求范围之内。

(3)专业咨询工程师对设计进行技术经济比较,为业主和设计单位提供专业的咨询意见,在投资控制中发挥了重要作用。

(4)应用价值工程法进行项目全寿命费用分析,在考虑一次性投资的同时,也对项目投产后的运行费用、维护费用和管理费用进行了综合考虑与分析。

(5)在施工图设计、施工过程中严格控制设计变更。对于施工图设计过程中提出的变更初步设计要求,设计咨询部全部进行了认真分析,并充分研究设计变更对投资和进度带来的影响,提出咨询意见,编制相关报告,提交给业主,为业主是否进行变更提供了决策依据。

(6)设计咨询过程中,严格控制设计对主要材料、设备的选用,确保项目经济效益最大化,投资可控。

四、核心设备(高压釜)监造

1. 制造准备阶段

(1)根据该设备的特点,公司组织成立了高压釜制造项目监理组,由熟悉ASME规范和压力容器制造质量控制要求的公司内部监造人员组成。项目监理组根据公司治理保障体系的要求,制定了各项相关的规则制度,要求所有参加监造工作的人员严格遵守,从根本上保障监造工作的顺利开展。

(2)根据相关的标准规范要求,业主、总包单位提供的工艺技术文件和相关资料,对工艺制造文件进行审查,编写审查意见;与业主就监造交底和监造工作委托授权等事宜进行洽商,并形成了正式纪要,供应三方共同遵守;组织各专业人员编写《设备监造规划》《设备监造细则》等工作文件,并对其进行审查;建立监造工作检查台账、监造周报、监造月报管理制度,制定监造人员工作职责、项目管理运行体系等相关文件,从技术上确保了监造工作的有效进行。

(3)为了保证高压釜制造监造工作开展、监造过程中信息的及时沟通与传输,项目组配备了充足的检验工器具和其他专业的相关设备。

2. 设备制造阶段

(1)重点审查设备制造单位各项证书是否符合要求,包括企业法人营业执照、锅炉压力容器制造许可证、特种设备制造许可证、特种设备设计许可证、质量管理体系认证证书、ASME设计授权证书、ASME制造授权证书、ASME Stamp证书等资格文件的有效性。

(2)制造单位主要生产场地、生产设备及检验设备的见证。下料切割设备、成型设备、焊接设备、机加工设备、起重设备、组装设备、检验与试验设备、压力试验和气密性试验设备、热处理设备等高压釜制造所必需的装备齐全，其工作能力满足设备的加工要求。在对上述生产设备进行见证时，重点检查各种计量检测仪器设备的有效性，如焊接设备的电流表、压力表，理化试验设备，红外线测温仪，温度记录仪以及生产过程中使用的量具等是否经过国家质量技术监督部门的定期检定，是否处于检定有效期内等。

(3)特种人员资格及生产工艺文件准备情况审核，重点审查内容包括：项目组织机构、相关质保体系人员的设置；特种作业人员、检验和试验人员的配置和持证情况以及业绩等资料及证明文件；设备制造工艺文件、检验与试验计划、进度计划等质量、进度控制文件，例如焊接工艺评定（PQR）、焊接工艺规程（WPS）等。

(4)按照《高压釜监造细则》和经批准的《高压釜 ITP》的要求，对整个制造过程的每一个工序进行全方位的跟踪，在设备成型阶段严格控制其形位公差，重点对钛表面的保护及筒节卷制的曲率半径进行逐个检验；对封头瓜片及筒节的组对错边量进行有效的监控，保证其不超出技术规范的最小要求；在焊接时，及时认真检查相关的焊接工艺规程执行情况，即预热温度、焊接参数、层间温度的控制、焊接材料的管理、焊后热处理等；在热处理过程中严格按照工艺文件规定的参数执行；在进行筒节与封头、筒节之间的环缝组对过程中，严格按照 ASME 的相关规定及加压釜制造合同的要求进行监督，在组装、配件装配过程中保证达到图纸的规定要求；在接管开孔画线时按照图纸对各基准线、方位、大小、数量等逐一复核；在钛材焊接安装施工阶段，加大巡查力度，重点部位实行全过程旁站监理，以保证钛材施工的工程质量；深入设备制造现场对设备制造情况进行巡视检查，处理设备制造过程中存在的问题，与制造厂和业主及总承包方沟通，协商解决重大技术和质量问题。

(5)在高压釜制造期间，对复合板、整体接管锻件和紧固件等原材料的质量证明文件进行了审核；对复合板原材料、产品焊接试板冲击试验（按 UG—84 要求）及 TOFD 进行全过程监制；对无损检测（RT、UT、PT、MT）报告进行资料见证，对部分检测过程进行监制。

3. 出厂检验阶段

(1) 制造工作完成后，对各项检验试验(无损检测、理化试验)过程进行全过程见证，特别是在后期的设备总检(包括接管安装方位及位置、釜体圆度、筒体直线度等)、压力试验、热循环试验、氦检漏试验阶段，根据生产需要进行全程旁站，确保试验数据的真实性及可靠性。

(2) 包装运输阶段，对产品零配件及备品备件的装箱情况进行全程旁站，按照设备制造合同的要求审核装箱清单，然后按照装箱清单的内容逐件清点装箱实物的数量及规格；对设备制造单位提供的高压釜出厂《质量证明文件》进行审核。

(3) 发运出厂过程，全程跟踪出厂运输过程，直到高压釜安全装运到海运船上为止。

五、工作制度保障项目顺利实施

(1) 开工申请制度。各单位工程开工前，施工单位均应填报开工申请报告，经监理单位批准后方可开始施工。

(2) 设计文件、图纸审查制度。监理工程师在收到施工设计文件、图纸后，工程开工前，会同建设单位、总承包单位及设计单位复查设计图纸、广泛听取意见，避免图纸中的差错、遗漏或提出对工程投资、质量、进度、安全等有益的合理化建议。

(3) 设计图纸交底制度。监理工程师应督促、协助建设单位组织设计单位向施工单位进行施工设计图纸全面技术交底，包括设计意图、施工要求、质量标准、技术措施等，并根据讨论的事项作出书面纪要交设计、施工单位执行。

(4) 施工组织设计、施工方案审核制度。工程开工前，施工单位必须编制施工组织设计，重要施工安装部位必须编制专项的施工方案，提出确保质量、进度的具体措施和安全措施。经监理、建设单位审批后，严格执行，不得随意更改。需要修改的必须重新报审。

(5) 专业人员持证上岗资格审查制度。对施工单位项目技术管理人员、特种作业人员等一律实行持证上岗制度，严禁无证上岗，在施工过程中不得随意更换。

(6)进场主要施工机具、设备报审制度。进场主要施工机具、设备必须事先报监理单位审查备案。

(7)原材料、构配件及设备质量检验制度。对所有进场的设备材料必须提供相应的质量保证资料,经监理单位检查认可后方可使用,严格执行材料见证取样和设备检验制度,不合格产品严禁用于本项目并在限定时间内撤离现场,否则监理单位有权处理。使用新材料、新产品、新技术的项目,应经建设单位批准,且必须有鉴定证明,并提供相关的产品质量标准、使用说明和工艺要求,监理单位按其质量标准检验合格后方能批准使用。

(8)分部分项工程检查验收制度。严格执行质量否决权,要求各参建单位必须严格执行三级自检检查制度。在自检合格的基础上,填写相应的报告和技术资料,经监理单位检查认可后方可继续进行下道工序施工,未经自检或资料不全,监理单位有权拒绝检查验收。对重要工序以及阶段验收、竣工验收等,必须在监理单位对现场实物和技术资料检查合格后,才能通知建设、设计、勘察等相关单位参加验收。

(9)工程质量事故(质量缺陷)处理制度。在质量事故(质量缺陷)发生后,施工单位必须以书面形式逐级上报,对重大的质量事故应立即按规定上报有关主管部门,施工单位应及时上报质量问题报告单。

(10)单项(单位)工程中间验收制度。单项(单位)工程竣工后,施工单位在自检合格(包括工程实体和工程资料)的基础上,由监理单位组织中间验收。

(11)项目总体竣工验收制度。项目总体竣工后,由监理单位总监理工程师和专业监理工程师组织预验收(包括对现场实物和技术资料的检查验收),对存在的问题责令施工单位限期整改。初验合格后,由建设单位组织、监理单位参与项目总体竣工验收。

(12)设计变更、工程洽商管理办法。所有设计变更、工程洽商提出后,均由施工单位对变更引起的允许增减的工期和费用予以计算并附相关计算书,报监理、建设单位审批后方可执行。

(13)样板工程制度。对重要工序由施工单位先做样板,由监理、建设单位、总包方审查通过后方可大面积施工。

(14)文件收发和文件传阅制度。项目监理部外部发文须经总监理工程师或总监代表签字认可并按规定作好登记和签收,对重要文件须对签收日期和时间作详细记录,对须书面回复的文件应严格按约定时间予以回复;参建各方往来联系均以书面形式为准,坚持文件收发签字制度。在应急情况下的口头联系和承诺,必须在48小时内补充书面文件。

(15)监理报告制度。项目监理部应逐月编写监理月报并按规定时间报送建设单位;必要时,对现场涉及质量、进度、投资、安全文明施工等方面专题处理情况应有专题报告。

(16)现场重大事项紧急报告制度。现场涉及质量、进度、投资、安全文明施工等方面重大紧急情况应在2小时内报告建设单位,并在24小时内向建设单位提交专题书面报告;在建设单位授权范围内,在施工现场出现紧急情况且无法事先报告建设单位批准时,监理单位有权采取保证工程和人员生命财产安全的措施,承包方必须遵照执行,采取措施后由监理单位及时向建设单位报告,若事件紧急,在口头汇报24小时内应补充书面专题报告。

(17)每周监理例会制度。由监理单位组织,在每周议定时间准时召开,参建各方项目负责人及主要施工管理人员参加,必要时邀请设计、设备材料供货单位参加,重点检查本周工程开展情况,加强沟通,商讨重点、难点问题及协调各单位施工搭接组织问题,部署下周施工任务安排计划和重点落实事项。

(18)监理部内部沟通制度。由总监理工程师组织,每周召开一次内部沟通工作会,总结一周工作情况,部署下周工作内容和重要工作事项。

(19)专题会议制度。根据工作情况,不定期召开专题会议,及时解决工程专题事项并形成专题会议纪要。

六、施工阶段目标控制的方法

(1)质量控制以事前控制(预防)为主。

(2)按监理规划、监理细则的要求对施工过程进行检查,及时纠正违规操作,消除质量隐患、质量问题,验证纠正效果。

(3)采取必要的目测检查(看、摸、敲、照)、量测检查(靠、吊、量、套)和试验检查等手段,以验证施工质量。

(4)对工程的关键工序、重点部位和隐蔽部位施工过程进行旁站监理。

(5)严格工序检查、严格设备材料报验,做好检验批、分项、分部工程验收工作。

(6)确定项目总进度目标和分解进度目标。

(7)在项目进展的全过程中,采用动态控制方法进行实际进度和计划进度比较,发现偏差,及时采取措施纠正。

(8)及时协调各参建单位之间的进度关系。

(9)根据初步设计概算、总承包合同和项目建设的具体情况,合理设置项目投资控制目标分块切割,制定各单项、分部、分项工程投资控制目标。

(10)分析项目投资控制的难点、重点和易突破口,采取主动控制的方法,严格控制设计变更和施工变更,严格现场计量,严格把好工程进度款、结算款的审核支付工作。

第四章

深圳市某三甲医院改扩建工程全过程工程咨询

第一节　项目概况

一、基本信息

深圳市某三甲医院地处龙岗区，是首家落户龙岗区的市属公立医院。于2010年8月正式投入运行，是深圳市唯一一所以传染病为特色的现代化综合医院。医院的发展定位是以传染病为特色的现代化综合医院（定位为“强专科、大综合”），主要承担深圳市及周边地区的传染病医疗、科研、教学及预防保健等任务，同时兼顾医院周边社区的综合医疗服务。

医院围绕建设具有国际一流水平的以感染病为特色的“强专科、大综合”的现代化综合三甲医院的总目标，在医院一期、二期改扩建项目的基础上，以感染病这一国家临床重点专科建设为翼，建成深、港、澳及珠三角地区集医疗、科研、教学与预防保健于一体，国内一流、国际先进水平的感染性疾病大型临床诊疗和研究中心；以器官移植中心建设为翼，推动医院综合医疗水平整体发展，将医院打造成具有国际先进水平的深圳及周边地区的医疗高地。

深圳市某三甲医院改扩建工程位于龙岗区，新建面积 28 万平方米，拆除面积 0.7 平方米，改造面积 3.1 万平方米，新增床位 950 张，待改扩建工程完工后编制床位将达 2300 张（见图 4－1）。

图 4－1　项目效果图

二、项目特点

1. 属重点民生项目，建设标准高，社会关注度高

本项目建筑规模较大，属重点民生项目，涉及国计民生，社会效益显著。其质量水平关乎政府的公众形象，劣质的工程必然会极大损害公众利益，造成严重的社会影响。因此，项目管理要高度重视项目质量，以高标准的服务确保工程质量。

2. 全过程工程咨询对负责人的策划能力要求高

全过程工程咨询除了施工阶段外，还包含项目的前期阶段中总体筹划、需求管理、设计咨询、招标采购管理、工程监理以及后期的移交、结算、与项目相关的其他工作，对项目负责人的策划能力提出更高要求。

3. 医院项目需求管理难度大

全过程工程咨询单位要与项目使用单位进行沟通，提出符合各阶段设计深度要求的用户需求，准确表达委托人对工程质量、进度、投资的要求；在设计全阶段（方案、初设、施工图、室内装饰、机电等专业工程设计）协调沟通用户需求；负责协调项目使用单位对各阶段设计成果进行确认。各个医院使用方对各科室功能要求有不一样的地方，全过程工程咨询单位要与院方加强沟通，确定功能需求并请院方签字确认，减少工程变更，顺利达到建设方控制进度、投资的目标。

4. 医疗项目要求整体定位准确、功能布局明确、医疗流水组织合理

大型医疗项目由于工艺复杂，其项目的整体定位、功能布局、医疗流水组织尤为重要。因此在此阶段，项目管理团队要重点关注医疗工艺方案设计，要求医疗功能布局合理，设置合理的人流、物流（洁污）路径。要求设计院按照《医院建筑设计规范》及医院决策层的管理理念，规划每个专业所需的房间及净面积，重大医疗设备的规划和布局方案要给出详细的平面布局图纸，否则就可能留下设计隐患，导致建设期间因功能不合理而二次设计或返工。

第二节　服务内容

本项目采用项目咨询与工程监理一体化的全过程工程咨询，主要服务内容如下：

（1）项目咨询：项目计划统筹及总体管理、前期工作管理、设计管理、技术管理、进度管理、投资管理、质量安全管理、医疗工艺咨询管理（包含实验室工艺）、项目组织协调管理、招标采购管理、合同管理、BIM 管理、档案信息管理、报批报建管理、竣工验收及移交管理、工程结算管理以及与项目建设管理相关的其他工作。

（2）工程监理：施工准备阶段监理、施工阶段监理、保修监理及后续服务管理以及与工程监理相关的其他工作。

（3）提出创新技术应用、智慧工地建设等策划方案，并监督相关单位实施。

第三节　项目组织

深圳市某三甲医院改扩建工程全过程工程咨询项目组织由决策层、管理层

和项目执行层组成(见图4-2)。

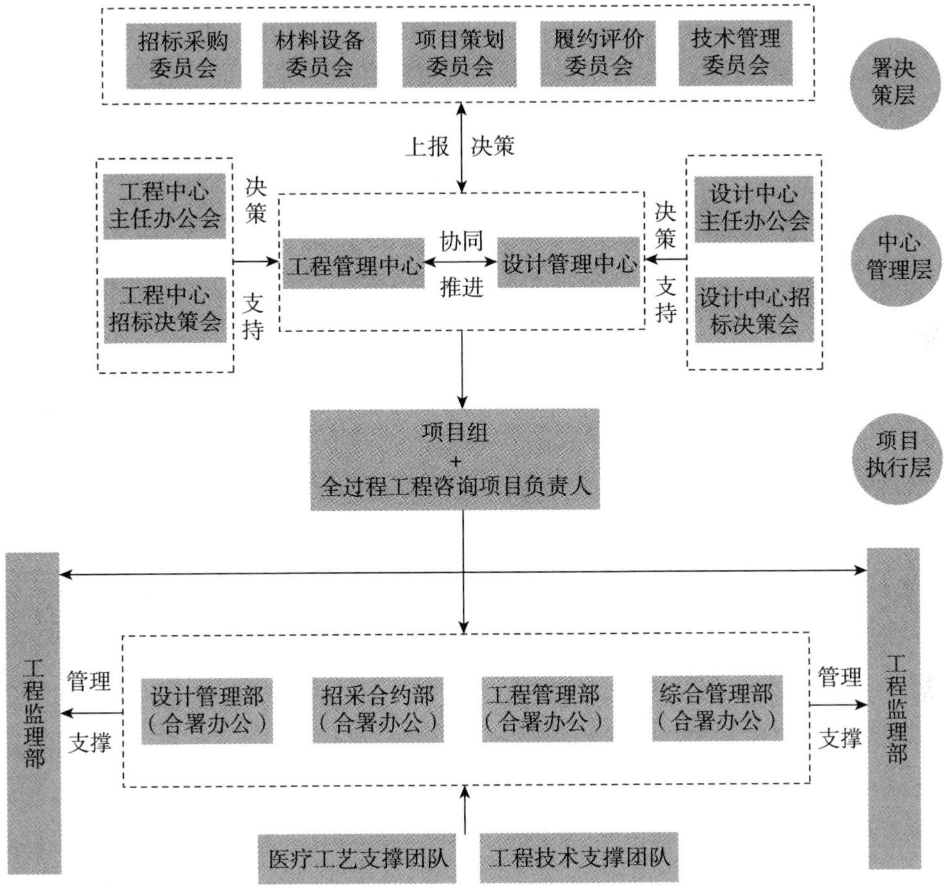

图4-2　项目组织机构

一、项目决策层

决策层由建设单位招标采购委员会、材料设备委员会、项目策划委员会、履约评价委员会、技术管理委员会等组成,对项目的招标、策划、合同评价、技术管理等进行决策。

二、项目管理层

项目管理层主要包括建设单位工程管理中心和设计管理中心,通过项目办公会、招标决策会等形式，对项目建设过程进行全面规划、实施和管理，全面推进工程建设的实施。

三、项目执行层

项目执行层由建设单位项目组与全过程工程咨询单位共同组成项目办公室，项目办公室通过合署办公的方式进行运行。

第四节　咨询方案

一、总体策划方案

1. 目标策划

(1)进度目标：确保项目于2026年年底前完成，通过实施快速建造，力争提前6个月完成项目建设。

(2)质量目标：确保省部级优质结构奖、争创"鲁班奖"或获得国家优质工程奖。

(3)投资目标：项目投资控制在经批复的概算范围内。

(4)创新目标：管理创新包括项目集+全过程咨询管理模式；技术创新包括装配式智能化机房、手术室、楼梯、隔墙；措施创新包括采用大模板、铝模等措施。

(5)安全目标：确保省市级安全文明施工工地、争创国家AAA级安全文明工地。

(6)党建与廉政：成立项目联合党支部。

2. 进度策划

(1)策划原则：对医院运营影响最小原则、对建设投资影响最小化原则、医院使用需求实现最大化原则、"新建为主、改建穿插"原则、"充分沟通、多方协商"原则。

(2)保障措施：建设时序总体规划、全面运用BIM施工技术、多方位推行装配式、工业化生产、先进施工措施。

3. 质量策划

(1)设计管理精细化。表现在方案选择、论证方面，也包括在设计选材、设计图纸质量把控方面。

(2)设计成果评审。包括内审和专家评审两个部分,设计成果验收评审,不仅包括强制性条文符合性评审,还包括方案合理性、方案可行性、方案经济性等评审。

(3)专业咨询提前介入。项目审图机构、造价咨询机构、工程监理机构、BIM等提前介入,参与项目方案设计、施工图设计、工程量清单编制等工作。

(4)专业设计提前介入。专业设计单位(包括医疗专业工程、精装修工程、特殊市政配套工程的设计单位)在工程方案设计、初步设计阶段即开始工作,确保专业工程设计与主体工程设计同步进行,从而避免或减少工程设计变更和重大设计调整。

(5)设计招标国际化。吸引和吸收国际医院设计经验、理念和技术,选择适合于本项目的设计单位,提高工程设计质量。

(6)优选设计方案。通过多方案分析、比较,选择最适合项目实际的设计方案、施工方案、技术方案。

(7)明确使用需求。根据项目不同设计阶段,逐步梳理、细化、固化项目建设功能需求,减少因功能需求变化导致的设计变更。

4. 招标策划

(1)基本原则:以总进度为基准的招标进度策划、最大化引入竞争的合同包划分策划、选择最适合的承包商的招标择优方案。

(2)合同包招标策划,见表4-1。

表4-1　合同包招标策划

序号	合同包	主要内容、范围
1	基坑及桩基合同	土石方、基坑及桩基工程
2	总承包合同	主体工程
3	改造合同	室内改造工程
4	装修合同	室内精装修工程
5	手术室/医疗/净化合同	净化、医疗气体、手术室(医疗工程)
6	物流合同	物流系统(医疗工程)

续表

序号	合同包	主要内容、范围
7	智能化合同	智能化系统(医疗工程)
8	建设单位战略采购合同	包括防水、电梯、电缆等

(3)单位择优原则:企业综合能力、项目管理团队能力考核,先进建造体系应用评审。

5. 课题研究

(1)医院建设标准课题研究应用—项目建设方案/投资分析。

(2)交通规划课题的研究应用—施工期间项目交通组织。

(3)医院建设周期研究—项目建设周期测算分析。

(4)改扩建医院建设模式研究—项目建设管理。

6. 党建、宣传和培训

(1)党建:成立联合党支部,建设单位党办牵头,由建设单位项目组、全过程咨询单位、施工单位组成。

(2)宣传:以现场、媒体为主的线下宣传,以网络、微信为辅的线上宣传。

(3)培训:技术培训提升专业能力、管理培训优化建设流程、全面实现建设单位人才计划。

二、项目咨询方案

1. 项目计划统筹及总体管理

(1)制定项目管理具体目标,建立项目管理的组织机构,明确各部门及岗位工作职责,分解项目管理的工作内容,制定项目管理工作程序及工作制度,制订各阶段各岗位的人力资源计划。

(2)编制项目总体进度计划,根据项目实施情况进行动态调整。

(3)协调项目各层面、各相关单位、各项工作关系,协调项目外部关系。

2. 前期工作管理

(1)组织设计例会,组织各设计单位之间、设计单位与外部有关部门的协调工作。

(2)协助委托人办理各项前期报建手续、协助委托人完成相关招标工作。

(3)协助委托人负责现场情况调查、设计需求研究、编制设计任务书。

(4)对项目咨询、勘察、设计等技术文件进行把关,并提出优化建议。

(5)在对同类项目调研、使用需求调研、项目现状调研、相关政策调研的基础上,组织研究项目总体建设需求、边界条件、建设规模及投资规模。

(6)为规划、方案设计提供技术咨询服务,组织和开展规划条件研究、设计需求研究和全过程设计需求管理。

(7)协助委托人负责与项目使用单位进行沟通,提出符合各阶段设计深度要求的用户需求,准确表达委托人对工程质量、进度、投资的要求;在设计全阶段(方案、初设、施工图、室内装饰、机电等专业工程设计)协调沟通用户需求;负责协调项目使用单位对各阶段设计成果进行确认。

(8)在对总体需求研究的基础上,根据调研、论证、规划方案设计等工作成果,对可行性研究报告进行把关并提出优化意见。

(9)审核可行性研究报告应根据国家、深圳市的相关规范、政策,项目建议书及批复的投资匡算进行评估,对项目用地面积、建筑面积、建设规模、工程建安造价指标进行系统分析,并根据对项目场地与项目功能、规模的分析,判断投资控制的方向和可能出现的疑难问题。

(10)对可行性研究报告的审核应充分评估项目的经济性、可实施性及适用性,明确项目建设标准,明确项目的质量、投资、进度、安全目标,使项目的建设规模、投资标准与项目需求匹配,做到需求合理、论据充分,深度达到国家及深圳市相关规定要求及委托人下一步工作要求。

(11)参加相关各种汇报会、论证会,直至可研报告通过专家评审并取得国家发展改革委批文。

(12)在确保设计的安全性的前提下,根据各不同设计阶段,服务单位须咨询及审查设计单位设计文件及图纸的经济性和合理性。

(13)根据价值工程理论,按限额设计控制投资,在限额设计范围内对初步设计进行全面价值工程评估。

(14)按照限额设计指标,对施工图设计内容进行核实和审查。

3. 设计管理

(1)制定设计管理工作大纲,明确设计管理的工作目标、管理模式、管理方法等。对项目设计全过程的进度、质量、投资进行管理。

(2)将使用功能需求条件,转化成设计需求参数条件,要求设计单位按时提交合格的设计成果,检查并控制设计单位的设计进度,检查图纸的设计深度及质量,分阶段、分专项对设计成果文件进行设计审查。

(3)负责组织对各阶段(方案、初步设计、施工图)及各专业的设计图纸设计深度及设计质量进行审查,减小由于设计错误造成的设计变更、增加投资、拖延工期等情况。对设计方案、装修方案及各专业系统和设备选型优化比选,并提交审查报告。专业工程包括但不限于规划、总图、建筑、结构、装饰、景观园林、幕墙、电气、泛光照明、通风与空调、给排水、建筑智能化系统、室外道路、建筑节能环保与绿色建筑、民防、消防、燃气、电梯钢结构、预应力、建筑声学、灯光、音响、基坑支护工程、地基处理、边坡治理、建设用地范围外的管线接入工程、水土保持工程施工图、厨房工程、实验室工艺、10KV 外接线工程、污水处理工程、建筑永久性标识系统、地下综合管廊、海绵城市、工业化建筑以及其他与本项目密切相关、必不可少的系统、专业和其他特殊工程。

(4)协调使用各方对已有设计文件进行确认。确认设计样板,组织解决设计问题及设计变更,预估解决设计问题涉及的费用变更、施工方案变化和工期影响等,必要时开展价值工程解决设计变更问题。

(5)组织专项审查,包括但不限于交通评估的审查、环境影响评价的审查、结构超限审查论证、消防性能化论证、深基坑审查、建筑节能审查、放射诊疗及核医学应用的环评卫评等。对评估单位提出的意见进行修改、送审,直到通过各种专业评估。组织工程勘察、设计、施工图设计审查和第三方检测等前期阶段的各项服务类招标、签订合同并监督实施。

(6)对项目全过程进行投资控制管理。负责组织设计单位进行工程设计优化、技术经济方案比选并进行投资控制,设计要在限额范围内进行,施工图设计以批复的项目总概算作为控制限额。

4. 工程技术管理

(1)对工程建设过程中的特殊结构、复杂技术、关键工序等技术措施和技术方案进行审核、评价、分析,解决施工过程中出现的设计问题,优化设计方案,对工程建设新技术、新工艺、新材料进行研究论证,对重要材料、设备、工艺进行考察、调研、论证、总结,从技术角度提出合理化建议或专项技术咨询报告。

(2)组织设计单位对监理和施工单位进行技术交底,对重点工序、重点环节的技术、质量进行控制,处理工程建设过程中发生的重大技术质量问题。

5. 进度管理

确定进度管理总体目标及节点目标,编制项目进度计划及控制措施,分析影响进度的主要因素,对进度计划的实施进行检查和调整。

6. 投资管理

(1)确定投资控制目标,制订投资管理制度、措施和工作程序,做好决策、设计、招标、施工、结算各阶段的投资控制。

(2)负责设计概算的审核,配合国家发展改革委、评审中心概算评审工作,以批复的可行性研究报告中建安工程投资为依据,要求设计单位进行限额设计。

(3)管理造价咨询单位,组织概算全面审查工作,组织专家评审会议,根据项目特点参考同类工程经济指标。

(4)概算经委托人批准后报送发改部门,与发改评审部门进行沟通、协调、确保评审结果的合理性。

(5)审核并且确认造价咨询单位编制的工程量清单、标底、控制价的准确性,尤其是材料设备的名称、规格、数量等内容,负责将招标控制价报送审计局审计或备案,招标上限价应按分项预算严格控制,对超过预算的分项说明原因,并报委托人招标委员会批准。

(6)审批工程进度款支付,审核工程变更及签证并送审计局备案,做好用款计划、月报、年报、年度投资计划等统计工作,建立分管项目的合同、支付、变更、预结算等各种台账;负责对项目投资进行动态控制,处理各类有关工程造价的事宜,定期提交投资控制报告;参与甲供材料设备招标工作。

(7)定期组织召开造价专题会议,解决造价问题争议,建立投资控制台账,督促完善设计变更等程序。

(8)负责办理工程量清单复核报告审批手续,检查督促造价咨询单位、监理及时审核工程量清单复核报告、设计变更及现场签证等,督促专业工程师及时办理设计变更、现场签证等审批手续。负责检查催办专业工程师招标阶段的结算资料收集整理和归档情况。

(9)负责工程结算的审核并配合报审计局审定;负责对项目工程造价进行经济指标分析,负责提交结算审核事项表;参与结算资料整理归档;配合财务办理竣工决算;负责审核结算款、保修款,协助办理审批手续。

(10)负责协调和造价咨询单位之间有关结算问题的分歧。负责对监理和造价咨询单位的结算工作的管理,并在造价咨询单位的结算审核报告上签署意见。负责将结算报告的审批手续报送审计部门。负责跟踪审计进度,及时反馈审计意见。负责审计报告征求意见稿的审批手续和审计报告的整理归档。负责在工程项目所有结算完成后书面通知委托人财务处办理项目决算,按委托人财务部门要求准备相关决算资料并配合决算审计。

(11)负责监理及造价咨询单位的工程结算管理,送审、跟踪审计进度,反馈审计意见、归档审计报告,配合决算审计。

(12)工程投资控制月报制度。每月按约定时间向委托人提供当月的投资控制月报;投资控制月报应包括上月工程款支付情况、工程形象进度、工程完成投资额、承包商人员和机械设备投入情况、工程质量情况、检测资料、数据、工程设计变更及投资增加情况,针对这些内容提出问题,查找原因,并提出下个月的工作建议;对于建设单位有特殊要求的情况,应向委托人提供投资控制双周报。

(13)在工程竣工验收后,向委托人提交该项目的工程投资工作总结,该总结作为工程咨询工作的一项竣工验收资料,报送委托人资料室备案;投资控制工作总结报告内容应包括工程概况及建设全过程情况、造价咨询工作手段、造价管理情况,设计变更的内容、原因、造价审计中存在的问题及解决办法,对项目造价管理工作的评价与分析(包括但不限于概算与结算情况对比分析),工程遗留问题的总结与分析等,并提出合理的建议。

7. 质量安全管理

在项目实施过程中,对施工现场的质量、进度、安全及文明施工进行管理。

8. 医疗工艺管理(含实验室工艺)

对本项目医疗工艺及相关专业的全过程工程咨询管理,对医疗工艺咨询的进度、质量和服务情况进行全过程管理。

(1)组织制订与项目进度匹配的医疗工艺咨询工作计划,定期向委托人汇报工作计划执行情况,对工期延误原因展开调查分析。

(2)调研整理项目建设需求。组织医疗工艺咨询或其他相关单位进行需求调研,调研形式包括座谈、发放调查问卷、组织召开专题会议、与使用单位和其他行政单位沟通,复核工艺咨询搜集的后台数据和分析资料;组织医疗工艺咨询单位审核设计任务书、项目建议书、可研报告和所有项目会议要求的文件资料,将审核意见反馈至设计单位并监督落实修改。

(3)工艺流程设计管理。组织工艺咨询单位开展一级流程、二级流程、三级流程设计,组织委托人、使用单位和设计方对设计成果进行审核确认。

(4)督促工艺咨询单位提交医疗卫生流程专项复核意见,将意见反馈至项目设计单位,监督项目设计单位修改落实。

(5)审核汇总医疗环境要求成果文件,包括人对环境的要求、设备对环境的要求、医疗功能对环境的要求、医疗功能实现目标等文件。

(6)评估工艺咨询输出与使用需求的匹配性、可行性、设计理念(如安全、舒适、节能、环保等)、实现目标(如前瞻性、灵活性、先进性等)。

(7)对医疗工艺流程调试、验收、检测、认证过程进行管理。

(8)组织召开医疗工艺咨询工作专题会议和评审会。

(9)协调使用单位医疗设备采购和信息化建设项目与本项目的协同实施,搜集设备采购和信息化建设项目过程资料。

(10)监督医疗工艺咨询单位工作与本项目整体工作协同推进。

9. 项目组织协调管理

(1)建立项目组协调工作制度,对经常性事项制订专门程序,明确协调时间、内容方式和具体负责人。

(2)明确项目部协调工作职责。处理好集中协调和分散处理的关系,充分发挥各级各类管理人员的作用。

(3)通过宣传、指令、监督、交流、会议等方法实现信息有效传递,达到组织协调目的,从建设项目整体效益出发,实现综合协调和总体优化。

10. 招标采购管理

(1)根据项目特点对招标采购工作内容进行分解,制订招标采购计划,确定招标方式、招标时间、标段划分等内容,编制招标文件和拟定设备材料的技术要求及参考品牌等。对造价咨询单位编制的报价原则、工程量清单、标底、上限价等经济技术指标进行审核。

(2)组织招标答疑与补遗的编制、投标文件的澄清等工作,对投标资料、投标样板进行审查、验证,参与投标单位相关人员的面试、答辩等工作,对投标方及采购的设备材料进行调研。

(3)审查中标候选人技术标书中的施工组织设计及技术方案,审查材料设备的技术参数指标,审查中标候选人商务标书中的清单分项及投标报价,提出存在的问题并提出合理的优化建议。

11. 合同管理

负责本项目涉及的土建项目和各专业系统的设计、咨询、施工、供货及相关的专业合同的起草、谈判,协助签订;对合同履约、变更、索赔、合同后评价进行管理;对合同风险进行分析并制定应对措施。

12. BIM 管理

(1)组织落实项目 BIM 应用工作,保证项目 BIM 价值的实现,实现对项目 BIM 实施的综合管理。

(2)审核项目 BIM 总体实施方案和各专项实施方案,规范 BIM 实施的软硬件环境,审核招投标文件 BIM 专项条款,审核项目的 BIM 实施管理细则、各项 BIM 实施标准和规范。

(3)审查 BIM 相关模型文件(含模型信息),包括建筑、结构、机电专业模型、各专业的综合模型及相关文档、数据,模型深度应符合各阶段设计深度要求。

(4)审查 BIM 可视化汇报资料、管线综合 BIM 模型成果、BIM 工程量清单、

BIM 模型“冲突检测”报告。

(5)管线综合分析和优化调整,分析基于 BIM 的管线综合系统解决方案。

(6)实现基于 BIM 的工程咨询:建立 BIM 实施的协调机制及实施评价体系,负责项目 BIM 管理平台的管理,实现项目各参与方的协同,基于 BIM 开展工程咨询工作,包括基于 BIM 的所有技术审查、项目例会等。

(7)审查相关 BIM 成果是否符合建设单位《BIM 实施管理标准》与《BIM 实施导则》的要求,提交审查报告并负责成果验收。

13. 档案与信息管理

(1)借助专业的信息管理软件及先进的信息技术平台,根据时间、内容、类型进行分类、编码、归集,高效检索、分享、传递、审批工程项目信息,保存能清楚证明与项目有关的电子、文档资料直至项目移交。

(2)负责对勘察、设计、监理、施工单位工程档案的编制工作进行指导,督促各单位编制合格的竣工资料,负责本项目所有竣工资料的收集、整理、汇编,并负责通过档案资料的竣工验收以及移交。

(3)借助先进的信息管理软件或信息技术平台,对工程建设过程中如质量、安全、文明施工等信息进行高效的分享、传递、监督、反馈、管理。

14. 报批报建管理

(1)对项目建设需要开展的相关专题研究以及需要办理的相关手续进行梳理。

(2)根据项目建设内容编制报建报批工作计划,完成项目前期及工程建设期间的各项报批报建手续(包括但不限于办理土地、规划、建设、环保、人防、消防、气象、水土保持、市政接驳等)。

(3)对各参建单位的报建报批工作进行协调管理。

15. 竣工验收及移交管理

(1)负责组织项目相关参建各方办理项目专业验收和总体竣工验收申报手续,并协助进行项目专业验收和总体竣工验收,及时解决工程竣工验收中发现的工程质量问题。

(2)负责项目移交工作的管理,包括质量监督、档案验收、项目审计、财务决算、环境保护、卫生监督、劳动安全、消防、工程总结等。

16. 工程结算管理

根据建设单位《工程结算管理办法》,完成工程结算工作。

(1)负责项目结算的总体安排,对项目结算进度负责。

(2)负责在第一次付款前保存归档招标文件、答疑文件、标底文件、投标文件、评标报告、会议纪要、中标通知书、合同协议书、全套招标用施工图纸等招标阶段结算资料。

(3)负责办理工程量清单复核报告、设计变更、现场签证、补充合同等结算资料的审批手续。

(4)及时办理设备开箱检查及移交记录、合同外单价分析资料、主材设备价格确定依据、图纸会审纪要、实物移交清单、相关验收证明资料等审批手续。

(5)配合甲方造价工程师管理监理单位的结算工作。检查催办监理单位的结算资料收集情况和结算审核进度,重点审核竣工资料与现场实际情况的一致性,并在监理单位的结算初审报告上签署意见。

(6)负责协调施工、监理、造价咨询和项目组各成员的结算分歧,督促专业工程师和造价工程师及时办理设计变更等结算资料,必要时召集各方协调解决造价分歧。

(7)负责对监理和咨询单位的结算工作进行管理,并在咨询单位的结算审核报告上签署意见。

17. 工程监理方案

(1)工程监理报告

工程咨询单位应按约定的时间和份数向委托人提交工程监理与相关服务的报告,包括监理规划、监理实施细则、监理月报及约定的其他监理工作内容等。上述文件一式两份,监理规划(或修改)在第一次工地例会前 7 日内提交,监理实施细则在相应专项工程实施前 3 日内提交,监理月报在次月 5 日前(如遇节假日则为之后的首个工作日)提交,专项报告自委托人发出指令起 14 日内完成并提交。

(2)施工准备阶段监理

根据项目的具体要求,对项目进行整体策划,包括工期策划和关键节点策划，编制监理实施计划和方案；参与有关本建设项目的其他招标工作，对材料设备的技术参数或品牌档次提出意见或建议；参与对中标候选人投标文件的复核工作，提出意见或建议。

(3)施工过程中的质量、进度控制和安全生产监督管理

收到工程设计文件后编制监理规划，并在第一次工地会议7日前报项目管理团队。根据有关规定和监理工作需要，编制监理实施细则；熟悉工程设计文件，并参加由项目管理团队主持的图纸会审和设计交底会议；参加由项目管理团队主持的第一次工地会议；主持监理例会并根据工程需要主持或参加专题会议；督促、检查承包人严格执行工程施工承包合同和国家工程技术规范、标准，协调委托人和承包人之间的关系；审核承包人提出的施工组织设计、施工技术方案、施工进度计划、施工质量保证措施和施工安全保证体系，审核承包人选择的分包商；检查施工承包人工程质量、安全生产管理制度及组织机构和人员资格；检查施工承包人专职安全生产管理人员的配备情况；审查工程开工条件，对条件具备的签发开工令；审核承包人提供的材料、构配件和设备的数量及质量；审查施工承包人提交的工程变更申请，协调处理施工进度调整、费用索赔、合同争议等事项；控制工程进度、质量，督促、检查承包人落实施工质量、安全保证措施；组织分部分项工程和隐蔽工程的检查、验收；协助委托人和项目管理团队组织工程竣工验收。

(4)费用控制

复核施工图预算；审核施工期间工程量的计量、工程款支付、审查工程变更、签证及其费用等；审核工程结算。

(5)合同、信息等方面的协调管理

做好合同管理的各项协调工作；协助委托人和项目管理团队签订合同；协助委托人和项目管理团队整理报建资料；督促承包人整理合同文件和技术档案资料；协助委托人和项目管理团队收集、整理、归档工程资料。

(6)保修及后续服务管理

检查和记录工程质量缺陷，对缺陷原因进行调查分析并确定责任归属，审核修复方案，监督修复过程并验收，审核修复费用，并做好以下工作：检查工程状

况，参与鉴定质量责任；督促承包人及时完成工程尾项，维修工程出现的缺陷；督促承包人回访；协助委托人收集、整理、归档工程资料。

第五节 项目咨询总结

医院建设项目有别于普通的房屋建筑工程，对于本项目存在的重难点问题，项目部有针对性地采取了相应的措施。

一、功能工艺流线

1. 重难点

功能工艺流线复杂。本项目包括新扩建、改建和拆除等项目内容，其中涉及门诊、急诊、医技、住院、后勤保障等系统，各系统之间和系统内部流线布置的合理性将决定日后使用的便利性、舒适性，因此应在设计阶段反复研讨功能与流程的合理性问题。

2. 应对措施

(1) 在对同类项目调研、使用需求调研、项目现状调研、相关政策调研的基础上，组织委托人、院方和设计院分析项目总体建设需求、边界条件、建设规模及投资规模，确认重要功能需求参数。

(2) 协助委托人负责与院方进行沟通，提出符合各阶段设计深度要求的院方需求，准确表达委托人对工程质量、进度、投资的要求；在设计全阶段（方案、初设、施工图、室内装饰、机电等专业工程设计）协调沟通院方需求；负责组织协调院方对各阶段设计成果进行确认。

(3) 组织制订与项目进度匹配的医疗工艺咨询工作计划，定期向委托人汇报工作计划执行情况，对工期延误原因展开调查分析。

(4) 督促医疗工艺咨询单位提交医疗卫生流程专项复核意见，将意见反馈至项目设计单位，监督项目设计单位修改落实；组织工艺咨询单位开展一级流程、二级流程、三级流程设计，组织委托人、院方和设计方对设计成果进行审核确认。

二、报建报批工作

1. 重难点

办证环节多。医院办证环节多于普通项目,医院项目办证不仅包含常规建筑工程的办证,还包含如放射评价、手术部洁净专项等环节,需要协调的部门较普通房建项目增加约一倍,办证协调难度也随协调部门数量的增加呈非线性增长。因此,办证是阻碍本项目前期进度的重要因素。

2. 应对措施

(1)整理前期资料,对接委托人,梳理出项目手续办理情况,分清办证主客体。由院方负责办理的手续,及时沟通询问办证所需的各类资料,配合院方收集;由委托人牵头办理的,协助配合委托人,分工合作,定期沟通各自工作进展情况,保证办证信息对称。

(2)根据项目建设内容编制报建报批工作计划,完成项目前期及工程建设期间的各项报批报建手续(包括但不限于办理土地、规划、建设、环保、人防、消防、气象、水土保持、市政接驳等)。

(3)针对设计院的方案设计、初步设计、专项方案评审等办证手续所需的资料,组织专题会确定时间节点,定期检查完成情况,督促设计院按既定计划完成;对各参建单位的报建报批工作进行定期协调管理。

三、专业系统

1. 重难点

专业系统多。医院项目专业系统有医用气体、手术室、ICU 净化、放射用房防护、物流传输等十多项专业系统,各专业系统与建筑的衔接是否及时将影响进度、投资和质量。

2. 应对措施

(1)组织医疗工艺咨询单位审核设计任务书、可研报告和所有项目会议要求的文件资料,将审核意见反馈至设计单位;根据设计节点定期组织委托方、院方、医疗工艺咨询单位和设计院,讨论交流各专业系统的功能及建筑方案的合理布局,保证信息的沟通顺畅。

(2)审核汇总医疗环境要求成果文件,包括人对环境的要求、设备对环境的要求、医疗功能对环境的要求、医疗功能实现目标;组织召开医疗工艺和建筑设计的咨询工作专题会议和评审会。

四、项目投资控制

1. 重难点

单方投资额高。医院项目的单方投资会高于普通的公共建筑,而目前医院项目普遍存在出现结算超概算现象。

2. 应对措施

(1)医院的功能需求确定后不易在过程中更改,所以及时组织委托方、院方和设计院从方案设计阶段开始,进行工程设计优化、技术经济方案比选并进行投资控制,要求限额设计;施工图设计以批复的项目总概算作为控制限额,并严格执行。

(2)重点审查设计概算是否在批准的投资估算内,若概算超过估算,应找出原因,修改设计,调整概算。

(3)审核工程变更及签证并送审计局备案,做好用款计划、月报、年报、年度投资计划等统计工作,建立分管项目的合同、支付、变更、预结算等各种台账;负责对项目投资进行动态控制,处理各类有关工程造价的事宜,定期提交投资控制报告;参与甲供材料设备招标工作。

(4)定期组织召开造价专题会议,解决造价问题争议,建立投资控制台账,督促完善设计变更等程序。

(5)及时办理工程量清单复核报告审批手续,督促造价咨询单位及时审核工程量清单复核报告、设计变更及现场签证等;按照指定的管理办法,及时办理设计变更、现场签证等审批手续。检查招标阶段的结算资料收集整理和归档情况。

五、设备问题

1. 重难点

设备种类多。医院工程设备非常多，可分为建筑设备和医疗设备，建筑设备包括电梯、锅炉、空调主机等，医疗设备包括 DSA、CT、ECT 等。

2. 应对措施

(1)在方案设计阶段，通过组织院方、委托方和设计院的专题会议，分清医疗建筑设备的使用功能要求，明确医疗设备的分类。

(2)督促审核设计院按照各功能分区和各科室的布置，同时考虑建筑、结构以及各个系统的工艺、流程设计，满足设备放置和未来设备更新的要求。

六、智能化系统

1. 重难点

智能化系统复杂。本项目拟设置智能化物流传送系统、医院垃圾、污被服自动收集系统、临床诊疗系统和医院信息集成平台系统，具体物流形式待定，要求易于实现网络管理和全程监控；拟对现有的物流系统进行改造升级，与新建住院大楼的物流系统匹配整合。因智能化系统要求服务功能多样化，如何保证使用功能是本工程的重难点。

2. 应对措施

(1)进行医院信息化现状和业务、管理模式发展的调查，认真调研国内医院智能化系统建设领域的发展情况，参观样板医院，做到对智能化系统心中有数；通过组织内部论证，在征求专家意见的基础上，提出合理需求。需求应包括建设目标、设计原则、总体概算、主要内容和规模、各子系统的主要功能要求等。

(2)要求初步设计阶段根据需求和智能化专业设计状况，先按照较为齐全、中高端的系统设计，然后进行论证，再由医院方做确认；初步方案形成后，组织总体和分项论证，由相关集成商和设备提供商的技术人员等进行方案优化和细化。

(3)参与各弱电系统的二次设计，并就系统选型、系统配置及系统的标准提出建议；系统调试前要做好充分准备，与其他专业有关的系统，须邀请各专业人员参加,并制定详细的调试方案。

(4)选择具有较强实力的系统集成商承担工程,并让他们在前期就参与系统设计,减少环节,提高系统的可靠性和管理效率。

七、绿色建筑

1. 重难点

绿色建筑要求高。要求节能、节水、节地、节材等,本项目绿色建筑要达到星级要求。

2. 应对措施

(1)在规划阶段,医院内所有建筑物的建设均需依据所在地及医院总体规划进行。规划具有适应未来变化和发展的灵活性。按照当地规划部门要求预先设定合理的场地开发容量和强度;医院的总体规划设计采用被动策略来减少对化石燃料能源的需求。

(2)通过对医疗设计的监督管理,及时和院方沟通,确保医疗设施设计最大限度地保护和改善现场既有的环境,从而为病人、医护工作者以及探访者提供健康的环境。

(3)在设备选型、系统设计的各个阶段,严格要求设计院在院方的合理需求下,对绿色建筑设计做到细致化,通过召开专题会和专家论证的形式,对设计院进行监督管理。

八、建设周期

1. 重难点

分期建设周期长、整体控制要求高。分批次进行建设且需保证建设期间医院正常运营,需要对建设周期进行合理论证部署,并充分调度各建设实施主体。整体进度控制要求高、协调配合量大。

2. 应对措施

(1)编制项目进度计划及控制措施,分析影响进度的主要因素,对进度计划的实施进行检查和调整。

(2)认真审核承包单位提交的施工总进度计划,结合施工合同有关条款、施工图及经过批准的施工组织设计制定进度控制方案,对进度目标进行风险分析,确定防范性对策。

(3)审核施工单位提交的施工方案,使设备、人力、施工方法等能保证进度计划的实现;审核承包商提交的施工进度计划。

(4)组织委托方、院方共同参与进度会议,制订分解的单项工程工期及关键节点进度,通过总工期的分解切块,保证总工期目标的实现;根据工程进展的实际情况,适时调整局部的进度计划,使其更加合理且具有可操作性;认真组织现场协调会,及时协调总承包单位不能解决的内外部沟通、总图管理、现场重大事宜等涉及进度管理控制方面的问题。

九、社会影响

1. 重难点

项目社会影响大,整体建设管理水平要求高。

2. 应对措施

(1)可行性研究阶段。深入理解院方、委托方的定位意图,组织设计院全面研究,制订符合医院特点的近景和远景规划,并出具详细的报告。

(2)施工图设计阶段。医院工程建设项目设计涉及面广,专业性强,要组织设计单位的建筑项目负责人和相关科室负责人共同研究,深入考察,结合医院需求及现场具体情况,进行合理布置。

(3)工程招标及施工合同签订阶段。投标单位资格预审时,组织人员深入投标单位已实施或正在实施的工程一线,认真了解项目管理班子的一贯作风;合理确定标底,尽量减少指定分包项目,尽量减少费用变更,签订合同时,必须将项目经理班子主要成员写入合同,落实具体责任人。

(4)专项工程施工图交底阶段。组织各专业施工单位熟悉图纸,了解工程具体特点和设计意图,明确关键工程部位的质量要求。

(5)工程施工阶段。加强监理管理、做好工程记录、严格控制工程变更、加强对建筑材料及设备的管理,适应市场形势的变化。

十、施工场地影响

1. 重难点

场地受限,本项目包含新建、改建工程,距离已有建筑较近,且项目地下室层数较多,因此本项目设计、施工受已有建筑的影响较大。

2. 应对措施

(1)对项目总进度进行策划,确定项目控制性计划,并以此作为进度控制的纲领性文件。

(2)组织各设计院之间的专题交流,保证信息畅通,避免因信息不对称导致设计内容不匹配;提前考虑施工临建、临水、临电等进场条件;及时组织专家组对初步设计、施工图设计进行审查。

(3)提前组织中标施工单位进行施工环境调查,分析制约施工场地的因素,提出合理有效的施工方案;组织施工图设计交底,审核施工组织设计,检查施工准备工作质量;通过监理、第三方检测单位及院方的监督,确保医院正常运行。

十一、基坑施工

1. 重难点

基坑支护设计经过相关各方多次现场踏勘、会议讨论、专家论证等多个环节,各方面考虑比较完善。但由于场地限制,本工程基坑支护桩包括灌注桩、旋喷桩两种桩型。一方面,支护桩直接影响基坑的安全;另一方面,由于西侧原有地下连廊离本工程基坑太近,造成工作面狭小,支护桩施工困难。支护桩施工既是本工程的重点之一,又是本工程的难点之一。

2. 应对措施

(1)要求设计服务跟进,提前告知监理及施工方重视此项工作。

(2)组织项目部检查施工方有关此项内容的施工组织设计及质量保证措施。

(3)监理部全过程进行旁站监理;组织抽查支护桩深度是否达到设计要求、工艺是否符合规范要求。

(4)组织检查试件送检是否合格、西侧桩群的垂直度及平整度是否达到要求等。

十二、土石方外运

1. 重难点

土石方外运是基础桩及抗拔锚杆施工前必须完成的紧前工序。外运工程位于深圳关外，土石方外运条件相对优越，但附近合法的倒土场地稀缺，此外，土石方外运受天气、执法部门、土石方外运市场情况等多种因素影响。因此，项目组须重视土石方外运工作。

2. 应对措施

(1)督促施工方选择有土石方运输资质且综合实力较强的外运队伍；要求监理方对外运队伍的各种证件和相关手续是否完善进行彻查，确保土石方外运合法。

(2)督促施工方及时找到合适的倒土场。

(3)提醒施工单位利用有利天气、增加运输车辆、错开交通高峰期、采用加班、及时发放运输费用等办法加快对土石方的运输。

十三、防水工程

1. 重难点

本项目属医疗项目，防水工程点多面广，包括地下室防水、外墙防水、外门窗防水、屋面防水、卫生间防水、设备间防水、医生洗手盆处防水、空调冷凝管冷凝水防范等。防水工程质量直接影响建筑物的使用质量，一旦有漏水现象未被及时发现并处理，就会对已有装饰或设备造成损坏，带来或轻或重的损失。因此，像其他房建项一样，防水工程既是本项目的难点，又是本项目的重点之一。

2. 应对措施

(1)提醒设计院对所有外门进行雨棚设计；要求设计院对外门、窗边进行防水详细设计或进行详细设计说明。

(2)提醒设计院在进行屋面排水口设计时,要综合考虑排水坡度、设备基础的位置对排水造成的影响。

(3)施工时,针对不同的阶段及不同的施工部位,要求施工单位派专人盯查,项目组进行抽查,验收合格后才能隐蔽。

(4)各种柔性防水层验收合格后,督促相关单位及时做好防水保护层,以减少因交叉作业对防水层破坏的影响。

(5)防水砂浆或防水混凝土要重视洒水养护。

(6)雨天督促施工单位及时查看并做好记录,对漏水点做到早发现、早处理。

十四、管线及末端的综合布设

1. 重难点

管线和末端种类多。除常用的空调管网、强电管网、弱电管网、消防管网、给水管网、排水管网外,还有气动水流管网、笑气管网、氮气管网、氩气管网、二氧化碳管网等。各种管网综合布设是否合理,直接影响功能区的使用空间,影响维修的方便性。

末端布设是否合理直接影响使用功能便利性、内部控制布置美观性等。因此,各种管线及末端的综合布设是本项目需要关注的重点。

2. 应对措施

(1)督促设计院做好各种管网的综合设计。

(2)设计院对各种末端进行设计时,要求其与使用方充分沟通,力求做到功能合理、使用方便、简洁大方;在设计阶段利用 BIM 图形检查各类管道的碰撞问题;监理部针对各种管线及其末端布设提出合理意见;要求相关监理部加强对管网及末端的监督及协调。

(3)要求施工单位在施工前做各种管网的深化设计,经审核确认后才能实施。

(4)在施工阶段,利用 BIM 图形对管线多截面或标高难以控制的区域做合理布置,经设计院同意后实施。

(5)要求施工单位在连廊及住院部的某一层做施工样板,组织各方确认后再进行大面积施工。

(6)施工阶段,项目组加大协调力度,及时解决各类管道及末端施工中出现的各种问题。

第五章

广东省某肿瘤医院改扩建工程（二期）项目全过程工程咨询

第一节　项目概况

一、基本信息

广东省某肿瘤医院改扩建工程(二期)项目,位于深圳市龙岗区肿瘤医院现有用地范围内,基地毗邻深汕高速和宝荷路,距离深汕高速公路荷坳出入口约5千米,用地靠近地铁3号线与规划14号线,距离地铁爱联站、大运站2~3千米。

本期扩建新增床位1200张,总建筑面积22万平方米,其中地上建筑面积15万平方米,地下建筑面积7万平方米,包含新建、改造以及现有建筑拆除等内容(见图5-1)。其中,新建建筑面积22万平方米,包含1栋1200床的住院楼、1栋后勤综合楼,并新建连廊与现状建筑相连,新建及迁改医疗气体供应站、污水处理站;改造建筑面积1200平方米,包含综合楼一间宿舍改走道、汇流排间改造、污水处理站机房改造、污物暂存改造、消防安保控制室改造、中心网络机房改造、一期数据机房工程改造及其他新老建筑连通口改造等;拆除一期原有液氧贮罐站、垃圾房、污水处理站,总拆除建筑面积540平方米,其中地下建筑面积330平方米,地上建筑面积210平方米(见图5-1)。

图5-1　项目效果图

二、项目特点

(1)迁改工程复杂,本项目迁建、拆除、改建、新建、运营工作交叉同时进行。氧气站、污水处理站、垃圾站处于改扩建二期场地西侧;室外排水管、氧气管设于改扩建二期红线范围内。目前改扩建一期项目施工期间将污水管、废水管、氧气管临时迁改到改扩建二期基坑范围内,因此二期住院楼基坑施工前,需要再次迁改。项目建设为运营医院内改扩建工程,拆除、改造、迁移、新建、运营,项目同时交叉开展,相互关联、相互制约、相互干扰,施工过程中管理难度大。

(2)医院项目建设不仅包含常规房屋建筑工程所需的专业,还包含医院项目独有的专业。项目建设不仅包括项目建筑、结构、给排水、通排风、消防、弱电智能化等常规房屋建筑工程内容,还包括医疗物流系统、静配、检验、垃圾收集系统、污衣被服系统等专业复杂的医疗设备设施,以及医用压力管道系统、全院热水系统、全院空调系统、全院给排水系统等专业复杂的配套设施。

(3)肿瘤医院一期、二期、质子肿瘤治疗中心项目的统筹协调管理是重难点。根据合同要求,项目部需统筹肿瘤医院拟建、在建项目的日常事务。从项目管理合同关系、组织架构等方面分析,全过程咨询项目管理协调难度极大。

第二节 服务内容

(1)项目咨询:项目计划统筹及总体管理、前期工作管理(包含勘察现场管理)、合同及成本管理(造价管理、成本管理、合同管理、工程结算管理)、设计与技术管理[设计管理、技术管理、专业咨询、医疗工艺咨询管理(包含实验室工艺)]、进度管理、现场管理、投资管理、质量安全管理、项目组织协调管理、招标采购管理、BIM 咨询、档案信息管理、报批报建管理、竣工验收及移交管理以及与项目建设管理相关的其他工作。

统筹肿瘤医院拟建、在建项目的日常事务,包括但不限于统筹肿瘤医院改扩建工程与质子肿瘤治疗中心项目的设计施工管理、组织其他全过程工程咨询公司分享交流、组织共享资源共同推进课题研究、汇总项目推进遇到的共性问题与业主沟通、牵头编制规章制度等事项。

(2)工程监理:施工准备阶段监理、施工阶段监理、保修监理及后续服务管理以及与工程监理相关的其他工作。

(3)根据建设单位《政府工程 2020 先进建造体系实施纲要》及相关文件等创新技术应用、智慧工地建设和提出策划方案,并监督相关单位实施。

第三节 项目组织

该项目的参建单位角色定位及运作模式见图 5-2,项目部的组织机构见图 5-3。

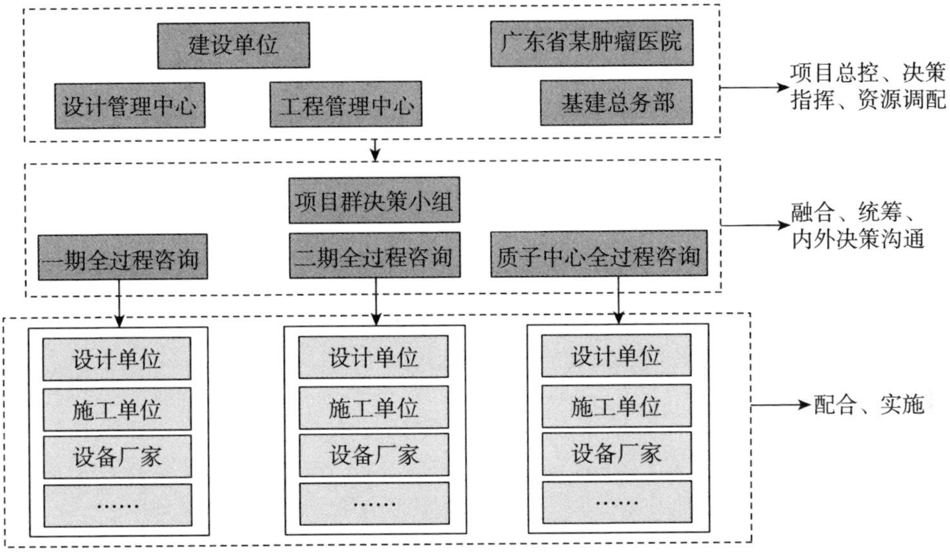

图5－2　参建单位角色定位及运作模式

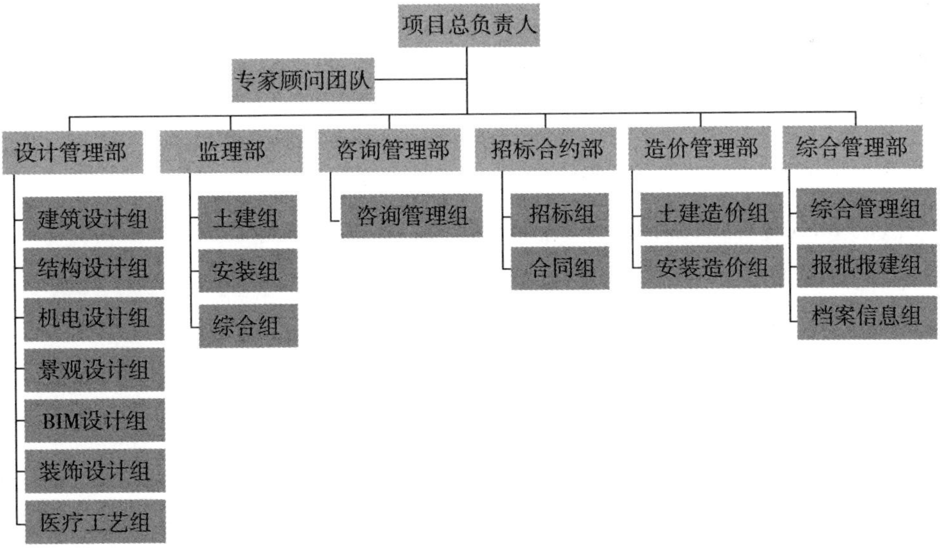

图5－3　项目部组织机构

第四节　咨询方案

一、目标策划

1. 质量目标

（1）建设单位质量巡查排名达到前 10%。

（2）所有工程均达到一次验收合格率 100%。

（3）争创“鲁班奖”或获得国家优质工程奖。

2. 进度目标

（1）2020 年开工，在建设时序上，改扩建一期、二期和质子治疗中心统筹配合。

（2）确保项目于 2024 年 5 月竣工。

3. 投资目标

（1）总投资不超批复设计概算；结算价原则上不超合同价；审计一次性通过。

（2）通过“三个同时”进行建设项目统筹管理，达到总体投资管理最优效果。

4. 创新目标

（1）管理创新：实施项目集 + 全过程咨询管理模式。

（2）技术创新：病房标准层装配式内隔墙、装配式外墙等。

（3）措施创新：采用大模板、铝模等先进施工措施。

5. 安全文明目标

（1）建设单位安全巡查排名靠前。

（2）确保省市级安全文明施工工地。

（3）争创国家 AAA 级安全文明工地。

二、进度策划

由于项目在营运医院内建设，项目建设将严重受制于医院正常运营和整体发展规划需要，为尽快实施项目建设，并尽量减少项目建设对医院的影响和最大限度满足医院未来几年发展需要，项目办公室经反复论证并与院方进行初步沟通,编制本项目进度控制策划。

1. 项目进度策划基本原则

项目进度策划应坚持以下基本原则:

(1)项目建设应最小化对医院正常运营的影响。

(2)项目建设应最大化满足医院发展规划及使用需求。

(3)项目建设应坚持最有利于项目投资和进度整体均衡的原则。

(4)项目进度控制应狠抓项目影响主要因素,以“新建为主、改建穿插”为原则组织。

(5)项目进度策划坚持“充分沟通、多方协商”原则。

2. 项目建设时序策划

项目建设时序以新建工程为主,改造工程和拆除工程根据医院需求穿插进行。

(1)先行启动污水处理站、液氧站、垃圾房及管线迁改工作

先行启动污水处理站、液氧站、垃圾房及管线迁改工作的主要原因包括:原有污水处理站、垃圾房位于新建第二住院楼基坑内,因此,必须把污水处理站、垃圾房建设完成并投入使用后,方可组织第一住院楼基坑施工;现有管线位于第二住院楼基坑内南北两侧,在污水处理站、液氧站、垃圾房施工过程中,将进行现有管线(雨、污、废及氧气管道)的迁改,最终完成对新建污水处理站、液氧站各项管网接驳工作。

(2)第二住院楼启动

第二住院楼在污水处理站启动后,进行支护桩的施工,待污水处理站、液氧站、垃圾房正式投入使用,方可对污水处理站进行拆除,对污水处理站所在区域进行边坡支护及开挖,完成第二住院楼全部基坑施工,之后进入主体结构施工及后续建设。

(3)后勤综合楼最后启动

后勤综合楼靠近第一住院楼,施工过程产生的噪声势必对住院楼病人造成一定影响,统筹考虑后,项目决定最后启动后勤综合楼施工建设。

3. 项目总体进度计划

该项目总体进度计划见表 5 - 1。

表5-1 项目总体进度计划

深圳市肿瘤医院二期总体进度

序号	日期 / 任务名称	开始时间	结束时间	日历天	2019年		2020年				2021年				2022年				2023年				2024年		
					三	四	一	二	三	四	一	二	三	四	一	二	三	四	一	二	三	四	一	二	三
一	总控进度	201[redacted]19	20[redacted]31		■	■	■	■	■	■	■	■	■	■	■	■	■	■	■	■	■	■	■	■	■
二	设计进度																								
1	方案设计	201[redacted]19	201[redacted]/10		■	■																			
2	初步设计	201[redacted]/15	20[redacted]/30	259		■	■	■																	
3	施工图设计	20[redacted]/6	20[redacted]/21	46					■																
4	概算编制	202[redacted]24	20[redacted]/30	188			■	■	■																
5	概算审批	20[redacted]1	20[redacted]/31						■																
三	报批进度																								
1	住院楼基坑施工许可证	202[redacted]28	20[redacted]/28	30				■																	
2	施工临时排水许可证	201[redacted]/28	20[redacted]/8	42		■	■																		
3	消防设计报建	202[redacted]15	20[redacted]/15	31					■																
四	招标进度			0																					
1	住院楼土方、支护及桩基工程施工单位招标	201[redacted]/27	201[redacted]/27	30		■																			

续表

序号	日期 任务名称	开始时间	结束时间	日历天	2019年		2020年				2021年				2022年				2023年				2024年		
					三	四	一	二	三	四	一	二	三	四	一	二	三	四	一	二	三	四	一	二	三
2	施工总包单位招标	20[redacted]/1	20[redacted]/22	113																					
五	施工进度																								
1	住院楼																								
1.1	基坑、基础施工及验收	20[redacted]/1	20[redacted]/26	666																					
1.2	地下结构	20[redacted]/1	20[redacted]/1	92																					
1.3	主体结构封顶	20[redacted]/2	20[redacted]/30	393																					
1.4	内、外装施工	20[redacted]/1	20[redacted]/16	381																					
1.5	安装施工	20[redacted]/1	20[redacted]/16	564																					
1.6	室外环境	20[redacted]/1	20[redacted]/31	151																					
2	后勤综合楼																								
2.1	基坑、基础施工及验收	20[redacted]/1	20[redacted]/2	397																					
2.2	地下结构（±0.00）	20[redacted]/3	20[redacted]/2	152																					
2.3	主体结构封顶	20[redacted]/3	20[redacted]/2	241																					
2.4	内、外装施工	20[redacted]/3	20[redacted]/31	606																					
2.5	安装施工	20[redacted]/3	20[redacted]/31	545																					
2.6	室外环境	20[redacted]/1	20[redacted]/31	151																					
六	竣工验收	20[redacted]/1	20[redacted]/31	91																					

三、质量策划

项目依托建设单位2020先进建造体系“绿色、快速、优质、智慧”理念进行质量策划，并根据影响项目建设质量的相关研究分析，项目质量控制主要包括设计质量控制和施工质量控制两个方面。

1. 工程设计质量控制

为全面实现工程质量目标，打造建设精品，首先应确保工程设计质量满足工程建设要求。为确保工程设计质量，项目采取以设计质量为核心的六大措施。

(1)明确使用需求

进一步梳理和明确项目建设需求，减少因功能需求变化导致的设计变更，是确保工程质量的有效措施，也是确保工程设计意图被完整有效实施的重要保障，因此，工程设计将进一步对建设需求进行细化、固化，确保工程设计质量得以完全实施。

(2)优选工程设计方案

在工程设计过程中，通过多方案对比方式选择最适合的设计方案，包括但不限于设计概念方案、工程初步设计方案、暖通方案、医疗专业方案等。

(3)工程设计成果评审

工程设计成果评审是指对工程设计成果进行验收和评审，评审的主要内容不仅是强制性条文评审，还包括方案合理性、方案可行性、方案经济性等方面，确保工程设计质量满足工程建设目标和要求。

(4)限额设计目标管理

通过限额设计目标管理，严格控制概算、预算、结算等费用指标。确保总投资不超批复设计概算、结算价原则不超合同价及审计一次性通过的投资目标能够实现。

(5)工程设计管理精细化

工程设计管理精细化是确保工程设计质量的重要工作之一，精细化设计管理不仅表现在方案选择、论证方面，也包括在设计选材、设计图纸质量把控等方面。

(6)专业设计/专业咨询提前介入

专业设计主要是指工程精装修设计、医疗专业设计、专业工程设计等专业设计。专业设计单位提前介入是指专业设计单位在工程方案设计、初步设计阶段即开始工作,以确保专业工程设计与主体工程设计同步进行,从而减少工程设计变更和重大设计调整。

专业咨询机构提前介入是指项目审图机构、造价咨询机构、工程监理机构提及介入,全过程参与工程设计、审查工作,确保工程设计符合项目建设目标。

2. 工程施工质量控制

工程施工方面,将充分结合项目特点,全面打造以“建设精品工程”为核心的质量战略,全面开展并践行建设单位优质建造体系,确保项目质量一次验收合格,并力争获得“鲁班奖”等优质工程奖。

(1)通过合理的合同包划分和实施良好的招标择优方案,选择适用于项目建设的优秀承建单位和项目建设队伍,以确保有效建立和有效实施、执行项目质量管理体系。

(2)通过“宣传与培训”“竞争与激励”两个手段,采取“质量大检查”“质量大比武”“质量创标杆”三大行动,依托“管理标准化”“技术标准化”“建质量平台”“打造专业团队”四个支点,严格实施工程“法人制”“监理制”,确保工程质量可控、优质。

四、招标策划

选择合适的项目承建单位是确保项目建设目标的重要方式,本项目招标策划将从项目发包及发包择优两个方面进行。

1. 招标策划基本原则

(1)以总进度为基准的招标进度策划。

(2)以最大化引入竞争的合同包划分策划。

(3)选择最适合的承包商的招标择优方案。

2. 项目合同包划分基本原则

(1)条件允许的情况下,将土石方工程、桩基工程、基坑支护工程、基础工程、主体工程、外装工程、机电安装工程等工程一并进行发包,纳入施工总承包管理范畴。

(2)将项目室内装修、医疗专业工程等专业工程纳入总承包管理范围。

(3)电梯工程、空调系统、电缆等战略采购内容按建设单位战略采购方式进行。

3. 择优方案

(1)施工总承包单位择优

①企业综合能力:重点考察总承包单位的资质、信用、履约能力、业绩、项目负责人及技术负责人业绩等。

②项目管理团队能力考核:由项目负责人及技术负责人进行答辩,考察项目管理团队能力。

③先进建造体系应用评审:通过工程 BIM 施工模拟(主要包括场地布局模拟、交通组织模拟、施工建造进度模拟等),评判施工单位资源投入、工程管理能力。

④优选原则:关注入选单位的同类型业绩(800 床及以上)、获奖业绩(鲁班奖、国家优质工程)及是否是履约评价优良的施工企业团队(医疗项目方面)。

(2)装修工程择优

①企业综合能力:重点考察装修单位的资质、信用、履约能力、业绩、项目负责人及技术负责人业绩等。

②项目管理团队能力考核:由项目负责人及技术负责人进行答辩,考察项目管理团队能力。

③先进建造体系应用评审:通过工程 BIM 施工模拟(主要包括场地布局模拟、交通组织模拟、施工建造进度模拟等),评判施工单位资源投入、工程管理能力。

④装修工程设计能力:对指定楼层或单项工程装修进行设计优化,考核施工单位工程优化设计、深化设计能力。

⑤优选原则:关注入选单位的同类型业绩(装修工程 EPC 业绩、500 床以上综合医院业绩)、获奖业绩(鲁班奖、国家优质工程)及是否是履约评价优良的施

工企业团队(医疗项目)。

(3)专业工程单位择优

①标准化招标:采用标准化、集中采购模式招标。

②企业综合能力:重点考察专业工程单位的资质、信用、履约能力、业绩、项目负责人及技术负责人业绩等。

③项目管理团队能力考核:项目负责人及技术负责人答辩、优秀管理团队择优。

④定标方式:综合优选,一次性票决,选择综合得分较高的单位。

五、施工策划

1.场地难点及前期场地准备策划

(1)项目的用地红线与基坑边线间距狭小,周边可利用施工场地少,施工平面布置困难。

(2)场地北侧为肿瘤一期改扩建工程,南侧为质子肿瘤治疗中心工程,且东西两侧也均为已建工程。

(3)基坑及土石方施工从项目西侧交警临时存放扣押车场西面修建临时路进入场地。主体总包施工道路用现改扩建一期施工道路,后勤综合楼施工道路优先选择医院现行政楼西侧道路。

(4)拟申请施工用地:改扩建工程二期和质子肿瘤治疗中心同时申请。

2.6S管理

项目建设,离不开建设工程项目管理,对于工程项目施工企业来说,施工现场管理是项目施工管理的基础。目前,国内施工企业往往忽视对施工现场安全文明施工的管理,为了提高施工项目现场管理水平,必须注重项目施工的现场管理,制定切实可行的管理办法。6S现场管理法正逐渐被应用到建设项目现场管理领域,具有很强的实践价值。

(1)6S管理的主要内容

①整理(SEIRI)。将工作场所的任何物品区分为有必要的和没有必要的,将有必要的留下,其他的都清除掉。目的:腾出空间,空间活用,防止误用,塑造

清爽的工作场所。

②整顿(SEITON)。把留下来的必要物品依规定位置摆放,并放置整齐加以标识。目的:工作场所一目了然,减少寻找物品的时间,清理积压物品。

③清扫(SEISO)。将工作场所内看得见与看不见的地方清扫干净,保持工作场所干净、亮丽。目的:清洁环境,减少工业伤害。

④清洁(SEIKETSU)。将整理、整顿、清扫进行到底,并且制度化,保持美观的环境状态。目的:创造明朗现场,维持前3个S成果。

⑤素养(SHITSUKE)。使员工养成良好的习惯,并遵守规则做事,培养积极主动的精神(也称习惯)。目的:培养具有良好习惯、遵守规则的员工,营造团队精神。

⑥安全(SECURITY)。重视员工的安全教育,使其每时每刻都有安全第一的观念,防患于未然。

(2)建筑施工企业引进6S管理的具体实施措施

①提高员工职业素养。

②加强施工现场设备管理。

③加强施工现场材料管理。

④树立安全施工意识。

⑤绿色低碳施工。

3.6σ管理

6σ是一种标准,已成功地运用于很多国外企业,用来提高企业的生产水平和业务流程质量,近年来也多用于工程项目管理。6σ是一种来识别和消除业务流程缺陷的方法,目标是99.99%无缺陷。6σ流程管理的路线一共包括五步:定义,测量,分析,改进,控制。

(1)流程定义。这意味着选择一个业务项目,确定成功的指标。在一开始就确定一个或多个业务问题之前,你的业务流程文件执行过程可能会受影响。当你选择6σ路线,你需要从业务角度分析和解决问题。这就要求你专注于过程并改善过程。

(2)流程测量。即业务流程文件的当前状态是否良好。测量应该用什么方法,应如何处理记录的过程,业务流程涉及谁,相关的问题清单是什么?流程意味着不同的事情和不同方法,但它包含一个方法和流程文件的当前状态。这包括目前的状态以流程文件的相关活动,信息的输入和输出,角色和技术应用,当然还包括确定当前的问题并以清单的方式整理出来。所有这些投入都要建立一个基本的路线,确定和改进业务流程。

(3)流程分析。确定业务流程执行过程出现偏差的根本原因。当前状态是创建一个基线,重点是现状改善分析。因果分析是一个实用的6σ流程管理方法,也包括对现状的分析,从客户、市场、技术、管理、标杆入手调整组织方向。

(4)流程改进。改进的结果表现为一个新的未来状态。这里的假设是,最初的流程会增加执行过程所需的时间、精力。因此,需要重新设计当前状态的执行过程或创造新的未来状态过程来完全取代目前状态的执行过程。此外,你必须确保你能成功实施新工艺。

(5)流程控制。目标是尽量减少偏离预期的行为和结果。在这一阶段,要收集和分析度量数据,确保统一,这一过程不仅要减少工艺偏差,还要确保执行过程能促进组织发展和注重客户价值。

4. 风险管理

要从风险管理四个要点、风险管控四个环节及建立风险管理工作机制入手,确实做好工程项目的风险管理工作。

(1)风险管理四个要点

①树立风险理念。

②增强风险意识。

③提高风险辨识。

④加强风险管控。

(2)风险管控四个环节

①找出风险。

②分析原因。

③找准防范措施。

④推动防范措施落地。

(3)风险管理四项工作机制

①风险防范责任机制。

②风险分析研判机制。

③决策风险评估机制。

④风险防控协调机制。

5.安全生产管理

(1)安全生产管理六个到位

①策划到位。

②部署到位。

③培训到位。

④自查自改到位。

⑤抽查到位。

⑥服务到位。

(2)安全生产三个必须

①管行业必须管安全。

②管业务必须管安全。

③管生产经营必须管安全。

(3)“七个立即”工作要求

①立即对事故企业主要负责人约谈通报。

②立即启动“一盘棋”应急响应机制。

③立即实施安全风险预判预警机制。

④立即开展安全生产专项监管执法检查。

⑤立即开展典型生产安全事故警示教育。

⑥立即对事故企业主要负责人进行培训。

⑦立即开展重点行业领域安全专项整治。

(4)四个能力

①坚持使命引领,聚焦质量安全管理目标,增强质量安全管理内在动力。

②坚持风险导向,聚焦质量安全突出问题,提升各方履职尽责的管理能力。

③坚持精细化管理,强化奖优罚劣,加强履约考核的引领力和约束力。

④坚持党建引领,加强组织协调,为做好质量安全管理凝心聚力。

(5)六条措施

①建立完善安全生产责任制,推动参建单位落实主体责任。

②健全标准,完善监督体系,强化制度建设。

③构建宣传教育平台,引导参建单位加强安全培训。

④引导参建单位全面、系统、有序推进项目建设。

⑤加强科技创新,为安全风险防范提供技术支撑。

⑥开展安全生产各项整治行动,遏制各类安全生产事故发生。

(6)现场质量安全六大机制

①落实每天岗前培训教育机制。落实全员安全教育;项目管理人员下到班组带班,和工人一起参加培训,每周不少于一次;教育采用岗位安全分析识别方式,增强员工参与;建立台账,进行数字化管理。

②落实每两周一次的项目风险隐患排查机制。由项目管理人员带队;项目经理和总监至少每两周一次,项目主任每月一次。

③落实项目定期学习制度。组织全体员工于每月22日进行半天学习,学习质量安全知识、训练技能、增强意识;项目管理人员每两周进行一次专题研讨学习。

④建立施工组织设计和技术制度的具体化、可视化、可操作落实机制。

⑤各参建单位要将制度的落实情况纳入奖惩。

⑥安全管理和责任制度落实的把脉问诊服务机制。建设单位组织各直属单位邀请安全咨询机构,对项目涉及的参建单位就自主管理机制和压实主体责任进行咨询把脉问诊,提供咨询意见而非简单地发现隐患问题。

6. 灾害性天气的预防管理

(1)目的

为了加强和规范工程项目重大气象灾害应急工作,提高应对重大气象灾害的能力,最大限度地减轻或避免重大气象灾害造成的人员伤亡、财产损失及工程项目的工期延误。

(2)重点做好灾害性天气四项措施

①编制预防措施清单。

②编制预警清单。

③编制应急响应措施清单。

④编制复工检查要点清单。

(3)组织各参建单位编制防汛演练方案,并按照演练方案定期进行演练

7. 常态化疫情防控

(1)疫情防控的“六化要求”

①人员返岗分期分批有序化。

②施工现场封闭式管理网格化。

③疫情防控措施清单化。

④应急预案和响应流程化。

⑤员工关爱人文化。

⑥安全生产同步化。

(2)疫情防控的“三区两控”

重点做好工地宿舍、办公场所和施工场地等区域的疫情防控工作,重点做好人员规模和人员活动轨迹的控制。

(3)党建引领,推动常态化疫情防控

进一步发挥广大党员的先锋模范作用,带头推动常态化疫情防控措施落到实处,不断提高常态化疫情防控执行能力,健全“令行禁止、有呼必应”的党建引领常态化疫情防控新格局。

组织广大党员对疫情防控重点再加固、对疫情防控要求再落实,确保疫情不出现反弹;落实体温检测、健康码查验、登记管理等日常管理措施,实现工程建设项目疫情防控和日常管理的有机结合;健全及时发现、快速处置、精准管控、有效救治的常态化防控机制,力求做到“早、快、准”,确保疫情发现一起、扑灭一起。

六、技术策划

践行建设单位 2020 年先进建造体系要求,紧紧围绕建设单位现有管理平台

和技术平台,全面实施“优质、快速、绿色、智慧”建设。

1. 利用大数据、云技术

充分利用大数据、云技术进行项目投资、周期等分析,提高项目预控管理能力,主要包括以下几个方面:

(1)充分利用建设单位医院建设周期指南进行项目建设周期分析。

(2)应用一标项目集“项目建设标准”课题研究成果,进行项目投资估算评价。

(3)应用医院建设交通组织规划课题研究成果,进行项目建设期间交通分析。

(4)应用医院改扩建管理课题研究成果,实施项目建设管理。

(5)利用广东省或国家统计局发布的相关市场价格指数,用于预测项目投资概算和预算编制、分析。

(6)利用多项目类似工程安全/质量事故、隐患、通病数据,进行项目质量/安全风险分析。

(7)利用云存储技术进行项目建设信息存储调用等。

2. 快速建造方面

(1)采取先进施工措施,加快项目建设。如在基坑施工过程中采用大模板、塔楼施工采用自动爬架、工程标准层采用铝膜等。

(2)积极推行和尝试构配件工业化生产,如钢筋箍筋尝试在工厂加工、尝试采用成品生化池、采用装配式楼梯等。

(3)全面推行装配式建筑,如住院楼标准层病房及楼道采用装配式隔墙、装配式外墙等。

(4)合理组织穿插施工,包括改新建穿插、施工穿插、迁改穿插等。

3. 优质建造方面

先进施工措施及装配式建筑,不仅适用于项目快速建造,同时也将大大提高项目工程质量。除上述提及的措施和方法外,项目还推行使用清水混凝土等措施提高项目质量。

4. 绿色建造方面

(1)绿色建筑设计

在绿色建筑设计方面,项目将按绿色建筑 2 星标准进行设计,积极推行海绵城市，全面落实节能、减排设计，包括但不限于：

①绿化、景观、洗车池等处采用非传统水源。

②用水系统：卫生间采用自动感应式水龙头。

③照明系统：利用光敏感器自动调节室内灯光照明、使用节能灯等。

④热水系统：使用太阳能热水系统等。

(2)绿色施工

①严格按《广东省建设工程施工扬尘污染防治管理办法(试行)》(粤办函〔2017〕708 号)要求，开展"七个百分百"行动，实现"7 个 100%"的目标，即所有建设工程工地 100% 落实：施工围挡及外架 100% 全封闭、出入口及车行道 100% 硬底化、出入口 100% 安装冲洗设施、易起尘作业面 100% 湿法施工、裸露土及易起尘物料 100% 覆盖、出入口 100% 安装 TSP 在线监测设备。

②采用可反复利用材料或通过废物利用等方式达到节约项目用材料的目的。

③采用先进的施工措施，实现工程节能目的。

5. 智慧建造方面

项目智慧建造包括智能建筑设计及智慧建设两个方面。

(1)智能建筑设计方面

项目智能建筑设计包括常规的楼宇自动化系统、环境自动监测系统、通信系统、综合布线等常规智能建筑部分，还包括医院特有的医用自动物流系统、医院自动系统、医疗导航系统等。

(2)智慧建设方面

①紧紧围绕建设单位工程管理信息平台(包括 OA 平台、BIM 平台、资料管理平台)，实施项目建设信息管理。

②基于 BIM + GIS + 视频技术应用的数字化建造，进一步挖掘 BIM 技术在项目的应用，包括辅助工程设计、辅助工程招标、辅助编制工程竣工图及工程结算、采用无人机 + BIM 系统进行土石方计算、优化模板预排版，优化支撑、螺杆布设及模板排布，保障主体结构实测实量及观感尽可能达到最佳效果等。

③基于监控与互联网技术的智慧工地管理，确保工程施工全过程安全、环保

等方面有效控制,全面实现智慧工地3.0建设。

第五节　项目咨询总结

一、设计管理方面

1. 高效的协调沟通制度

建立高效的协调沟通机制。本项目在建设的各阶段,通过设计例会、工程例会、专题会议、函件、电子邮件等方式进行沟通,项目参建各方及时、充分地了解使用方的需求和建设方的要求,并及时作出反馈。使用方和建设方也能够及时知悉项目进行过程中出现的各种问题,并针对相关问题及时进行处理,确保项目快速推进。

2. 充分利用外部资源

在项目建设的各阶段,通过组织召开专家评审会、专家咨询会等方式,充分利用外部专家资源,为本项目的技术经济方案比选、工程设计优化等提供权威意见,并将相关意见提交使用方和建设方,供其进行决策参考。

3. 严格设计成果审核

(1)本项目各阶段的设计成果均需送强审单位审查,强审通过后的设计文件方可作为最终成果。

(2)全过程咨询单位为本项目各个专业均配备了素质、能力优秀的专业工程师,对本项目各阶段设计成果(包括设计变更)进行全过程审核,减少设计偏差,提高设计质量。

(3)建设单位各专业均配备有专业工程师,各专业工程师对本项目各阶段设计成果均进行严格审核。

(4)本项目各阶段设计成果均提供给项目使用方,并由其进行功能需求确认,必要时,本项目使用方组织专家评审会,对设计成果进行审查,确保设计成果满足其使用要求。

4. 及时确认设计成果

在设计全阶段(方案、初设、施工图、室内装饰、机电等专业工程设计)充分与项目使用单位沟通,及时确认使用方的需求。在此基础上,协助项目建设单位进行决策,并将决策结果反映在设计成果文件中。设计成果完成后,及时协调项目使用单位对各阶段的设计成果进行确认,避免不必要的反复。

5. 设计优化成果

(1)第二住院楼桩基础施工图优化

第二住院楼桩基础工程随本项目配套工程一起发包,2019 年 12 月的招标版施工图中,第二住院楼桩基数量为 546 根,后期因为多方原因,桩基施工图进行了多次调整,截至 2020 年 11 月,第二住院楼桩基数量稳定在 533 根。考虑到改扩建工程(二期)投资及工期紧张,项目组要求全过程工程咨询项目部组织设计单位对第二住院楼桩基础施工图进行优化。

接项目组要求后,全过程工程咨询项目部立即组织设计单位和专家开展第二住院楼桩基础施工图的设计优化工作,工作自 2020 年 11 月开始,至 2021 年 1 月完成,历时近 3 个月。2021 年 1 月第二住院楼桩基础施工图设计优化最终完成,并通过专家评审。第二住院楼桩基础施工图优化设计工作,最终将第二住院楼工程桩数量由开始的 533 根优化至 363 根,优化工程桩 170 根,节省工程费用约 2000 万元,缩短工期近 2 个月。

(2)后勤综合楼基础形式设计优化

2020 年 4 月,项目部组织召开了"后勤综合楼桩基础专家评审会",会上设计单位汇报的方案为常规的桩基础方案,评审专家提出后勤综合楼采用天然基础方案的建议。会后,全过程工程咨询项目部对评审专家意见高度重视,项目总负责人亲自指挥,组织设计单位和专家对后勤楼采用天然基础的方案进行论证比选。经过与设计单位的多轮沟通和论证,最终确定了后期综合楼基础方案:采用天然地基上的平板式筏形基础,并辅助以部分抗拔管桩(PHC)和 CFG 桩。

后勤综合楼基础形式由桩基础方案优化为天然基础方案,节省工程费用约 1500 万元,节省施工工期约 3 个月。

(3)第二住院楼详细勘察地震加速度取值调整

2019 年 12 月,项目部收到勘察单位提交的《广东省某肿瘤医院改扩建工程(二期)项目详细勘察》。

详勘报告中,根据土层剪切波速测试和本次勘察结果,场地等效剪切波速为250m/s≥Vse＞150m/s,覆盖层厚度为3.0～50.0m或者＞50.0m,依据《建筑抗震设计规范》(GB 50011—2010),本场地建筑场地类别为Ⅱ类和Ⅲ类,Ⅱ类对应场地特征周期为0.35s;Ⅲ类对应场地特征周期为0.45s;根据《中国地震动参数区划图》(GB 18306—2015),Ⅱ类场地基本地震动峰值加速度为0.10g,Ⅲ类场地基本地震动峰值加速度为0.125g。设计单位根据详勘报告,第二住院楼按照Ⅲ类场地、地层动峰值加速度为0.125g进行结构设计。

全过程工程咨询项目部多次咨询广东本地专家,认为从技术角度判断,本项目第二住院楼地震加速度值按0.10g进行设计是可行的。经多次沟通详勘单位,协调详勘单位重新出具第二住院楼详勘报告,将原场地基本地震动峰值加速度0.125g调整为0.10g。设计单位按照最新出具的详勘报告调整了结构设计。

第二住院楼场地基本地震动峰值加速度0.125g调整为0.10g,节省工程费用约500万元。

二、报批报建方面

(1)梳理项目和场地周边资料,分析需要进行报批报建的子项目。

(2)结合项目设计进度,制定报批报建计划表,制定报批报建各子项的任务分解表和材料清单表。

(3)提前收集各报建所需要的申报材料清单,并提前要求各参建单位按进度计划配合提供相关资料。

(4)每周复核报建计划执行情况,对存在困难暂时无法推进的,应提前进行预警,并与各参建单位讨论解决办法。对滞后的报建计划,应提前进行预警,查找原因,并提出解决办法。

(5)协助建设单位和使用单位提前与各审批部门沟通,并准备相关资料。

(6)取得各阶段相关批复成果,为设计和施工提供条件。

三、招标采购方面

(1)确定招标采购方式及标段划分。进场后,根据医院项目实际情况,遵循标段划分的基本原则并充分考虑各因素对项目标段划分的影响程度,对本项目进行标段划分,达到合理划分工程标段的目的。

根据项目实际情况及相关法律法规规定,合理确定本项目招标方式。从整个项目群的建设时序、功能定位、位置关系等方面,对项目招标进度进行统筹管理,协调推进。

(2)实行招标集中化管理,加强招标集中管理,提高招标工作的质量及效率,从而减少项目组各专业工程师日常招标管理工作,降低人力资源投入。

(3)招标是工程建设容易出现贪污腐败的高风险区域,全过程工程咨询单位的介入,通过采用集中化管理,并与项目组、院方等相关参建单位形成相互监督的关系,在一定程度上减少了此类风险的发生。

四、造价管理方面

(1)造价管理工作以投资控制为核心,以投资金额不超发改委批复的概算金额为目标,制定投资管理制度,编制初步设计概算、施工图招标、施工过程、竣工结算等各阶段造价管理工作计划,完善作业流程。确保造价管理工作按计划有效有序开展。

(2)初步设计阶段:负责初步设计方案概算审核,配合建设单位工程设计管理中心完成概算申报工作。配合发改委、评审中心完成概算评审工作。概算批复后组织全过程造价咨询单位,根据施工招标计划对批复情况进行分析,将批复金额进行合理分解,以达到控制投资目的。

(3)施工图招标阶段:配合设计部门对施工图纸设计进度进行管理,配合招标管理部门编制招标文件,编制招标文件中投标报价等造价相关条款。审核并确认全过程造价咨询单位编制的工程量清单、标底、控制价的准确性,对超概算投资金额的分项工程逐项分析原因,提出限额目标。

(4)施工过程阶段:配合建设单位工程管理中心编制年度、月度投资计划,审批工程进度款支付,负责对项目投资进行动态控制,按规定时间提交投资控制报告/报表;审核工程变更、签证费用,建立分管项目的合同、支付、变更、预结算等各种台帐建设管理制度,建立各合同分项投资管理制度,实行超额预警。

(5)结算阶段:根据建设单位相关管理规定,以合同为对象,及时办理结算。

五、工程监理方面

(1)在肿瘤医院二期监理过程中,工程质量控制是整个监理工作的核心。质量控制与造价控制、进度控制既相互促进又相互制约,监理工作的目标就是协调处理好质量、进度、工程投资三个互相制约的目标。控制内容以施工合同、国家现行的施工验收规范、工程质量验评标准、设计文件等为依据,督促承包单位全面实现工程项目合同约定的质量目标。重点做好质量的事前控制和事中控制,严格对工作质量、工序质量和中间产品质量的检查。对工程项目的人、机、料、法、环等因素进行全面的质量控制,监督承包单位的质量保证体系落实到位。

(2)通过“项管+监理”模式,监理工作前移,监理部人员工作思路及工作范围扩大,有效提高了工程建设决策效率,为项目快速推动创造了有利保证;同时,根据前期工程质量、安全策划及过程检查落实,有效提升了现场生产管理水平,取得较好的业绩,在建设单位质量安全检查中成绩优秀,获得建设单位的书面表扬。

(3)本项目为改扩建工程,管线迁改(雨水、污水、废水)、原有液氧站、污水处理站、垃圾房迁改为本工程的关键工序,如何保证本工程的顺利实施,迁改工作是起着关键作用的。项目部重点对迁改工程进行排序、协调院方,合理安排迁改顺序,为整个肿瘤医院二期工程建设扫清障碍。

第六章

重庆市巴南区某河道综合整治项目PPP管理咨询

第一节　项目概况

重庆市巴南区某河道为长江的一级支流，发源于巴南区南彭街道花土湾。由东南流向西北，经南彭街道、界石镇、南泉街道、龙洲湾街道、花溪街道、李家沱街道等，于李家沱街道马王坪处注入长江。河道流经巴南区主要工业区、居民区和大中专院校等。

重庆市巴南区某河道全流域面积268平方千米，河道总长66千米，自上而下主要有冷水沟、甘家湾支流、八仙桥支流、尹氏祠支流、小泉支流等21条支流，平均坡降3.40‰。长期以来，流域内旱季生活污水、工业废水直排，雨季城市径流污染、溢流污染、垃圾堆积、农业面源污染、水土流失等导致河内水质反复波动，存在部分黑臭反弹现象，群众反映强烈，亟须实施水环境综合整治。

重庆市巴南区某河道综合整治范围为河道全流域，主要包含管网工程、厂站工程、水环境配套工程、智慧水务工程、调水隧道（暂缓实施）5个方面工作内容

（见图 6 – 1）。

图 6 – 1　项目效果图

第二节　服务内容

重庆市巴南区某河道综合整治项目的 PPP 管理咨询单位负责为本项目提供设计控制、PPP 管理咨询、项目统筹管理服务，主要包括以下服务内容：

（1）负责施工全过程至项目竣工验收的设计咨询工作，并提出设计咨询意见。

（2）对建设单位在项目深化设计过程中的设计文件进行审查审核，对设计中出现的超规模设计、超标准设计以及未按照标准设计等情况提出修改意见。

（3）协助对勘察设计的管理，确保设计的科学性和合理性。

（4）协助建设单位办理各项手续。

（5）负责编制本项目管理体系文件（包括但不限于制度、流程等）。

（6）适时对项目全过程施工质量、安全、进度、造价进行监督和检查，检查发现相关问题，要求监理单位及时督促整改。

（7）协调处理投融资、绩效考核、风险、PPP 相关合同、法律等方面事务，督促责任主体履行相关主体责任。

(8)负责制定对跟踪审计单位及监理单位的考核体系并负责考核。

(9)负责对建设单位进行项目建设期绩效考核。

(10)完成指挥部办公室交办的任务。

第三节 项目组织

一、项目管理组织架构

项目管理组织架构如PPP运作关系图(见图6－2)、项目管理层级图(见图6－3)、PPP管理咨询组织架构图(见图6－4)所示。

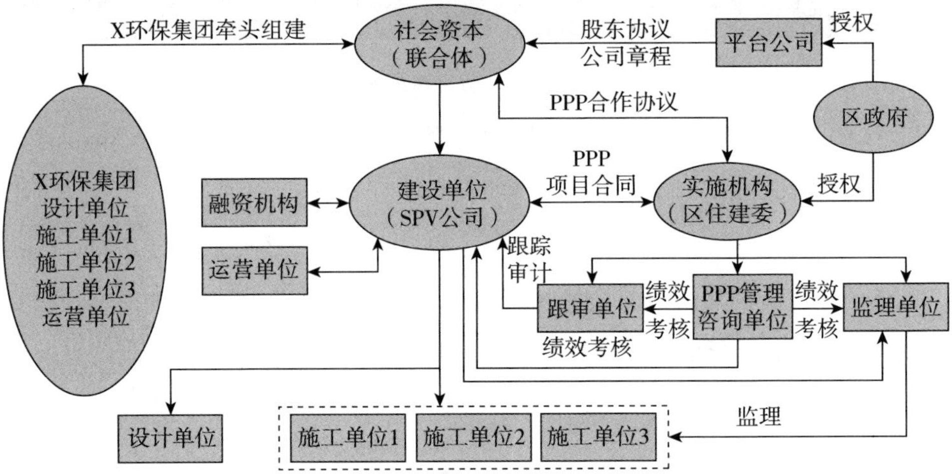

图6－2 PPP运作关系

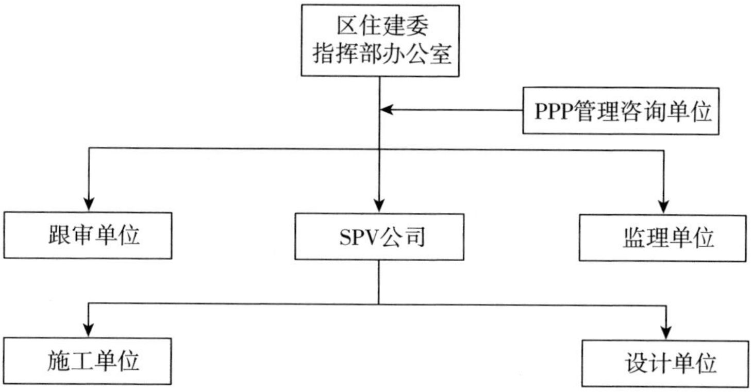

图 6－3　项目管理层级

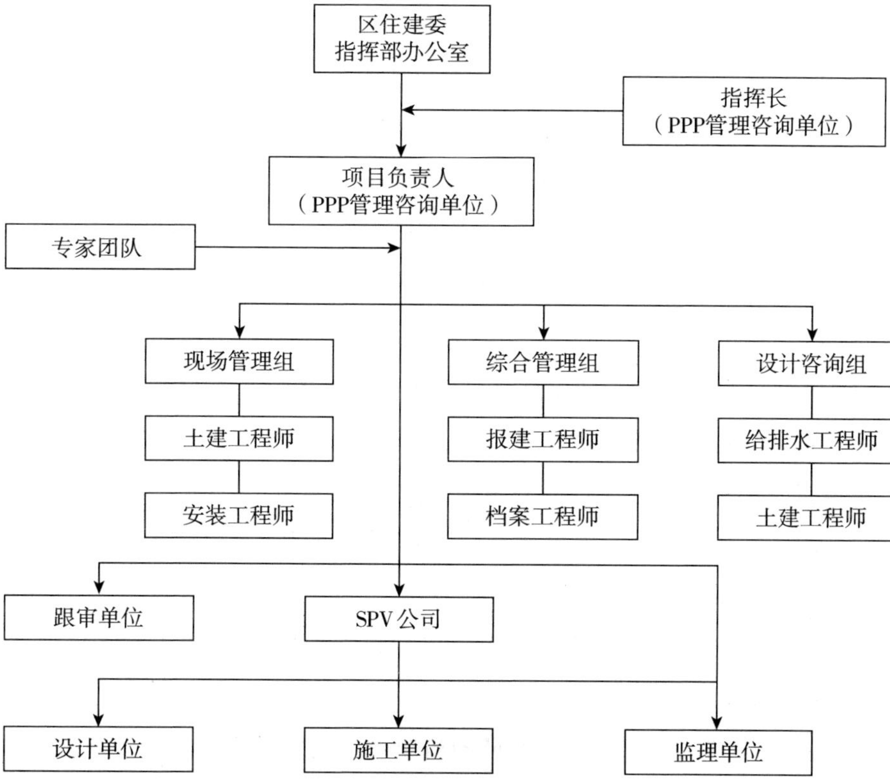

图 6－4　PPP 管理咨询组织架构

二、各单位职能职责

1. 区住建委工作职责

(1)负责督促平台公司注册资本及项目资本金的出资事宜。

(2)负责协调与相关行政主管部门的关系,在符合规定的条件下,协助建设单位(SPV 公司)申请或办理进行项目设计、建设、运营、维护及管理所必需的批文,因项目土地使用权权利人为政府指定单位,如果手续需由土地使用权权利人负责办理,则相关手续由区住建委负责办理,SPV 公司予以协助。

(3)负责协调本项目的征地拆迁工作,并按照工程进度计划向 SPV 公司提供项目建设用地,涉及的城镇土地使用税或者房产税等税费问题,由政府方负责解决。

(4)督促与本项目相关的单位及时提供建设所需的相关资料。

(5)负责确保项目纳入财政部 PPP 综合信息平台项目管理库以及国家发改委全国投资项目在线审批监管平台。

(6)在合法合规的前提下,为 SPV 公司的融资提供相应支持和帮助。

(7)负责将本项目的政府可行性缺口补助纳入区本级中期财政规划和年度财政预算。

(8)负责协助 SPV 公司确定污泥及淤泥处置场地。

2. 指挥部办公室工作职责

指挥部办公室是指挥部日常工作协调机构,具体职责为:

(1)负责指挥部日常工作,统筹各专项工作组,牵头项目统筹推进、综合协调和监督管理,定期或不定期向指挥部汇报工作进展情况。

(2)牵头制订重庆市巴南区某河道综合整治项目总体建设计划及年度计划,并监督实施。

(3)牵头推进项目建设,统筹协调项目建设过程中的方案设计优化、变更及矛盾协调。

(4)受区住建委委托对 PPP 管理咨询单位、跟踪审计单位、监理单位进行管理,制定各单位监管考核体系。

(5)统筹项目实施过程中与社会投资人签订的协议、合同的执行和落实情况。

(6)牵头细化 SPV 公司建设期考核体系并组织建设期绩效考核工作。

(7)负责协调相关行业主管部门,推进手续办理工作。

3. SPV 公司工作职责

SPV 公司作为重庆市巴南区某河道综合整治 PPP 项目法人,负责本项目的实际实施,包括但不限于投融资、勘察、设计、建设、运营、维护、移交等工作,具体职责为:

(1)负责本项目融资工作。

(2)负责支付前期有关单位垫付的本项目前期工作经费。

(3)负责按照国家、重庆市及巴南区有关规定办理规划、设计、施工等项目建设手续和行政许可手续,并承担相应费用和风险。负责前期已办理项目审批手续的变更,并办理后续各项审批手续。

(4)负责依法选择具有相应资质的勘察、设计单位对本项目进行勘察、设计等工作。负责本项目勘察设计管理工作。

(5)负责购买建设期保险,并承担费用。

(6)负责组织项目实施,做好项目投资、进度和质量控制,做好合同管理、信息管理和安全管理,做好与相关部门和单位的沟通协调,并承担相应的费用和风险。

(7)采取措施,督促和确保施工承包单位、供应商履行建设义务。

(8)负责组织本项目总体计划及施工进度计划的编制,以及施工技术方案的审批和监督实施。

(9)负责对重庆市巴南区某河道流域突发性环境问题(包括但不限于污水溢流、管网破损等情况)采取临时性工程解决措施。

(10)负责规范项目用工管理,按照相关规定和合同约定发放并监督结清农民工工资,防止非法用工及拖欠农民工工资等恶性事件的发生。

(11)负责依据合同办理结算并支付工程款。负责本项目跟踪审计单位、PPP 管理咨询单位、监理单位三方协议的款项支付。

(12)负责组织本项目现场交竣工验收及工程实体、竣工资料移交工作。

(13)在合作期内,定期或经常性地对项目运行状况进行检测、检查和维护,使项目及其附属设施持续处于良好状态,并承担相应的费用和风险。

(14)按区住建委要求的时间和方式结合实际征地拆迁进度支付本项目征地拆迁费用至指定账户。

4. PPP 管理咨询单位工作职责

PPP 管理咨询单位负责为本项目提供设计控制、PPP 管理咨询、项目统筹管理服务,履行以下职责:

(1)负责施工全过程至项目竣工验收的设计咨询工作,并提出设计咨询意见。

(2)对 SPV 公司在项目深化设计过程中的设计文件进行审查审核,对设计中出现的超规模设计、超标准设计以及未按照标准设计等情况提出修改意见。

(3)协助对勘察设计的管理,确保设计的科学性和合理性。

(4)协助 SPV 公司办理各项手续。

(5)负责编制本项目管理体系文件(包括但不限于制度、流程等)。

(6)适时对项目全过程施工质量、安全、进度、造价进行监督和检查,检查发现相关问题,要求监理单位及时督促整改。

(7)协调处理投融资、绩效考核、风险、PPP 相关合同、法律等方面事务,督促责任主体履行相关主体责任。

(8)负责制定对跟踪审计单位及监理单位的考核体系并负责考核。

(9)负责对 SPV 公司进行项目建设期绩效考核。

(10)完成指挥部办公室交办的任务等。

5. 监理单位工作职责

本项目监理委托人 A 为区住建委,委托人 B 为 SPV 公司,监理单位需同时对委托人 A、委托人 B 负责,监理服务内容包括对整个工程的"四控制、两管理、一协调",即投资控制、进度控制、质量控制、安全控制、合同管理、信息管理和现场组织协调,监理单位的职责包括但不限于:

(1)参与材料、设备的选型、询价、价格谈判及采购。

(2)负责审定承包单位提交的开工报告;审查承包商各项施工准备工作,经委托人 B 批准确认后,负责向承包人下达开工令。

(3)督促承包单位施工管理制度和质量保证体系的建立、健全与实施。

(4)审核承包单位提交的施工组织设计、施工技术方案、施工质量保证措施、安全文明施工措施,并提出审核意见,经委托人 B 最终确认后执行。

(5)协助委托人 B 组织设计交底和图纸会审,审查设计变更。设计变更经设计单位审核、委托人批准。重大设计变更报委托人和主管部门批复后,由总监理工程师发出施工工程变更令。

(6)编制进度目标控制计划,审查承包单位编制的网络进度计划。

(7)编制投资目标控制计划,审核承包单位的已完工程量及月进度报表,审核新增项目、变更项目的预算报告,审核工程竣工结算。

(8)编制质量目标控制计划,对工程的重要部位督促承包人实施预控措施,对工程实施全过程进行监督、检查和旁站工作。

(9)检查施工现场原材料、构配件的采购、入库、保管、领用等管理制度及其执行情况;审查工程使用的原材料、半成品、成品、构配件和设备的质量,必要时进行测试和监控。

(10)监督施工单位严格按国家有关技术规范、标准和设计文件施工。

(11)与委托人 A 和委托人 B 现场代表共同对隐蔽工程进行复验签证,主持工程质量事故的分析及处理。

(12)督促承包单位按合同规定及要求整理施工技术档案资料;认真审核竣工图纸和其他技术文件资料;实施对工程信息的管理。

(13)协调各参建单位之间的关系,对各参建单位进行监督和管理。

(14)主持施工过程中的各项分部分项工程验收,包括工程初验,参与工程竣工验收。

(15)工程完工交验合格后,依次经委托人 B、委托人 A 批准,向承包人签发交工验收证书和工程缺陷责任终止证书。

(16)审核承包人的最终付款申请,依次经委托人 B、委托人 A 批准后,向承包人发出最终支付证书。

(17)负责缺陷责任期内对委托人A和委托人B提出的工程质量缺陷进行检查和记录,对承包商修复的工程质量进行验收。

6.跟踪审计单位工作职责

跟踪审计单位通过实施全过程造价控制,尽可能使本工程以最经济最合理的施工方案进行实施,确保结算造价的合理性,实现工程技术与工程造价的统一,达到工程造价全过程控制的最优结果,履行如下职责:

(1)在SPV公司编制完概算文件后、报行政审批前,按要求完成项目概算的审核。

(2)按要求完成本项目招标所涉及的工程类、货物类、服务类工程量清单及其最高限价的审核。

(3)收集、整理与分析工程建设所涉及的各类大宗材料(设备)的品质、价格信息与价格变动趋势,为后续材料(设备)的核质核价工作提供专业化的咨询服务。提供本项目工程变更、签证、未定价材料(设备)的市场价格信息;根据招标人的要求,参与招标人组织的实地考察,考察材料(设备)的生产制造情况等。

(4)派人常驻施工现场进行必要的监管,对施工过程中隐蔽工程收方及签证单进行确认,工程变更审核,工程变更、技术方案经济性比较,材料核价,现场进度审核并建议相应台账等。

(5)办理工程结算,出具结算审核报告;提供编制审核依据及对工程造价进行全过程控制的工作总结和有关工程造价的相关信息;根据结算审核报告分析工程经济指标,进行后评估分析。

(6)配合招标人完成相关项目决算、后审计等工作,并对其提供的咨询结果承担法律责任。

(7)定期向招标人报告工程造价的动态变化情况,并提交相应的造价过程控制的统计报表资料。

(8)结合本项目的建设特点与实际情况,提供有关造价控制和降低投资的合理化建议。

(9)如投标时承诺的拟派人员无法满足现场工程全过程跟踪审计的实际需要,特别是在抢工期间时段,必须按要求无条件增加全过程跟踪审计人员。

第四节　咨询方案

一、报批报建管理

(1)SPV 公司安排专人梳理各阶段报批报建工作内容,根据各子项工作进度计划制订报批报建工作计划。

(2)报批报建流程。

①与审批部门沟通,进行线下审核。

②准备报批报建所需资料,填写相关申请表格。

③网上申报。

(3)相关报建工作申报后,及时跟踪审批进程,根据审批要求与各审批单位做好相关解释工作及补充资料等。对于审批中出现的问题积极协调解决,遇到不能解决的问题应及时上报。

(4)根据审批时限要求,及时领取批文;如审批未按时限完成,应及时跟踪反馈。

(5)对于审批不予许可或退文等情况,积极协调后续处理工作。

二、项目用地管理

(1)项目开工前,SPV 公司根据项目建设总计划提交项目用地计划,用地计划应分阶段、分重点。

(2)红线范围内建设用地由区征地事务中心、各镇、街道按属地原则负责用地范围内土地征收、安置、补偿等。

(3)临时租用土地由 SPV 公司负责,并负责临时用地使用过程中出现的矛盾协调及临时用地恢复工作。

三、融资管理

(1)收集整理项目相关的政策及会议文件,收集相关的合同、框架协议及股东协议等。

(2)编制融资方案及融资计划,与相关金融机构或单位洽商,确定融资金额及利息,签订融资合同。

(3)编制并审批概算文件,编制融资计划表。

(4)按照融资计划按时推进融资,并及时向指挥部办公室报备。

四、设计管理

(1)设计单位提供的设计文件必须满足相关规范及本项目的相应功能要求。

(2)SPV 公司组织对重要专项工程采用的新技术、新材料、新工艺、新设备等应进行评审。

(3)设计文件经 PPP 管理咨询单位提出咨询意见,并经重庆市巴南区某河道综合整治项目指挥部办公室同意后按规定通过行政审批。

(4)SPV 公司在项目深化设计中,PPP 管理咨询单位对设计文件进行审查审核,提出修改意见经指挥部办公室同意后交由 SPV 公司。

(5)SPV 公司应督促设计单位按设计合同约定的日期及数量交付竣工图,PPP 管理咨询单位协助并督促对设计单位出图的管理。

(6)各阶段设计进度需满足报批报建及现场施工进度需求。设计单位进行设计交底,并组织监理、施工、设计、建设等相关单位进行图纸会审。

(7)设计现场配合工作应满足相关约定及现场施工需要,SPV 公司应对现场设计代表的履职情况进行检查,对于履职情况不佳的现场代表及时要求设计单位进行更换。

五、进度管理

(1)施工进度计划包括项目总进度计划、年度计划、月计划、周计划等。

(2)SPV 公司编制的项目建设总进度计划和年度计划经 PPP 管理咨询单位审核后报区住建委确认后执行。

(3)施工单位编制的施工进度计划经监理单位审核后,报 SPV 公司审批后执行。

(4)监理单位根据批准的施工进度计划编制施工进度目标控制计划,报SPV 公司审批后执行。SPV 公司、PPP 管理咨询单位对批准的施工进度目标控制计划执行情况进度监督检查、督促落实。

(5)项目总进度计划、主要工作计划编制完成后,应找出关键线路、关键工作,并设置关键控制点。

(6)为便于进度计划的执行和监督,应根据项目具体情况,将主要工作计划分解为年度计划、月计划、周计划。特殊赶工工程可有针对性地制订日计划。

六、质量管理

(1)质量保证体系的监督检查

SPV 公司对各参建单位的质量保证体系管理进行检查,分为开工前审查和施工阶段检查两部分。PPP 管理咨询单位检查 SPV 公司对参建单位检查情况以及监理单位质量管控情况。开工前质量保证体系审查内容包括各参建单位项目质量管理人员的配备情况、质量管理的各项制度制订情况。施工阶段的质量保证体系检查重点对人员在岗及履职情况、质量管理制度落实情况、技术交底、样板引路、质保资料等进行检查。

(2)施工方案的审查及执行监督检查

监理单位应对工程勘察设计文件和承包人提交的施工组织设计和施工方案进行认真审查,提出明确的审查意见,并按国家和行业有关施工质量验收规范、技术规范、技术标准和规程、《工程建设标准强制性条文》、工程施工图设计文件、施工合同及经审批的施工组织设计进行本工程质量的监督、控制和管理,确保本工程质量目标的实现;同时结合工程的具体情况,对工程质量目标进行风险分析,制定防范对策和控制重点,并在监理实施细则中编写工程质量控制方案或措施。

(3)材料设备的品牌报审及进场验收

施工单位采购的材料、设备,不论招标文件中是否有限定品牌要求,均应在进场前进行报审,经监理单位、SPV 公司批准后方可进场使用。其中合同签订时已确认品牌的材料设备,施工单位应在进场后 15 日内提供材料、设备供货计划报监理单位、SPV公司审批。

(4)样板管理

样板管理分为材料样板管理、施工工艺样板管理、样板段管理。样板段可综合考察施工工艺。SPV公司应督促施工单位对经各方确认的最终样板加强管理,防止丢失、损坏,便于项目验收和移交时比对。

(5)质量检查

监理单位对本工程质量严格监理,采取见证、旁站、巡视、平行检验等监理手段对实体每个部位和每道工序的质量进行严格检查和控制,并及时指出、纠正及处理影响本工程质量的各种问题和因素。PPP管理咨询单位通过采用日常巡查和定期检查相结合的方式,检查监理单位及SPV公司质量管理方面的履职情况,在检查中发现质量问题及时要求监理单位落实整改。

质量检查的内容主要包括:

①各主要工作面巡查。

②实测实量:应根据现场施工情况随机取点进行实测实量。

③质量保证体系检查。将成品保护纳入定期质量检查的范围,检查内容包括成品保护的管理办法、责任人、成品保护措施的落实情况及具体实施效果等。

(6)质量预警机制

当工程出现重大质量风险或发生重大质量事故时,PPP管理咨询单位应及时启动质量预警。质量预警分为黄色预警、橙色预警、红色预警三种。一般项目预警启动标准设定如下:

出现下列情况之一时,启动黄色预警:

①参建单位质量管理混乱,主要管理人员长期不到位,质量管理制度不健全或落实不到位;

②工程出现大量的质量缺陷;

③发生质量事故,造成经济损失10万元以上或工期延误5日以上。启动黄色预警后,PPP管理咨询单位应在24小时内向相关单位发出预警通知,并报告指挥部办公室。

出现下列情况之一时,启动橙色预警:

①启动黄色预警 10 天后仍无明显改进。

②发现重大质量隐患。

③发生质量事故,造成经济损失 20 万元以上或工期延误 10 日以上。启动橙色预警后,PPP 管理咨询单位应在 24 小时内报告指挥部办公室,并以指挥部办公室名义向相关单位发函,或由指挥部办公室领导约谈相关单位法人代表及项目负责人,必要时可要求监理单位下达停工令。

出现下列情况之一时,启动红色预警:

①启动橙色预警 10 天后仍无明显改进。

②发生质量事故,造成经济损失 50 万元以上或工期延误 15 日以上,或造成永久性质量缺陷。启动红色预警后,PPP 管理咨询单位应在 24 小时内报告指挥部办公室领导,并由指挥部办公室领导约谈相关单位法人代表及项目负责人。同时,应要求监理单位下达停工令,并在全面查清情况后对相关单位提出处罚意见。

(7)质量问题(事故)处理

质量事故的分类及事故通报按照住建部《关于做好房屋建筑和市政基础设施工程质量事故报告和调查处理工作的通知》(建质〔2010〕111 号)执行。对于偶发的、小范围的质量问题可按简化流程,直接由监理单位发出工程质量问题整改通知单,PPP 管理咨询单位监督整改落实情况。SPV 公司、PPP 管理咨询单位在组织质量问题(事故)原因分析及整改时,必须对施工单位、监理单位的质量保证体系存在的问题进行分析并监督整改。

七、投资控制

(1)严格执行基本建设程序、《重庆市政府投资项目管理办法》、《重庆市巴南区政府投资项目管理办法》及《重庆市巴南区某河道综合整治 PPP 项目合同》,按照批准的计划进行建设。

(2)SPV 公司编制完设计概算后,由跟踪审计单位对概算进行审核,再报送区发改委进行审核。

(3)设计概算报送区发改部门后,SPV 公司应积极与评审部门进行沟通、协调，PPP 管理咨询单位、跟踪审计单位全力配合，确保评审结果的合理性。

(4)SPV 公司编制完施工图预算后，由跟踪审计单位对预算文件进行审核，再报区评审办进行预算评审。

(5)预算文件报送区评审办后，SPV 公司应积极与评审部门进行沟通、协调，PPP 管理咨询单位、跟踪审计单位全力配合，确保评审结果的合理性。

(6)实施阶段，PPP 管理咨询单位督促跟踪审计单位重点做好工程量清单核对、工程变更审核、方案经济性比较、材料核价等工作，定期评估材料价格波动对投资的影响及是否存在超投资的风险，及时处理各类有关工程造价的事宜(包括各种索赔等)等工作。

(7)工程变更管理。

①施工图审查备案后，工程变更严格按照巴南区政府办《关于进一步规范政府投资项目工程变更管理的通知》(巴南府办发〔2019〕82 号)执行。

②施工图审查备案前工程变更以 SPV 公司完成施工图技术审查的施工图文件为准，在此基础上对施工图文件进行的修改、调整等按照变更进行管理。即施工单位或 SPV 公司提出设计变更，填写设计变更申请单，监理单位组织设计单位、跟踪设计单位、PPP 管理咨询单位、SPV 公司共同对变更内容进行审核，审核一致通过报指挥部办公室确认后下发工程变更通知单，施工单位及监理单位执行。

(8)现场签证主要包括以下四种类型：一是因设计变更引起的且在竣工图纸中无法反映的返工工程；二是在施工过程中，由于现场施工条件变化、地下状况等不可预见原因，导致的工程量或费用增减，此类签证应特别注意该项工程量或费用在合同中是否约定包干或不可预见风险由承包人承担；三是合同规定需实测工程量的工作项目；四是由于现场组织活动需承包人临时配合实施的工作。

(9)工程竣工后，PPP 管理咨询单位督促各参建单位办理结算。区财政部门、区审计部门的评审结论、审计结论应为工程造价决算的依据。

八、安全文明施工管理

(1)突发性环保问题处理

在施工过程中，发生突发性环保问题，包括但不限于管网破损、污水溢流等问题,SPV 公司应组织施工单位通过采取临时措施等手段第一时间进行处理,降低环保风险,后续再采取措施进行修复、完善。

(2)安全教育

SPV 公司应重视安全生产、文明施工宣传教育工作,每月至少召开一次安全文明施工会议。现场应设置安全宣传栏、张贴安全宣传画。积极开展“安全生产月”“安全生产年”等活动,营造良好的安全生产、文明施工氛围。

(3)安全应急预案监管

SPV 公司应督促监理单位、施工单位编制各自的安全应急预案并报指挥部办公室备案。SPV 公司应督促施工单位按规定对安全应急预案进行评审和演练,确保安全应急预案切实可行并报指挥部办公室备案。

(4)安全专项方案和措施检查

SPV 公司应督促监理单位、施工单位制定危险性较大的分部分项工程安全专项方案和措施,并参加安全专项方案和措施的评审。在项目建设过程中,监理单位应加强对安全专项方案和措施落实情况的检查,发现落实不到位的情况,应及时督促整改,PPP 管理咨询单位检查监理单位监督检查情况。

(5)安全文明施工检查

为推行施工现场标准化管理,树立良好政府工程形象,SPV 公司、PPP 管理咨询单位应督促施工单位做好现场安全文明设施建设。每月至少安排一次安全文明施工例行检查,必要时可安排专项检查。安全文明施工检查一般由监理单位组织,SPV 公司、PPP 管理咨询单位、施工单位参加,重要检查可由项目总负责人组织。安全文明施工检查的主要内容包括:

①安全文明施工管理制度及执行情况。

②安全文明施工管理机构及人员到位情况。

③专项安全方案及措施落实情况。

④施工现场安全文明施工情况。

安全文明施工检查发现的隐患和问题应逐项记录,限时整改,由监理单位跟踪督促施工单位逐项整改到位。如发现重大安全隐患,应明确专人落实整改,必要时可采取停工整改措施。

(6)重大节日安全工作

国家法定节日前,应提前5~10日安排一次节前安全专项检查。检查发现的安全隐患应尽量在放假前完成整改,确实无法完成整改的,应安排专人跟踪,采取必要措施防范事故发生。节日放假期间,SPV公司、PPP管理咨询单位、监理单位、施工单位应安排值班,PPP管理咨询单位应督促各单位值班人员到岗,并保持24小时电话开机。

(7)灾害性天气防御

在暴雨等灾害性天气来临前,SPV公司、PPP管理咨询单位应注意收听天气预报,随时掌握天气最新动向,及时组织现场安全隐患排查整治,并按照项目实际情况,采取针对性防御措施。灾害性天气来临时,SPV公司、PPP管理咨询单位、监理单位、施工单位应安排人员24小时值班。出现险情时,SPV公司应督促监理单位、施工单位立即启动应急预案,组织抢险救灾,并在第一时间向指挥部领导报告。

(8)安全文明施工措施费监管

SPV公司应按照施工合同的约定组织对安全文明施工措施费的支付进行审核。审核时应检查安全文明施工措施费是否专款专用,各项安全文明施工措施是否按规定落实到位。

(9)安全预警机制

当工程出现重大安全风险或发生重大安全事故时,PPP管理咨询单位应及时启动安全预警。安全预警分为黄色预警、橙色预警、红色预警三种。一般项目预警启动标准设定如下:

①出现下列情况之一时,启动黄色预警:参建单位安全管理混乱,主要管理人员长期不到位,安全管理制度不健全或落实不到位;施工现场存在大量安全问题;发生安全事故,造成轻伤1人以上。启动黄色预警后,PPP管理咨询单位应在24小时内向相关单位发出预警通知,并报送指挥部。

②出现下列情况之一时,启动橙色预警:启动黄色预警10日后仍无明显改进;施工现场发现重大安全隐患;发生安全事故,造成重伤1人或轻伤3人以上。启动橙色预警后,PPP管理咨询单位应在24小时内上报指挥部办公室领导,并

以指挥部办公室名义向相关单位发函,或由挥部办公室领导约谈相关单位法人代表及项目负责人,必要时,可要求监理单位下达停工令。发生安全事故的,须同时按照安全事故处理程序进行处理。

③出现下列情况之一时,启动红色预警:启动橙色预警 10 日后仍无明显改进;发生安全事故,造成重伤 3 人以上或死亡 1 人以上。启动红色预警后,PPP 管理咨询单位应立即报告指挥部办公室领导,并由指挥部办公室领导约谈相关单位法人代表及项目负责人。发生安全事故的,须同时按照安全事故处理程序进行处理。同时,由监理单位下达停工令,并在全面查清情况后对相关单位提出处罚意见,报指挥部办公室领导审批。

(10)安全事故处理

安全事故应按以下程序进行处理:

事故上报:安全事故发生后,SPV 公司必须立即上报 PPP 管理咨询单位、指挥部办公室领导。上报内容包括事故发生的时间、地点、项目名称、事故类别、事故严重程度、伤亡人数、伤亡人员基本情况、事故简要经过及抢救措施、报告人情况和联系电话等。

事故处理:SPV 公司项目总负责人应指挥施工单位实施应急预案,首先应把抢救伤员放在第一位,及时排除险情,防止事故蔓延扩大,保护好现场。

事故调查:SPV 公司、PPP 管理咨询单位、监理单位、施工单位等单位的相关人员,协助相关主管部门调查。

事故处理报告上报:SPV 公司、PPP 管理咨询单位必须按规定,将事故处理结果上报。事故处理报告应包括事故发生的时间、地点、原因、性质、损失、责任、处理意见、纠正和预防措施。

九、协调管理

(1)会议管理

重庆市巴南区某河道综合整治项目指挥部会议分为周例会、月度例会及专题会,月度例会原则上由指挥长召集,周例会原则上由副指挥长召集,指挥长、副指挥长均可根据项目推进情况召集相关专题会。指挥长、副指挥长可根据需要委托指挥部办公室副主任及其他工作人员召集周例会、月度例会及专题会。重庆市巴南区某河道综合整治项目指挥部办公室负责其召集会议的准备、通知等会务工作,PPP 管理咨询单位全力配合。

(2)协调管理

重庆市巴南区某河道综合整治 PPP 项目指挥部办公室负责指挥部日常工作,负责本项目涉及相关镇(街道)、职能部门的工作联络、协调,PPP 管理咨询单位、SPV 公司、施工单位全力配合。

十、竣工验收

(1)工程验收

工程验收包括中间验收、专项验收、工程预验收、竣工验收。

中间验收由监理单位组织,SPV 公司、PPP 管理咨询单位、勘察设计单位、施工单位、跟踪审计单位及质监单位参加。SPV 公司督促监理单位及施工单位落实中间验收存在问题的整改。

专项验收由 SPV 公司组织向相关行政主管部门报送申请,由监理单位组织,SPV 公司、PPP 管理咨询单位、施工单位、设计单位、跟踪设计单位及相关政府职能部门参加。SPV 公司督促监理单位及施工单位落实存在问题的整改,并跟踪办理相关证书。

工程预验收由监理单位、SPV 公司、PPP 管理咨询单位、设计单位、施工单位、跟踪审计单位及质监单位参加。验收组对现场发现的问题提出相应的整改意见书,SPV 公司督促监理单位及施工单位落实存在问题的整改。整改完成后,施工单位填写整改报告,经监理单位、SPV 公司复核签字后,整改合格的签发预验收合格意见。预验收提出的问题整改完成后,由 SPV 公司按照规定成立验收组,组织竣工验收。

竣工验收由 SPV 公司、PPP 管理咨询单位、监理单位、设计单位、施工单位及质监单位参加。质监单位验收监督人员到工地现场对工程竣工验收的组织形式、验收程序、执行验收标准等情况进行现场监督,对未达到国家验收标准合格要求的质量问题,3 日内签发《责令整改通知书》。施工单位按照验收各方提出的整改意见进行整改，SPV 公司督促监理单位及施工单位落实存在问题的整改。施工单位整改完毕后，填写《整改报告》，经监理单位、设计单位、SPV 公司复查确认并签字盖章后送质监单位。对重要的整改内容，PPP 管理咨询单位组织 SPV 公司、监理单位、设计单位、施工单位等人员进行复查。整改合格后，验收各方在《工程竣工报告》中签署意见并签字盖章。验收合格后 3 日内，质监单位将监督报告送交建设行政主管部门，SPV 公司应在 15 日内到建设行政主管部门办理备案手续。

（2）项目运营

项目竣工验收合格，SPV 公司将验收有关情况报区住建委或取得行政主管部门备案批准后，项目可开始运营。污水处理厂新建及提标改造、末端污水处理净化站、污水管网及防洪护岸验收合格后可统一进入运营期。项目运营前，SPV 公司应按照相关法律法规和谨慎运营惯例编制《运营维护手册》，并报指挥部办公室审核，并按照审核后的《运营维护手册》开始本项目的运营维护。

十一、档案管理

（1）PPP 管理咨询单位应建立指挥部办公室资料文件档案目录并经指挥部办公室同意后实施，文件整理归档工作由 PPP 管理咨询单位负责，包括但不限于涉及本项目的相关会议纪要、请示、报告及领导签批意见，以及工作简报、设计文件、项目效果图、现场进展形象照片视频、领导视察指导等资料。所有资料均需保存纸质文件及扫描件。

（2）跟踪审计单位负责收集、整理涉及项目造价方面的经济文件，包括但不限于清单、收方计量、变更签证、材料调差、设备选用和会议纪要、请示、报告、领导批示中涉及的经济性文件。并应及时归档，建立相应管理台账，PPP 管理咨询单位定期对跟踪审计单位档案资料收集整理情况进行检查并将检查结果及时向指挥部办公室汇报。

（3）SPV 公司、监理单位、施工单位按照国家、重庆市档案管理办法要求及时、准确收集、整理项目建设档案资料。PPP 管理咨询单位定期对相关单位档案资料进行检查并将检查结果及时向指挥部办公室汇报。

第五节 项目咨询总结

对于PPP项目全过程工程咨询管理，结合本项目的实际情况，需重点对以下几个关键点进行管控。

一、PPP合同管理关键点

1. 对政府政策的把控和落实

目前国家对PPP项目的监管日趋严格和规范，对已经落地实施的PPP项目，将加大咨询成果的监测力度，保证前期咨询与后期执行数据连贯一致、账实相符，谨防项目实际履行中前后脱节、变形走样，对于前后测算数据偏差较大的项目，很可能要求退库整改。重庆市巴南区某河道水环境综合整治PPP项目的前期咨询和决策成果也将与后期采购执行情况对应挂钩，项目可能会因PPP合同不尽完善、合同不详尽等原因面临相关的合同管理风险。

2. PPP项目合同自身瑕疵的识别与应对

(1)合同是否严密，是否存在漏洞。本项目PPP合同是区建委进行履约监管和争议解决的主要依据，同时也是社会资本方获得项目权利和进行项目融资的关键文件。不规范的PPP合同常存在逻辑不严密、存在漏洞、前后矛盾、缺乏对重点概念的定义、表述有歧义等情况。PPP咨询管理单位将针对PPP项目涉及知识面广、综合性强的特点，派专业人员协助实施机构一起仔细斟酌，避免合同存在设计不严密、回报模式模糊不清、标的不明等类似缺陷。

(2)项目合同的边界条件的设置是否合理。边界条件条款主要包括权利义务、交易条件、履约保障和调整衔接等边界。权利义务边界主要明确项目资产权属、社会资本承担的公共责任、政府支付方式和风险分配结果等。交易条件边界主要明确项目合同期限、项目回报机制、收费定价调整机制和产出说明等。履约保障边界主要明确强制保险方案以及由投资竞争保函、建设履约保函、运营维护保函和移交维修保函组成的履约保函体系。调整衔接边界主要明确应急处置、临时接管和提前终止、合同变更、合同展期、项目新增改扩建需求等应对措施。

(3)合同内容是否完备,是否存在缺项漏项。完整的 PPP 合同应覆盖项目合作的全生命周期,包括权利授予、合作范围、项目投融资、建设、运营维护、移交、绩效考核、付费和调整、违约责任、不可抗力、提前终止、争议解决等基本要素。PPP 咨询管理单位在本项目的 PPP 监管中将力求规避项目合同存在严重的缺项漏项。例如,经营期较长而缺少合理的调价机制,导致项目无法应对利率、税率变化风险;合同中缺少投资认定和资金监管措施,导致政府执行机构失去对项目投资的控制;缺少绩效考核标准和监督管理机制,导致项目不能按效付费,公共利益蒙受损失,存在固定回报嫌疑等。

(4)是否与项目实际脱节、可操作性差。PPP 项目合同条款应结合项目实际设置,例如,土地交付条件、资金到位要求、前期成果承继方式、前期费用支付要求、资金流转要求、提前退出方式、受理审批时限、违约金标准等。条款设置不合理容易导致操作过程中难以落实,产生违约等连锁反应。

3. 项目公司、社会投资人 PPP 合同履约监管

从履约管理的组织与分工、工作流程、绩效检测、奖惩计算及付费/调价方法、争议解决等方面建立切实有效的 PPP 项目履约管理机制。PPP 项目履约管理主要内容如下:

(1)项目公司成立及项目资本金到位管理。如社会资本方是否按 PPP 项目合同约定注册成立项目公司;社会资本方股东是否按 PPP 项目合同约定实缴项目公司的注册资金;项目资本金是否按 PPP 项目合同及有关法律规定到位等。

(2)项目前期融资履约管理。如项目融资交割是否完成(融资合同是否签订、融资合同中约定的获得资金的所有前提条件是否满足或被豁免);项目公司融资不能的情形及处理等。

(3)前期工作履约管理。如社会资本方、项目公司方是否按 PPP 项目合同的约定完成了相应前期工作及相关手续的申请等;前期工作费用的承担及使用情况监管;项目建设履约保函的提交、扣除及扣除后的补足等。

(4)重大建设风险识别与防控管理,工程变更或优化后造价、工期的调整(如有)等对使用者付费、可行性缺口补助的影响。

(5)建设阶段履约担保。如项目建设履约保函扣除;项目建设履约保函扣

除后的补足;项目建设履约保函的退还;项目运营维护保函的提交等。

二、PPP 变更管理关键点

PPP 项目具有周期长、工程复杂等特点,在建设过程中会受到各种因素的影响,进而可能导致工程变更。工程变更包括多方面内容,主要有设计内容的变化,项目结构、数量的变化等。因 PPP 项目为公共基础类项目,最终的服务对象是社会群众,因此,对工程变更的内容有较高的要求。

PPP 项目的变更实质上是项目合同双方权利义务的变更,首先,在项目合同签订时,应对可能发生的项目变更涉及的各方责权利以及变更引起的后果承担、损失赔偿等进行明确约定;其次,在合同履行过程中,如发生了项目变更的情形,双方应对可能发生的变更事项及时达成一致的处理意见;最后,对已经变更的事项应通过补充协议的方式明确双方的权利义务,并依法履行项目变更的相关政府审批程序和手续,也包括信息平台的资料更新等。

(1)项目变更可能产生的原因。PPP 项目变更的原因有来自实施机构的,有来自社会资本方的,也有不可抗力导致的。实施机构原因提出的变更主要包括:一是城市或区域规划调整的需要,导致项目的建设地点、建设规模和主要建设内容、建设标准等发生较大变化;二是项目入库时初步确定的主要合作或建设运营内容尚不够明确,项目的总投资尚不能确定,经过对社会资本方充分的市场测试,项目的运作方式、合作期限、回报机制等核心边界条件与入库时相比发生较大变化等;三是因项目前期手续如用地、规划等不完善,导致在实施过程中出现部分子项目手续无法办理只能放弃的后果;四是项目采购前经准确测算,政府的财政承受能力发生变化等。PPP 项目采购结束项目合同已经签订后,实施机构及社会资本方均可以提出项目的变更。社会资本方原因提出的变更主要包括:一是建材价格的大幅上涨、环保监管的严格要求等导致建设成本大幅增加,大量的项目严重超概算、超总投资等,需要政府对此重新调整付费或缺口补助数额;二是项目 SPV 公司组建后,因项目融资等问题原因,社会资本方或项目公司严重违约,项目无法继续实施,只能终止或变更;三是社会资本方联合体内部原因,导致联合体成员之间需要相互转让股权或向联合体以外的第三方转让股权,或因联合体一方自身原因如破产、被清算等，导致必须退出联合体，从而引发项目公司股东以及股权的变更等。除了上述原因之外，也有在项目合同履行过程中，由于第三方原因如市场的变化，技术的创新，特殊地质条件等引发的变更，对此，政府与社会资本双方都可以提出变更。

（2）项目变更需注意解决的事项。PPP 项目的变更主要涉及两个阶段，一是采购阶段开始前提出的变更，二是采购结束 SPV 公司成立后提出的变更。因变更的阶段不同，涉及变更的情形和内容不同，需要决策的事项也不同。重庆市巴南区某河道整治项目已完成 PPP 采购，变更主要涉及第二阶段，如项目采购程序是否依法合规，变更涉及的事项是否在 PPP 招标文件确定的项目合作范围内，变更内容是否对采购社会资本时的招标文件确定的有关事项和中标人的投标文件作出了实质性修改，是否涉及调整政府跨年度财政支出责任，是否需要履行政府及人大的决策程序等方面。

（3）PPP 项目重大变更的程序及审批。PPP 项目的变更首先应由项目实施机构向政府提出变更的申请，报请决定是否需要启动变更的决策程序。对于这类重大事项的变更批复一般应属于政府常务会议决议的事项，一般情况下会以政府常务会议纪要的形式批复。在政府同意变更的基础上：

①发改部门对项目立项手续的变更和审批。项目实施机构应按照《关于依法依规加强 PPP 项目投资和建设管理的通知》（发改投资规〔2019〕1098 号）中“实施方案、招投标文件、合同的主要内容应与经批准的可行性研究报告、核准文件、备案信息保持一致”的规定和要求，根据发改部门批复的可研报告完善和调整项目的实施方案。对实施方案中前后（如合作范围、总投资、使用者付费部分内容等）叙述不一致的，修改为一致。

②完善物有所值评价报告，并由财政局、行政实施机构管理部门根据第三方出具的物有所值评价报告定性定量评价结果，出具评价结果是否通过的意见。

③对照物有所值定量评价部分，完善财政承受能力论证（只有通过物有所值评价，才能进行财政承受能力论证）。财政局根据第三方出具的财政承受能力论证报告，在开展物有所值评价并出具了物有所值评价报告通过意见之后，出具是否通过财政承受能力论证的意见。

④以上物有所值评价意见和财政承受能力论证报告两个论证均通过后，形成完善后的实施方案（修正版）。

⑤政府审核同意完善后的实施方案（修正版）。

⑥对需要调整政府跨年度财政支出责任，并纳入中（长）期财政规划的，应经政府批准并出具书面决定文件。在政府同意后，报经人大或人大常委会审议通过。

⑦本项目已成立了 SPV 公司，除履行上述审批程序外，项目实施机构还应将与社会资本方或项目公司基于项目变更重新签订的补充协议，针对 PPP 项目变更决策程序的合法合规性，以及是否对招标文件确定的事项和中标人投标文件形成了实质性改变等方面，报政府审批。

（4）对项目变更过程中“依法采购”的认定。如何认定是否“依法采购”，一般是参照《政府采购法》《政府采购货物和服务招标投标管理办法》等法律法规的规定和要求，对“依法采购”认定的关键点有：是否依据政府批准后的实施方案编制采购文件，采购程序是否依法合规，是否存在部分社会资本中标后自行指定其关联企业、子公司、基金等第三方代为履行出资义务的现象；是否存在部分联合体参与方只承揽项目施工或设计等任务，不实际出资入股等不规范操作现象；采购结果确认谈判备忘录是否涉及合同中不可谈判的核心条款，所签订的项目合同是否对招标文件确定的事项和中标人投标文件作实质性修改等方面。

（5）总投资变化（增加）的项目变更要点。项目总投资的增加属于对原采购项目的重大变更，会带来几个问题和后果：一是与招标文件采购标的的差异；二是与原项目立项审核内容的变化；三是政府财政支出责任的增加。PPP 项目总投资的增加主要有两种情况，一是建设成本增加导致，二是建设内容变化导致，其中，有的是在招标文件要求的合作范围内的变更，有的是在合作范围之外的变更，应分不同情形分别处理。

①建设内容不变，项目总投资增加的，增加的项目投资，应属于在招标文件确定的合作范围（特许经营权范围）和产出标准等范围内产生的。

②建设内容不变，因建设成本（如材料、人工、设备费用）等上涨而导致总投资大幅增加，应依据招标文件或项目合同约定的有关计价原则或标准计算。

③项目合作范围内,由于招标时项目产出及标准等不够明确,项目总投资增加的。《工程建设项目施工招标投标办法》第 8 条规定,依法必须招标的工程建设项目,应当具备下列条件才能进行施工招标:初步设计及概算应当履行审批手续的,已经批准;有招标所需的设计图纸及技术资料。目前 PPP 招选社会资本时,项目批复的项目建议书、可行性研究报告,编制的采购文件等,深度不能满足法定工程招标条件,有的只是一个总投资数额,一个大致的建设范围和运营内容,但真正建设内容、建设标准等事项明确后,就会出现总投资增加严重超概算的现象。对此增加的投资,在依法履行了立项等变更审批程序后,应属于合法变更,不属于对招标文件的实质性改变。

④项目合作范围之外的建设内容变化,导致总投资增加。对符合《政府采购法》规定情形的货物或者服务,或需追加与合同标的相同的货物、工程或者服务,且不超过原采购金额 10% 的,可以采用单一来源方式采购并签署补充合同;对于超过原采购金额 10% 的,应重新采购。

⑤项目建设内容减少,总投资保持不变的项目变更。一般情况下,项目建设内容的减少,带来的是项目总投资的相应减少,但有的项目实施机构为保持总投资的不变,又随意将不在合作范围内的其他子项目放到 PPP 项目里一起实施。针对此类项目,笔者认为,如招标时项目的建设范围较为清晰,所增加的子项目不在招标范围内,那么,应不属于可以变更和可以合法建设的范围。如果招标时的项目建设范围和内容都不够明确,增加的子项目也在总投资的范围内,应属于依法合规的调整和变更。无论何种情形导致项目总投资变化或增加的项目变更,都应及时调整项目的可研等立项变更手续,并依法履行相关的政府审批程序。

(6)防止和减少 PPP 项目变更的建议。

PPP 项目的变更需要政府履行相关决策程序,更要及时在财政部信息平台上完善项目资料的更新手续。变更的时间长、程序多、手续复杂,这是很多项目不能及时办理项目变更的原因。但不及时依法进行 PPP 项目变更,会带来项目合规合法性的风险。为此项目实施过程中应尽量防止和减少项目变更的情形出现。

①首先需做好 PPP 项目前期各项工作,完善好各项前期手续。PPP 项目前期工作质量好坏是项目能否顺利落地并有序实施最为关键的问题,项目前期应当严格围绕“可行、可融、可落地、可实施、防风险”五大要点科学谋划全面考虑。项目实施机构要高度重视项目前期工作,严格遵循《政府投资条例》的规定,按照地方经济发展的总体规划和项目自身属性,提前落实项目可研、立项、规划、环保、用地等手续并取得有关批复,防止项目违规建设,进场后积极推动完善剩余未完成的相关手续办理。

②要提前充分做好项目潜在社会资本方市场测试和金融机构可融资性测试,并将测试结果作为细化完善方案的重要依据,保证经政府审批后的实施方案及招标文件的主要边界条件满足社会资本方的基本需求,尤其要满足金融机构对项目融资的需求。

③要科学确定和准确估算项目的总投资,减少总投资增加或减少的情况发生,设计咨询团队针对本项目的勘察设计进行严格的技术经济分析审查,确保概算不超可研估算、预算不超概算,结算不超预算,规避不必要的变更、无用设计、浪费设计、超标设计等情况发生。

三、PPP 风险管理关键点

在 PPP 项目的实施过程中,不可避免地存在一定的风险,需要在政府和社会资本之间进行合理分配。

(1)风险分担机制的建立。《关于推广运用政府和社会资本合作模式有关问题的通知》提出,“项目设计、建设、财务、运营维护等商业风险原则上由社会资本承担,政策、法律和最低需求风险等由政府承担”。《关于推进政府和社会资本合作规范发展的实施意见》中明确提出,规范的 PPP 项目,社会资本负责项目投资、建设、运营并承担相应风险,政府承担政策、法律等风险。

(2)风险及时有效的识别。PPP 合同的不规范也表现在风险识别和风险覆盖不全面。这会导致风险发生后无条款可循、无机制可依,严重的只能提前终止合作或对簿公堂,造成不良影响。PPP 咨询管理单位在本项目协助实施机构进行 PPP 监管时,将督促对风险因素进行充分的识别和评估,采取有效的风险应对措施并落实到 PPP 合同中。

(3)风险测算的准确性。通常政府需要承担法律风险、政策风险、最低需求风险以及因实施机构原因导致项目合同终止等风险,会产生财政或有支出责任。在对政府风险承担支出进行量化时,应充分考虑各类风险出现的概率和带来的责任支出,可采用比例法、情景分析法及概率法进行测算。

①比例法。在各类风险支出数额和概率难以进行准确测算的情况下,可以按照项目的全部建设成本和一定时期内的运营成本的一定比例确定风险承担支出。

②情景分析法。在各类风险支出数额可以进行测算、但出现概率难以确定的情况下,可针对影响风险的各类事件和变量进行基本不利及最坏等情景假设,测算各类风险发生带来的风险承担支出。

③概率法。在各类风险支出数额和发生概率均可进行测算的情况下,可将所有可变风险参数作为变量,根据概率分布函数,计算各种风险发生带来的风险承担支出。

(4)社会资本方按 PPP 合同履约风险及应对措施。PPP 项目的目的在于引入社会资本方,由社会资本方提供高效的服务,因此,对社会资本方的信用要求较高,PPP 模式与传统的施工模式不同,PPP 模式关注的是社会资本方在项目全生命周期的投入,尤其是重庆市巴南区某河道整合整治项目属于基础设施项目,需要关注社会资本方的信用风险。

社会资本方在 PPP 项目中需要对项目进行全生命周期的管理,需要有足够的投融资能力、建设能力、运营维护能力等,在 PPP 项目执行过程中,需要关注以下风险:

①社会资本方投融资风险及应对措施。PPP 项目实质上是社会资本方投融资项目,社会资本方的投融资能力是关注重点,重庆市巴南区某河道整治项目属于重大民生基础实施项目,投资额巨大,对于社会资本方的投融资能力要求不言而喻。

因此在项目执行过程中,应对社会资本方符合项目资本金要求的自有资金银行存款证明、金融机构贷款意向函、企业授信额度、净资产以及资产负债率等进行跟踪检视，以证明其有符合项目投资的投融资能力。

②建设能力及应对措施。重庆市巴南区某河道整治项目包括水环境、水安全、水生态、智慧水务及水环境配套治理工程5个方面，项目工程量大，中标社会资本方的建设能力非常重要，部分PPP项目出现中标后社会资本方不开工或者人员不足以保证项目实施，包括不能按时开工、及时完工，所投入的人员经验不足等问题。

因此，需要重点对社会资本方投入的班子成员进行检查，按合同严格要求，以保证社会资本方及时足额配备人、财、物等资源，促进项目的顺利建设。

③在项目实施过程中，重点审查项目的建设方案，包括设计计划、施工组织设计、工期推进表及保障措施等，并定期进行跟踪检查落实情况，以确保建设方案不至于流于形式。

四、PPP绩效考核管理关键点

绩效考核、按效付费是PPP项目履约管理中最重要的一个环节，是合同双方实现公平交易的基础性机制，也是决定PPP成败的关键。PPP的前期工作失败了，损失的是有限的前期经费，而PPP的建设和运营绩效管理一旦失败了，将造成政府和社会资本无法挽回的巨大损失。

近年来，PPP绩效管理的政策正在趋于成熟。2014年以来，国务院、财政部、发改委对PPP绩效管理工作均提出了明确要求，其中《关于在公共服务领域推广政府和社会资本合作模式指导意见的通知》提出建立“事前设定绩效目标、事中进行绩效跟踪、事后进行绩效评价的全生命周期绩效管理机制”；《关于规范政府和社会资本合作(PPP)综合信息平台项目库管理的通知》强调“项目建设成本不参与绩效考核，或实际与绩效考核结果挂钩部分占比不足30%”的项目不得入库；《关于开展政府和社会资本合作的指导意见》提出评价结果应向社会公示并作为价费标准、政府补贴等调整的参考依据。

2018年《中共中央 国务院关于全面实施预算绩效管理的意见》将PPP项目绩效管理纳入全面预算绩效管理的范畴。2020年3月16日，财政部发布了《政府和社会资本合作(PPP)项目绩效管理操作指引》，上述政策确立了PPP绩效管

理的目标、意义、总体架构,具体实施层面也都有较明确的要求和指引。本项目绩效考核工作重难点分析如下:

(1)建设期的绩效考核的重要性。施工单位作为社会投资人,建设过程中可能存在重建设、轻运营,尽量在建设期将利益最大化的思想。多数 PPP 项目的执行机构注意力主要聚焦于合同的签订和融资落地,往往在前期工作阶段不会对绩效指标和考核细则投入过多精力。随着运营期的到来,政企双方才将注意力全面转移到绩效考核上来,政府关注社会资本运营的实际绩效以及相关公共产品和公共服务的质量,社会资本则关注绩效考核的结果以及相对应的政府能否及时支付费用。而建设期的绩效考核没有引起各方的重视,但建设期的成本和工程建设质量、进度、安全、环保等密切相关,一是能否科学组织提高进度从而尽早投入使用产生效益,二是能否高质量施工保障运营效率,三是能否科学设计降低运营成本。从这三个方面分析,建设期对运营将会造成重大影响,所以建设期的绩效考核是保证运营的基础,应加强关注,科学制定绩效考核标准,严格进行考核。

(2)本项目绩效指标制定的思路。选定社会资本之前,PPP 项目的博弈主要是政府与所有参与竞争的社会资本之间的一对多的博弈,而进入绩效考核期后,PPP 项目的博弈就转变为政府与中标社会资本之间一对一的博弈。在这一博弈中,政府和社会资本的权利义务需要处于相对平衡的状态。如果政府过于强势,则会导致社会资本消极履约,公共服务陷于停滞;如果社会资本过于强势,则会导致项目无法达到预期的物有所值目标。在这种情况下,绩效指标和标准是否清晰、具体、合理、客观,绩效考核的实施是否公允,绩效考核的结果是否公平就显得十分重要,也是绩效管理工作的重难点。

(3)本项目绩效考核管理措施。

首先,做好绩效设计要紧紧围绕 PPP 项目的产出目标,选择合适的绩效指标和绩效标准,对社会资本进行考核、激励和引导。绩效设计要做到将 PPP 合同中的关键权利义务在绩效考核阶段加以落实。其次,在绩效监测和绩效考核以及结果应用过程中,做到公平、公正、公开,一旦实施机构在绩效考核过程中失之公允,很容易危及社会资本的合法权益,进而影响双方合作关系的可持续性,并最终影响公共服务的供给。最后,紧紧围绕项目绩效指标和标准交付公共产品和服务,并以此督促社会资本方、设计方、施工方不断提高自身的管理水平、优化回报机制、提升技术创新水平,以最大限度保证设计和施工质量、提高建设效率、降低建设成本,保障后续运营。

(4)绩效考核体系建立。

①绩效考核指标体系设定或细化。对 PPP 项目进行分析,确定绩效考核指标需覆盖的项目生命周期阶段、绩效考核的目标、绩效考核指标设定的重点、所需专业/行业技术知识和经验、绩效管理主体的能力,并据此设定或者细化建设期、运营期和移交阶段的绩效考核指标体系。

②绩效考核方法设计或细化。依据绩效考核指标体系对考核指标进行合理分类设计或细化,如对项目建设期进行分节点考核及验收性考核时,设计或细化考核流程、结果处置流程和考核操作要点。

③依据 PPP 项目合同约定的及后续细化(如有)绩效考核指标、方法和激励约束机制,开展 PPP 项目绩效考核工作,形成定期/不定期绩效考核结果报告。

④持续监督反馈、绩效考核调整。在绩效考核实施过程中,对考核进行持续的监督检测,将数据及效果进行记录与反馈,最终将反馈信息应用于调整改进绩效考核指标体系、考核方法设计、付费考量、绩效管理流程等各方面。

⑤建设期绩效考核管理。如绩效指标的细化与调整(如有)管理;按照绩效指标进行绩效考核、打分管理;根据考核结果政府支付费用或进行可行性缺口补助的程序管理。

五、PPP 项目建设管理关键点

(1)勘察设计阶段对工程质量、进度、投资影响较大。需进行限额设计,实施投资总目标分块切割,完成投资目标

①编制资金总控计划并分解,严格控制项目各项投资。在充分发挥跟审作用的同时,重点做好合同构架管理,对发包方式、计价模式、合同主要条款等投资控制合同条款予以重点关注,制定科学可行的变更、现场签证、认质核价、工程款支付等投资管理办法,杜绝现场因管理原因造成的投资增加。

②加强设计变更控制。重庆市巴南区某河道综合整治工程项目工期紧，出现不可预见的变更可能较多，在 PPP 项目咨询管理中必须加强对设计变更的控制、方案审核、现场工程量的审核，特别是对重大施工方案和措施方案变更应组织设计单位与专家进行论证，确保工程经济合理、技术可行，对设计变更、现场签证的控制执行分级审核，并制定相关管理办法及制度、流程，以利于投资管理。

③明确投资控制的重点和关键点，对投资实施动态管理与控制。在认真审核施工图施工预算的基础上，根据项目投资控制的总体目标，分块切割，确定各分部分项工程投资控制目标，在此基础上根据工程造价构成的内容和项目，结合项目的具体情况分析投资控制的风险和易突破口，明确投资控制的重点和关键点，编制详细的投资控制计划，对投资实施动态控制，这是本工程控制工作的重点和关键点。

④加强施工图设计会审，优化设计、严格控制设计变更和工程变更。优化设计、对设计进行挖潜，尽可能地节约工程造价；严格控制由于设计变更、工程变更因素而引起的不合理投资增加也是本项目投资控制的重点之一。

⑤设计阶段是影响项目投资控制的重要阶段，严格控制设计质量，严格控制其技术装备水平和单方造价指标，在保证其安全、适用、可靠的基础上严格控制其经济合理性对于项目的投资控制具有深远的意义。因此，可从以下途径减少这类费用增加：加强沟通，尽可能为设计提供详细的资料；建立设计奖励制度，调动设计人员的主观能动性；加强施工图审查和图纸会审工作，做好设计优化工作，尽可能节约工程造价；项目实施过程中严格控制设计变更和工程变更；建立合理化建议奖励制度并切实实施。

(2)项目涉及建设内容多，专业性强，施工组织管理要求高

本项目可能涉及的专业工程包括但不限于土石方工程、排水管改造工程、截污管工程、河道清淤工程、防洪改造及桥涵、管道修复、道路工程及附属配套设施等，其内容包括但不限于管道驳接、主管基础开挖及支护、管道破损检查及修复、截污井土建工程、桥涵开挖及顶管工程、河道清淤、底泥转运、底泥处理、水质治理、河岸修复、沿河绿化、海绵城市建设、道路及附属设施工程等。各专业工程既有独立的专业性，又有统一的逻辑性，施工过程的逻辑管理非常重要，专业工程工序

或专业工程之间的逻辑顺序一旦发生错误，可能造成严重的质量、投资、工期等方面的损失，施工组织对工程进度控制影响较大，因此项目施工组织管理要求高。

(3)施工进度影响因素多，工期控制难度大

本项目施工工期受到多方面因素的制约，如资源投入、施工时间、施工条件、行政审批、天气影响、沟通协调，施工进度控制难度大。主要影响因素有：

①在城市建成区内，施工单位必须遵照法定的施工时间，符合条件确需连续施工作业的，经建设部门预审后向环保部门申请，经批准取得《施工噪声许可证》后，才可施工。

②由于本项目涉及的土方工程中，土方运输受余泥渣土受纳场以及天气的影响较大，给工程进度控制带来较大难度。

③本项目占道施工、交通疏解、绿化迁移、管线迁改等工作，应于相关水电气产权单位办理相关许可，这些审批流程会对工程进度造成较明显的影响。

(4)本工程社会关注度高、影响力大，文明施工、环境保护要求高

重庆市巴南区某河道综合整治项目流经李家沱街道、花溪街道、龙洲湾街道、南泉街道、南彭街道及界石镇等，沿途有大量居民生活区和企业，居民都对本工程高度关注。施工噪声、扬尘、施工垃圾、废水排放以及施工车辆运输、夜间施工等都会对附近企业、百姓生活、市政道路交通等造成影响。确保该工程按照主管部门要求规范管理、文明施工难度大。

(5)工程参与单位多、工程合同种类多、合同管理难度大

本工程涉及的单位包括区政府及其职能监管机构、项目的实施机构、PPP 咨询管理单位、SPV 公司及其股东、跟踪审计单位、勘察设计单位、工程监理单位等，涉及的工程合同种类多，由于 PPP 项目招标、合同谈判、合同签订等环节时间紧，且勘察、设计、施工均由 SPV 公司股东负责，合同责任、义务界定难免存在瑕疵、不够完整，可能有些条款在执行过程中会不可操作。如果不厘清思路，有理、有据、有节地处理好合同争议，协调好合同双方关系，合同就会难以执行，合同管理难度大。

(6)工程特殊、危大工程多、安全管理难度大

重庆市巴南区某河道综合整治项目可能涉及深基坑开挖与支护工程，又可

能有管道(顶管作业)、构件吊装工程,也可能涉及暗渠清淤有毒气体,安全保护设施不到位等危险因素容易引发施工安全事故,由于施工单位多、平面立面交叉作业多,临边防护、安全措施难以到位,安全管理控制难度大。

①深基坑开挖与支护安全管理难点。项目受施工条件限制,且局部可能存在软弱地基、地下水丰富等情况。基坑开挖施工是确保整个工程有良好开端的关键阶段,深基坑支护是基坑施工的关键,重点在于做好支护措施。同时基坑施工可能遇到暴雨天气,需提前做好防汛排洪的准备工作。

②起重吊装工程安全管理难点。管道安装施工阶段具有工期紧、工程量大的特点。由于本工程的给排水施工可能采用大量大型波纹管和预应力混凝土管,起重吊装属于危险性较大的分部分项工程,需要编写专项施工方案,如采取整体提升,需要组织专家组对施工方案进行论证,并有技术和安全人员在场进行监督和监护;吊装设备需具备有效的安全准用证或验收合格证,符合要求后才能投入使用。但在实际作业中,人的行为因素是安全管理的重要环节。人的正确行为可以避免、排除或减少各种危险因素。反之,人的错误行为则可以导致不安全因素的产生。人的行为管理是现场施工安全控制的主要内容,也是控制难度最大的环节。

③暗渠、管道清淤安全管理难点。本工程需要对现状雨水口、雨水口连接管、雨水管(箱涵)、雨水检查井、合流检查井进行清疏,以上空间受限,需要进行人工清淤。但是清淤点存在通风条件不好的情况,清淤过程中发出的有毒气体对人体伤害较大,甚至有造成人员伤亡的风险。清淤施工将重点审查施工单位的专项技术方案和安全保障措施。施工过程中,监理人员需要随时督促施工作业人员使用防毒面具和通风设备。

④酷暑高温下露天作业及雨季施工安全管理难点。由于本工程的特殊性,大多数工程为露天作业,重庆地区露天作业面临暴晒。同时本项目建设规模大,工程点多面广,工程施工不可能避开雨季和高温天气,受其影响,工程现场基坑边坡坍塌、水浸、触电、断电和中暑、火灾等事故发生的概率将增加。如何采取有效措施最大限度降低雨季和高温天气对施工安全的影响是安全管理工作的难点。

第七章

广东省某市科技馆建筑工程项目全过程咨询

第一节　项目概况

一、基本信息

广东省某市科技馆由某市土地投资开发中心投资建设，项目在某市中央公园附近，位于某市新湖街道光侨路以西。

本项目总建筑面积为125000平方米，其中地上81500平方米，地下43500平方米。项目包括7大功能区：科技展示区、科技影院区、创新培育区、创新交流区、业务管理区、公众服务区、科技广场区（暂定）（见图7-1）。计划建设工期为2019年7月至2023年12月。

图7-1　项目效果图

二、项目定位

广东省某市科技馆项目被列为某市新一轮重点规划建设的“新十大文化设施”之一，将被打造成具有国际一流水平、代表城市形象、彰显某市城市品位、突显某市科技和创新发展的国际顶级、特大型公益性科学中心。

广东省某市科技馆建设工程将贯彻落实中共中央、国务院的有关宗旨和要求，助力“建成普惠性、高质量、可持续的城市公共文化服务体系”，以“创新·未来”为主题，将某市的科技创新与未来发展相结合，将科学传播与创新培育相结合，将弘扬创新文化与建成“具有全球影响力的创新创业创意之都，成为竞争力、创新力、影响力卓著的全球标杆城市”发展目标相结合，承担起某市创新资源组织者的角色。广东省某市科技馆在科技创新、科普教育、公众服务等方面的功能定位包括：某市产业发展展示交流平台、粤港澳大湾区科技创新交流平台；全球领先的科普教育阵地、创新型人才培养成长园地；公众喜爱的多功能科技文化生活空间。

1. 某市产业发展展示交流平台

以广东省某市科技馆为中心枢纽，汇聚公共创新平台，优化整合区域各种创新资源，全方位、多视角展现某市科技创新和产业发展的历程、成果及人文精神，使科技馆在“让世界了解某市，让某市影响世界”中发挥窗口和平台作用。广东省某市科技馆将成为某市对外宣传重要窗口，展现某市科技文化的光辉成就，展现创新科技成果与应用，让公众与科技前沿零距离接触，感受某市自主创新的发展脉搏。

2. 粤港澳大湾区科技创新交流平台

广东省某市科技馆地处科学城，作为粤港澳大湾区科技创新和科普教育核心节点，通过发挥其科技创新交流的功能，助力某市建设全球科技创新中心。一方面推动某市自主创新创业，以科技创新引领战略性新兴产业的发展；另一方面大力整合大湾区科技创新和科学文化资源，开展大湾区各类科技创新活动，围绕技术、人才等科技资源要素集聚和产业融合发展等重点方向，深入开展与湾区城市的科技交流与合作，推动粤港澳大湾区国际科技创新中心建设。

3. 全球领先的科普教育阵地

广东省某市科技馆基于科普教育和科技创新的强大内核功能，普及科学思想、科学精神，传播新科学、新技术、新知识、新理念，激发公众爱科学、用科学的社会氛围。同时加强与全球先进科技馆的国际交流，推动全球科普资源的有效对接，开展科普场馆间理论研究合作、科普人员培训、科普临展互访，推进创新资源与创新文化交往，着力打造全球领先的科普教育阵地。

4. 创新型人才培养成长园地

创新教育就是以培养公众创新精神和创新能力为基本价值取向的教育。其核心是在普及基础教育的基础上，在全面实施素质教育的过程中，为迎接知识经济时代的挑战，着重研究与解决在基础教育领域如何培养大学生与社会公众的创新意识、创新精神和创新能力的问题。

广东省某市科技馆以“创新先导”为发展理念，以创新教育为主线，加大创新教育资源整合和相关课题研究力度，打造创新型人才培养成长园地，将发挥汇聚创新文化、启迪创新智慧、培育创新人才、促进创新发展的强大作用，为推动国家创新教育研究作出贡献。

5. 多功能科技文化生活空间

广东省某市科技馆将构建一个多功能科技文化生活空间，成为彰显某市魅力、动力、活力与创新力的亮丽名片，与科学公园及周边其他文化设施形成联动，共同营造科学城浓厚的科技文化生活氛围。作为某市重点规划建设的“新十大文化设施”之一，为公众提供融合科学、艺术、创新、创意、特色的文化休闲场所，成为“普惠性、高质量、可持续的城市公共文化服务体系”的重要一环。

第二节　服务内容

(1)项目咨询：项目计划统筹及总体管理、前期工作管理、设计管理、技术管理、进度管理、投资管理、质量安全管理、项目组织协调管理、招标采购管理、合同管理、BIM 管理、档案信息管理、报批报建管理、竣工验收及移交管理、工程结算管理以及与项目建设管理相关的其他工作。

(2)工程监理：施工准备阶段监理、施工阶段监理、保修监理及后续服务监理以及与工程监理相关的其他工作。

(3)根据建设单位《政府工程 2020 先进制造体系实施纲要》及国家、广东省和某市等相关文件进行创新技术应用，提出策划方案，并监督相关单位实施。

(4)依据建设单位《政府工程 2020 先进制造体系实施纲要》要求，组织“建设单位场馆类项目承建单位择优体系”研究，含制度研究、制度编写、系统开发运维、专家咨询、专家评审、组织申报、数据管理等内容。

第三节　项目组织

全面推行全过程工程咨询管理模式，探索和积累全过程工程咨询经验，结合建设单位管理框架及人员配置情况，成立以建设单位土地开发中心、建设单位设计中心与工程咨询公司共同组成的项目组，全面实施项目建设管理。

一、项目组组成

项目组由决策层、管理层和执行层组成，其中：

1. 项目组决策层

(1) 人员组成：由项目主任、土地开发中心项目经理、设计中心设计总监、工程咨询项目负责人组成，其中项目主任担任项目组决策层组长。

(2) 主要职责：负责项目策划、组建全过程咨询团队、制定项目管理制度和流程、重大事项的讨论和决策等。

2. 项目组管理层和执行层

(1) 人员组成：由土地开发中心管理人员、设计中心管理人员、咨询项目管理人员组成。

(2) 主要职责：按项目组决策层要求，全面实施全过程咨询管理。

二、项目组运行机制

根据项目建设不同实施阶段，项目组日常运行分别由建设单位土地开发中心和设计中心负责统筹和管理，全过程工程咨询项目部全面协助配合实施。

三、组织结构图

本项目的组织机构见图 7－2。

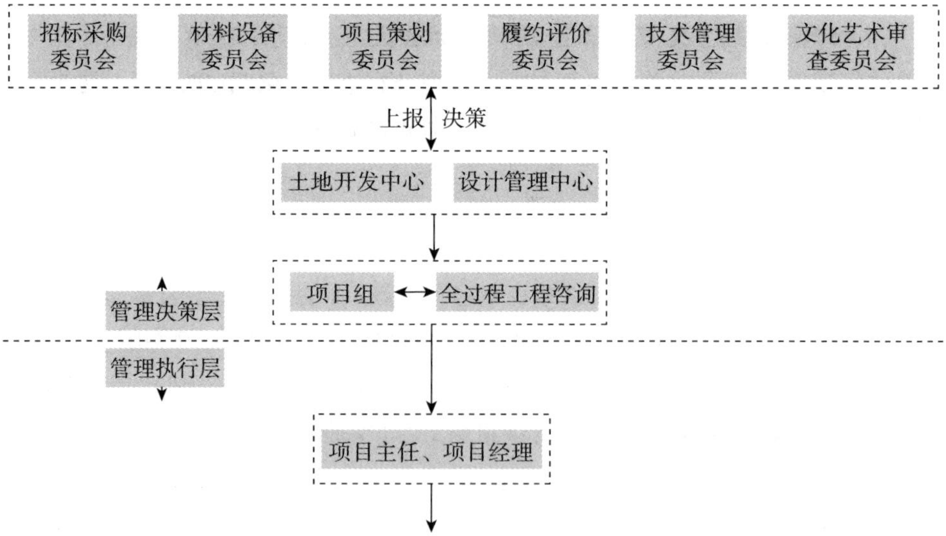

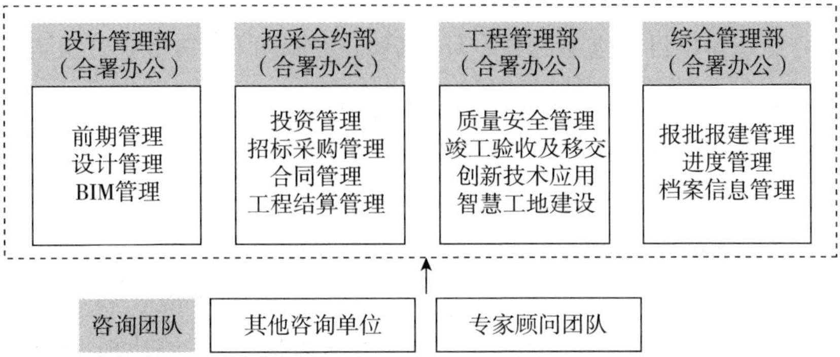

图7－2　项目组织机构

四、主要责任人职责及分工

1.项目经理

（1）全面主持本项目的全过程工程咨询管理的日常工作。

（2）组建全过程工程咨询管理团队。

（3）确定项目的工作分解结构、组织分解结构及编码系统，确定项目管理组织机构和组织形式，确定各部门的职责。

（4）结合公司、建设单位及本工程特点，组织制定项目部内部管理制度。

（5）主持编写全过程工程咨询管理规划和各咨询板块实施细则。

（6）对项目总体统筹、协调及管理全面负责。

（7）组织编制项目前期工作计划、工程项目建设总进度计划、工程项目资金使用计划、质量计划、安全管理策划、招标和采购工作计划、沟通计划、信息化服务计划、制定管理办法及流程等。

（8）安排组织各阶段设计文件报批工作。

（9）安排组织项目部管理例会、设计例会、监理例会以及其他专题会。

（10）调解建设单位与施工单位的合同争议，处理工程索赔。

（11）检查监督现场项目管理、施工监理、造价咨询、设计监理、信息化服务的工作，根据工程项目的进展进行人员调配，对不称职的人员进行调换。

（12）保持与项目业主的密切联系，建立与业主以及相关单位的沟通渠道，并将项目业主的意图向各咨询板块传达并执行。

(13)组织对项目实施中的各个环节进行检查、分析,编写专题报告和阶段性管理工作报告。

(14)整合各咨询板块工作,协调各咨询板块的配合工作。

(15)负责向业主及公司总部进行工作汇报。

(16)审查施工单位的竣工申请,组织工程竣工预验收,组织编写工程质量评估报告,组织工程竣工验收。

2. 设计咨询管理负责人

(1)配合项目经理组织该项目的设计管理工作,接受项目经理的领导。

(2)协助项目经理组织编写全过程项目管理规划、工程项目建设总进度计划、成本规划书、工程项目资金使用计划、质量计划、招标和采购工作计划、沟通计划等技术文件。

(3)组织制定本项目设计管理工作管理办法和工作计划。

(4)制定设计管理组内部工作制度和作业流程。

(5)确定设计管理组人员分工及岗位职责。

(6)负责主持设计管理组日常工作。

(7)负责项目设计各阶段(方案设计、初步设计、施工图设计)计划统筹及总体管理。

(8)组织审查设计文件对专家评审意见、甲方意见、专业部门审查意见的修改落实情况。

(9)组织公司专家顾问组对设计文件进行报批前的审查,审查设计文件对技术规范、规程和标准的执行情况,纠正偏差和错误,提出优化建议,出具咨询报告。

(10)组织本项目的设计技术协调会,解决设计技术难题,提出有效解决方案和建议。

(11)组织施工图设计汇报、评审及与本项目相关的专题研究专家评审会。

(12)对工程项目的技术革新、因设计原因发生的变更提供咨询意见。

(13)根据施工图设计管理工作进展,向委托方提交施工图设计审查月度报告(总结汇总当月设计进度、设计质量、存在问题和改进措施等)、施工图设计成果审查报告、施工图设计审查总结报告(全面总结审查和专题研究工作)。

(14)参与各种相关技术会议并负责会议纪要的记录和整理工作,及时对会议中提出的技术问题给出具体的咨询意见。

(15)项目管理部日常工作中遇到的重大技术问题的论证组织。

(16)负责设计论证、设计优化、设计可行性等论证。

(17)组织项目部审查各标段的施工组织设计和重大施工方案。

(18)组织和参与设计变更的审核。

(19)组织编写设计管理总结报告。

(20)组织对设计文件、施工现场定期或不定期的技术、质量、进度检查,并督促落实整改措施。

(21)负责项目经理交办的其他工作。

3. 总监理工程师

(1)接受项目经理的管理,负责本项目建设阶段的工程监理工作实施。全面贯彻实施工程监理质量方针和质量目标,保证质量体系在项目监理工作中能够持续有效运行。

(2)主持编写项目监理规划、审批项目监理实施细则,并负责管理工程监理组的日常工作。

(3)确定项目监理组人员的分工和岗位职责。

(4)制定工程监理组内部工作制度和作业流程。

(5)组织监理人员熟悉项目的各种技术文件、有关国家及当地政府发布的关于工程建设监理的政策、法令、法规、规范、标准及管理程序,以及本公司编制的各项技术工作及管理工作规定。

(6)检查和监督监理人员的工作,根据工程项目的进展情况进行人员有效调配,对不称职的人员及时向项目负责人作调换其工作的建议。

(7)审查工程分包单位资质,并提出审查意见。

(8)主持监理工作会议、工地例会,签发项目监理机构的文件和指令,定期向建设单位汇报监理工作。

(9)审查并签署承包单位提交的开工报告、施工组织设计、技术方案、进度计划。

(10)审查单位工程停工令、复工令、工程付款凭证和工程结算书。

(11)主持或参与处理工程质量事故。

(12)组织或参加调解建设单位与承包单位的合同争议,对索赔、工程延期提出处理意见。

(13)审查承包单位提交的竣工申请报告,参加工程竣工验收。

(14)主持整理工程项目的监理资料,形成监理竣工资料并归档。

(15)在各阶段监理工作完成后主持监理资料和其他工程资料的收集整理归档工作,编写监理工作总结。

(16)填写总监理工程师监理工作日志。

(17)组织编制监理月报、专题报告和工作总结。

第四节　咨询方案

一、目标策划

1. 项目建设进度目标

项目建设总工期四年,2019 年 12 月底破土动工,2023 年 12 月底竣工,并达到移交试运营条件;节点工期目标以项目建设总控计划确定。

2. 项目建设质量目标

确保项目获得省部级优秀工程勘察设计奖、省市优质工程奖、中国钢结构工程金奖和国家建设工程“鲁班奖”。

3. 项目投资目标

项目建设投资控制在经批复的项目总概算范围内。

4. 项目建设安全文明施工目标

杜绝重大安全生产责任事故;建设省市级安全文明施工标准化工地;创国家 AAA 级建设工程安全文明工地。

5. 项目建设创新目标

管理创新：基于移动互联网技术进行智慧管理、清单管理。

技术创新：装配式钢结构、异形幕墙、型钢与混凝土组合结构、智能化集成系统等。

措施创新：采用大模、铝模、钢结构整体提升、BIM＋北斗定位监测等措施。

二、设计咨询

1. 项目常规管理

（1）设计例会和各类设计专题会议的会务工作，编写会议纪要；编写设计周报、月报；组织各设计单位之间、设计单位与外部有关部门的协调工作；资料的收集整理和归档。

（2）协助办理各项前期报建手续，完成相关招标工作。

2. 需求研究及咨询管理

（1）为规划、方案设计提供技术咨询服务，组织和开展规划条件研究、设计需求研究和全过程设计需求管理。

（2）协助委托人与项目使用单位进行沟通，提出符合各阶段设计深度要求的用户需求，准确表达委托人对工程质量、进度、投资的要求；在设计全阶段（方案、初设、施工图、室内装饰、机电等专业工程设计）协调沟通用户需求；负责协调项目使用单位对各阶段设计成果进行确认。

3. 项目可行性研究报告修编复核和审批后监督执行

（1）在对项目建设过程中总体需求变化进行研究的基础上，根据调研、论证、规划方案设计等工作成果，对可行性研究报告（或可研修编）提出优化意见。

（2）对可行性研究报告的审核应充分评估项目的经济性、可实施性及适用性，明确项目建设标准，明确项目的质量、投资、进度、安全目标。

（3）在可研报告取得发改委批文后根据可研批文监督跟踪后续建设与可研批复的一致性情况并及时反馈。

4. 投资咨询管理

（1）在确保设计的安全性的前提下，根据各不同设计阶段，服务单位须咨询及审查设计单位设计文件及图纸的经济性和合理性。

(2)根据价值工程理论,按限额设计控制投资,在限额设计范围内对初步设计全面进行价值工程评估。

(3)按照限额设计指标,对施工图设计内容进行核实和审查。

5. 设计管理

(1)制定设计管理工作大纲,明确设计管理的工作目标、管理模式、管理方法等。对项目设计全过程的进度、质量、投资进行管理。

(2)将使用功能需求条件,转化成设计需求参数条件,要求设计单位按时提交合格的设计成果,检查并控制设计单位的设计进度,检查图纸的设计深度及质量,分阶段、分专项对设计成果文件进行设计审查。

(3)负责组织对各阶段(方案、初步设计、施工图)及各专业的设计图纸设计深度及设计质量进行审查,并提交审查报告。对设计方案、装修方案及各专业系统和设备选型优化比选,并提交审查报告。

(4)协调使用各方对已有设计文件进行确认。确认设计样板,组织解决设计问题及设计变更。

(5)组织专项审查,包括但不限于交通评估审查、环境影响评价审查、结构超限审查论证、消防性能化论证、深基坑审查、建筑节能审查等。在委托人的指导下进行工程勘察、设计、施工图设计审查、第三方检测等前期阶段的各项服务类招标,签订合同并监督实施。

6. 工程技术咨询管理

(1)对工程建设过程中的特殊结构、复杂技术、关键工序等技术措施和技术方案进行审核、评价、分析,解决施工过程中出现的设计问题,对工程建设新技术、新工艺、新材料进行研究论证,对重要材料、设备、工艺进行考察、调研、论证、总结,从技术角度提出合理化建议或专项技术咨询报告。

(2)组织设计单位对监理和施工单位进行技术交底,对重点工序、重点环节的技术、质量进行控制,处理工程建设过程中发生的重大技术质量问题。

三、进度管理

项目进度管理的主要目标是在规定的时间内,制订合理、经济的进度计划,在该进度计划的执行过程中，检查实际进度是否与计划进度相一致，保证项目按时完成。

1. 项目 WBS 分解

为使项目相关单位及人员对项目一目了然，使项目概况和组成明确、清晰、透明、具体，保证项目结构的系统性和完整性，建立完整的项目保证体系，明确项目相关各方的工作界面，便于责任划分和落实，制订项目进度控制计划，对项目工作任务进行工作分解结构（WBS）分解。

2. 项目建设进度计划体系及进度计划

项目进度计划是保证合同工期和主要里程碑节点工期的前提，对设计、招标采购、建设施工等各项作业进行时间和逻辑上的科学合理安排，达到资源合理利用并降低费用和施工干扰的目的。

（1）建立进度计划体系。

进度计划体系主要包括项目总控进度计划、年度进度计划、月进度计划等各级进度计划体系，以及设计进度计划、报批报建进度计划、招标进度计划、工程施工进度计划等各专项进度计划。

（2）制订项目建设总控进度计划及设计阶段进度计划。

四、质量管理

1. 质量管理体系策划

在项目管理部的统一组织策划下，所有参建单位根据本企业的质量保证体系要求，结合目前的管理网络架构及当地实际情况，建立各阶段各项质量管理网络和质量管理规章制度，明确各项质量管理程序与相应的分工，并进行质量管理工作的表式记录。

2. 施工准备阶段质量管理

（1）参建各方质量管理体系的审核。

（2）施工方案的审核及重大方案的评审。

（3）各标段开工前综合交底中就质量管理进行专项交底。

（4）开工条件审查。

3. 施工阶段质量的检查监督

质量检查分为定期检查、不定期检查和专项检查三种，由项目管理部负责组织，施工监理部具体实施，检查过程中要填写工程质量检查记录，具体如下：定期检查包括开工检查、节点验收前检查、预验收前检查、竣工验收前检查；不定期检查主要是过程巡检；专项检查有季节性检查、节前检查等针对性检查。施工单位和施工监理部每个月必须向项目管理部上报质量管理月报。

4. 工程验收管理

工程验收管理工作分为交付验收（含实物移交）和竣工验收两个阶段的管理工作。竣工验收管理工作主要是配合建设单位完成对工程质量、执行国家和行业强制性标准情况、投资情况等事项的全面检查、验收。工程交付验收是在完成竣工验收并达到预定可使用状态，完成实物交接、资料交接，设备房屋及构筑物移交工作。

五、投资控制

广东省某市科技馆项目是一座大型公共设施，“世界眼光、国际标准、高点定位”的整体定位，决定建筑投资控制管理应在建筑艺术、建筑技术及其经济性之间寻求平衡，运用“动态的、全方位、全过程”管理原则进行控制。以批准的投资估算控制初步设计概算、批准的概算控制项目实施阶段的工程造价（包括施工图设计阶段、施工阶段等）防止“三超”（超投资、超规模、超标准）现象的发生；处理好项目建设“质量、进度、投资”三者之间的关系。

1. 设计阶段

依据批复的投资估算，审核设计概算编制，沟通和管理好设计概算编制单位、设计概算审核单位。审查设计概算的编制依据是否正确；审核工程量的计算是否正确；审核定额的各分部分项套用定额单价是否正确；审核各种取费项目是否符合规定，是否符合工程实际，有无遗漏或在规定之外的取费。结合某市建筑市场的价格对于有可能超出投资预算的分项及时组织讨论，对于已经确定而且无法更改，但是又很有可能超出限额标准的方案，应及时上报建设单位土发中心，对于投资风险大、投资比例大的专项方案在必要时可以组织专家进行分析和评审。

2. 招标阶段控制

管理好造价咨询公司，按进度要求造价咨询公司按时提供工程量清单和招标控制价。

(1)审核编制工程量清单的准确性，尤其是材料设备的名称、规格、数量等必须准确无误。

(2)工程量清单项目编制齐全，分类清楚，不得漏项，标底价格合理；工程量计算准确。

(3)主要材料设备计价准确，无原则性失误。

3. 项目施工阶段控制

(1)严格按照施工招标文件规定审核工程进度款，严禁工程进度款超付情况。

(2)按工程进度分阶段进行工程结算和变更(包括设计变更、现场签证等)结算地审核，使事后的审价在过程中得以解决。

(3)参加施工现场例会，了解施工进展情况，解决施工过程中随时可能出现的投资方面的问题。

4. 竣工结算阶段的全过程投资控制

竣工结算阶段的造价控制是事后控制，主要是做好工程资料和工程结算造价的审核。竣工结算阶段是建设工程项目全过程投资控制的最后一个程序，它是全面考核投资控制效果的重要环节，也是投资成果转入生产或使用的标志阶段。

该阶段要关注竣工图纸、工程量变更通知书、增加工程量签证等资料是否齐全，手续是否完备，要明确哪些是涉及索赔的，哪些是可以反索赔的，正确处理好索赔与反索赔是结算合理与否的关键。

六、安全文明管理

1. 管理体系策划

(1)策划安全保证体系

在项目管理部的统一组织策划下，所有参建单位根据本企业的安全保证体系要求,结合目前的管理网络架构及某市实际情况,建立各阶段各项安全管理网络和安全管理规章制度,明确各项安全管理程序与相应的分工,并进行安全管理工作的表式记录。

策划内容主要包括以下几个方面:安全目标策划;危险源与不利环境因素识别、评价和控制策划;适用法律法规、标准规范和其他要求;制定安全生产相关制度。

(2)制定文明施工工作计划及管理网络

按照文明工地创建的要求,现场项目管理部以创建文明工地、治安合格工地活动为抓手,落实本项目内的文明施工管理工作。

2. 安全及文明施工交底

施工单位进场后,项目管理部组织相关部门对施工单位进行交底。交底工作完成后形成交底记录,参建各方签字盖章。

3. 审查工作

(1)各方安保体系审查。

(2)施工单位应急预案审查。

(3)文明工地资格申报审查。

4. 施工过程安全及文明施工检查

项目管理部负责全体项目的具体管理、监督工作,施工监理部负责实施检查、督促工作,这些工作原则上每周进行一次。

七、信息管理

(1)成立信息管理小组。

(2)编制信息管理手册:主要内容包括:管理的任务,信息管理的任务分工表和管理职能分工表,信息的分类,信息的编码体系和编码,信息输入输出模型,各项信息管理工作的工作流程图,信息流程图,信息处理的工作平台及其使用规定,各种报表和报告的格式以及报告周期,项目进展的周报、月度报告、季度报告、年度报告和工程总报告。

(3)制定管理制度:建立信息管理责任制度,工程档案管理制度,信息管理的保密制度,收发文制度,会议交流制度,重要会议控制制度等。

(4)建立项目信息交流平台。

八、BIM咨询管理

1. BIM管理策划

(1)组建项目BIM管理团队。

(2)编制项目BIM管理规划。

(3)建立BIM实施的协调机制及实施评价体系。

2. BIM实施管理

根据建设单位《BIM实施管理标准》及《BIM实施纲要》的要求,审核BIM应用成果,提交审核报告并负责成果验收。具体包括:

(1)基于BIM开展工程管理咨询工作,包括基于BIM的技术审查、项目例会等。

(2)审核招投标文件BIM专项条款。

(3)审核项目各阶段BIM实施方案(方案阶段、初设阶段、施工图阶段、招标阶段、施工阶段)和各专项实施方案(机电专项、钢结构专项、幕墙专项、装饰装修专项)。

(4)编制并提交项目BIM实施管理细则(含协同方式、标段整合、工程量管理辅助、机电工程、精装修工程)。

(5)审核项目各项BIM实施技术标准和规范及BIM实施计划。

(6)审核BIM相关模型成果(含模型信息),包括建筑、结构、机电等专业模型和各专业的综合模型及相关文档、数据成果,确保BIM应用深度符合各个阶段深度技术要求。

(7)审核BIM实施单位提交的BIM可视化汇报资料、管线综合BIM模型成果、BIM工程量清单、BIM模型“碰撞检查”报告。

(8)审核BIM实施单位对于管线综合分析和优化调整的成果,以及基于BIM的管线综合系统解决方案。

3. BIM平台管理

(1)负责项目BIM管理平台的管理,实现项目各参与方的协同。

(2)项目各参与方通过建设单位已有BIM管理平台实现协同工作。该管理平台由建设单位与赛迪工程咨询有限公司共同管理。

第五节　项目咨询总结

一、展教工程协同与协调配合管理

科技馆的核心功能是科普教育,是实现观众可参与的互动性科普展览、教育活动的场所,该项功能的实现主要依靠展教工程,因此,如何满足展教工程的需求,与展教工程建设方协同完成科技馆建设是本项目的重点工作内容。项目部主要采取了以下措施:

(1)建立高效顺畅的协调沟通机制。建立例会机制,通过每周、每月例会及专题会议,持续保持与科协及展教工程参建各方的协调沟通,及时协商解决设计过程中的各项问题。

(2)及时确定影响设计的重要方案和需求。组织设计团队、科协展教设计及咨询单位的各项专题协调会议,对相关设计方案进行确认,如:平面布置及立体空间的划分;重大展项和标志性展项的确定,建筑及展项的选择和确定;参观流线、工作流线、人流物流的双方确认;业务运营区的功能区划分、布置及功能设备要求;室内装饰的界面划分和风格等。

二、设计咨询管理

1. 设计进度、质量、投资咨询管理

设计过程管理:组建专业的设计管理团队和专家顾问团队,制定规范的设计管理流程,例如,设计文件评审流程、设计文件确认流程、设计变更管理流程等。从设计进度、质量、限额设计等方面对设计过程进行全面的管理。围绕设计对质量、安全、投资进行控制,使工程项目建设达到预期的质量投资目标。对各阶段的设计图纸的合理性提供技术可行性分析、经济比较和可操作性评估,向业主提交各阶段的设计评估报告(包括各阶段设计的核查意见和优化建议)。组织专家对各阶段图纸进行审查,组织专家对重大疑难技术问题的方案进行评审。对有关工程设计问题提供咨询和专业性意见，对环境影响、风险分析等各方面出具独立的、公正的、综合性的咨询意见并提供技术支持；协助业主对设计阶段工程投资进行监控，根据自身经验对初步设计概算及施工图预算的主要经济指标提出书面意见，进行经验性复核，并将施工图预算与初步设计概算进行对比分析，向业主提出控制优化建议；对项目设计进度进行跟踪，协助总包单位确保设计质量和进度。按时向委托人报送设计管理简报和专项报告，定期进行设计小结，向委托人报告设计中存在的问题及相应的处理意见。

2. 设计文件评审管理

设计评审分为内审和外审两类，主要在前期设计阶段。内审由项目管理部、专业组、分管领导组织三种形式组成；外审由外请专家、第三方审查机构或团队两种形式组成。全过程咨询方设计管理部负责人或各医院前期设计工程师是设计评审的召集人。

(1)内审流程

①建设单位设计中心和全过程咨询方设计管理部对各阶段的设计图纸同时进行把关，由全过程咨询方设计管理部进行首次评审，设计中心进行二次评审。两次评审可同时进行，也可与专业组评审合并进行。

②方案设计完成后，视需要组织对相关专业进行评审，对重大方案设计问题可通过多次专题会解决。

③初步设计完成后，由建设单位设计中心或全过程咨询方设计管理部组织相关专业组进行审核。概算完成后由建设单位工程中心或全过程咨询方招采部组织概算评审，建设单位项目专业工程师、造价咨询单位及全过程咨询方参加。

④施工图设计完成后，由建设单位设计中心或全过程咨询方设计管理部相关专业组进行审核，建设单位项目专业工程师、造价咨询单位、全过程咨询方工程管理部参加。设计院修改后报施工图审查。专项深化设计、重大技术处理方案、设计变更等，视需要报建设单位相关专业组进行评审。

⑤方案、初步设计成果请分管前期和项目的甲方领导听取汇报，室内装饰、景观等专项深化设计向甲方分管领导专题汇报，重要设计成果汇报请建设单位董事长参加。

(2)外审流程

①项目建筑设计方案、结构专项设计、设备系统选型、特殊专业重大技术处理方案等事项,视情况由建设单位设计中心邀请外部专家进行审查论证。

②由建设单位专家库的专家对初步设计、施工图图纸进行二次审查。

③为加快项目进度、提高工作效率,外审可与内审合并进行,但外审不能替代建设单位内审。

三、进度管理

进度管理是一个系统管理过程,拟遵循“事前、事中、事后”的进度管理原则,采用动态控制管理的方法,对项目实施进度进行全过程管理,即 PDCA 循环管理。

1.“事前”进度管理

“事前”进度管理,重点是编制各时间段进度计划。针对广东省某市科技馆项目,应根据既定工期目标,采用科学的方法,结合质量、费用、安全目标及项目特点,编制项目设计总进度计划、年度设计进度计划、月设计进度计划、周设计进度计划;编制项目实施总进度计划、年度实施进度计划、月实施进度计划、周实施进度计划等。进度计划应科学、合理,考虑客观因素,具备可操作性。

2.“事中”进度管理

“事中”进度管理,是保证项目工期目标的重点工作。在广东省某市科技馆项目设计与实施过程中,应采用以下方法,保证工期目标顺利达成。

(1)审批各项进度计划。审查设计单位各项设计进度计划,审查项目实施单位各项实施进度计划,批准与总控进度计划相适应、能确保工期目标实现的各项进度计划。

(2)控制节点工期,重视关键线路工作。审核各方提交的月、周进度报告,严格控制关键线路上的节点工期,检查、督促各方各项计划内容的实施。

(3)检查对比,发现偏差。随时检查各方计划进度执行情况,掌握实际进度第一手资料,每周、每月定期对实际进度数据与计划进度数据进行比较,及时发现实际进度与计划进度的偏差值,分析发生偏差的原因。

(4)采取措施,进行纠偏。根据发生偏差的原因,采取相应措施进行纠偏,保证节点工期及总工期目标的实现。

3."事后"进度管理

制定保证总工期不突破的针对措施,编制切实可行的赶工计划。当总工期无法保证时,制定总工期突破后的补救措施,调整相应的总控进度计划及各级进度计划,协调与平衡项目各方。

4.保证进度按计划进行的保障措施

(1)组织保障措施。建立强有力的项目管理班子,严格管理,使各部门积极配合,行动一致,确保项目按计划逐步进行。建立与进度计划相适应的工期节点目标达成的奖惩制度,充分调动各相关人员、各相关部门、各相关单位的积极性。

(2)技术保障措施。认真熟悉图纸,不断优化实施方案,加强现场技术管理,避免返工。加强作业人员岗前培训,严格操作规程,做好机械设备维护保养工作。

(3)经济保障措施。编制资金需求计划,加强资金管理,防止资金短缺,做好应急资金支持。建立工期激励长效机制,提供奖惩资金支持,调动各方生产积极性。

(4)资源保障措施。审核各方材料、作业人员、机械设备需求计划,检查各方材料、人员、机械设备储备情况。

(5)施工保障措施。挖掘关键线路潜力,合理压缩工序施工时间,加强工序穿插作业管理,避免各工序相互干扰及破坏。审核各方农忙、节假日等材料、人员、机械设备准备计划,检查各方农忙、节假日作业情况,加强各方农忙、节假日连续作业管理。

(6)外部环境保障措施。积极主动与质监、安监、环境、交通、消防等各政府主管部门联系,加强沟通探讨,争取各方理解与支持,为实施作业提供便利,避免因外部环境因素造成实施作业停止,影响工期进度。

四、质量管理

(1)样板引路。首先建立样板工程,由工程管理中心、项目管理部、设计、施工监理部、施工总承包共同验收，确立施工工艺与验收标准，参照样板项目施工。

（2）关键工序控制。工程开工前，项目管理部督促施工方及时落实施工项目的“单位、分部工程”划分工作，划分工作由施工监理部审核，最终由项目管理部确认。施工总包方根据批准的单位工程划分意见，确定关键工序及验收批，经施工监理部审核后由项目管理部协调确认。对高风险关键工序，施工总承包单位要加强跟踪，施工监理部要旁站监理，现场项目部加强巡视。

（3）严格质量考评。项目管理部每月对施工总承包单位进行一次质量考评，考核月计算时自上月 26 日起至本月 25 日止。

五、安全文明管理

（1）建立安全及文明施工抵押金制度。安全及文明施工抵押金是承包工程安全生产和文明施工、履行安全生产协议的经济担保。各承包商应缴安全及文明施工抵押金的总金额，按发包工程合同造价的 2‰计算。项目管理部将根据安全生产和文明施工管理的有关规定进行奖励或对抵押金进行扣罚。

（2）网格化管理。安全文明施工网格化管理，是在整体施工组织基本确定的同时，将施工作业区划分成若干个区域，分派专职人员进行针对性的安全文明施工管理。指派在该施工区域施工单位的专职安全员协助监理部的安全员做好该区域的安全文明施工管理工作，自下而上地形成整个施工区域的网络化安全文明施工管理。

（3）严格安全及文明施工考评。项目管理部每月对施工总承包单位进行一次安全及文明施工考评，考核月计算时自上月 26 日起至本月 25 日止。

（4）实行安全预警机制。根据建设单位项目管理手册的要求，结合本项目的特点，制定本项目的安全预警机制。

六、BIM 管理

1. BIM 进度管理

根据进度计划要求，实行每周进度汇总，协调落实影响实施进度问题。

（1）根据项目总实施进度，审查 BIM 各阶段实施进度计划，协助 BIM 咨询方确定模型及成果提交节点及时间。

(2)根据各阶段 BIM 实施进度计划,审核 BIM 咨询方是否在计划日期内按要求在 BIM 协同平台上提交 BIM 成果。

(3)监督项目实施过程是否按照 BIM 实施计划执行,实现过程监督及偏差分析。

(4)若 BIM 实施进度没能按计划实施的,及时要求 BIM 咨询方追踪查明延误原因,及时纠正偏差并追究相关方责任。

2. BIM 质量管理

根据建设单位《BIM 应用实施纲要》和《BIM 实施管理标准》相关规定,明确质量控制方式,实现 BIM 成果质量标准化、流程化控制,包括:

(1)项目实施各阶段前期准备工作交付成果审核。在项目阶段实施之前,BIM 咨询方按项目 BIM 实施标准中确定的模型内容、模型深度,对 BIM 实施方提交的模型质量进行审查,协调 BIM 实施方落实可能出现的问题。

(2)项目实施各阶段过程交付成果审核。在 BIM 实施阶段,严格按照 BIM 实施标准把控质量及其实施情况,通过设计审查、协调会议及专题汇报等方式协调解决。

(3)项目实施各阶段最终交付成果审核。严格把控 BIM 咨询方审核完成的 BIM 模型的时间节点,对提交的 BIM 模型进行质量检查确认,并确定模型修订后的质量要求。

3. BIM 成果管理

根据建设单位的《BIM 应用实施纲要》和《BIM 实施管理标准》等相关规定,制定相应的文件归档目录,并做好相关的记录工作。具体包括:

(1)各参与方根据项目进展及要求提交 BIM 工作成果,并确保交付成果符合相关合同范围及标准要求。

(2)在提交 BIM 成果时,BIM 实施方应将 BIM 成果交付函件、签收单、BIM 成果文件一并提交项目 BIM 管理方。

(3)BIM 实施方在项目 BIM 实施过程中提交的所有成果,应接受 BIM 管理方的管理与监督。

第八章

重庆市某区重大功能设施全过程工程咨询

第一节　项目概况

重庆市某区重大功能设施项目包含干部学院、环境学院、跨江大桥及配套工程、国际峰会配套保障基地项目一期、文旅综合体一期 5 个子项目。

一、干部学院

定位为习近平生态文明思想学习研究、教育培训、宣传推广基地，布局在某区规划教育科研用地内；规划占地面积约 22 公顷，建筑面积约 12 万平方米，主要建设内容包括新建教学用房、行政用房、生活用房、宿舍用房、文体用房、配套用房（门卫房、连廊、健身步道、员工公寓）、地下停车库等，配套建设包括变配电工程、室外综合管网、电梯、天然气、道路、铺地、绿化及运动场、环境支护、土石方工程等公用工程和室外环境工程（见图 8－1）。

图 8-1 干部学院效果图

二、环境学院

定位为高层次生态文明人才培养基地、高质量生态文明科技成果研发示范基地和高水平生态文明决策咨询中心；布局在某区规划教育科研用地内；规划占地面积约 35 公顷，建筑面积约 21 万平方米，主要建设内容包括新建教研用房、宿舍用房、图书馆、体育馆、行政办公用房、会堂活动用房、食堂、后勤用房、学术中心、地下停车库等，配套建设变配电工程、室外综合管网、电梯、天然气、道路、铺地、绿化及运动场、环境支护、土石方工程等公用工程和室外环境工程（见图 8-2）。

图 8-2 环境学院效果图

三、跨江大桥及配套工程

跨江大桥及配套工程西起某岛东岛头区域,东接某岛配套管理服务中心(东),包含跨江大桥、某岛配套管理服务中心(东,包括小型消防站)。项目道路全长约1300米,其中跨江大桥项目全长约890米(包含大桥长度650米),上跨匝道约260米,某岛配套管理服务中心(东)总建筑面积约5.5万平方米(见图8-3)。

图8-3 跨江大桥及配套工程效果图

四、国际峰会配套保障基地项目一期

国际峰会配套保障基地项目一期用地面积约15公顷,总建筑面积约10.5万平方米,包含生态酒店与河口场商业配套设施。生态酒店建设用地面积约10.3万平方米,总建筑面积约7.4万平方米,河口场商业配套设施建设用地面积约5.1万平方米,总建筑面积约3.1万平方米。建筑高度按照24米进行控制,其中临江头排建筑高度按照12米进行控制,车位数664个。秉承“一个范围”“两个生态”“三个部分”“四句意境”的建设理念和“明月山居”的处理方式,酒店主要建设内容以“生态生活营”为设计主题,包括酒店宴会厅、客房、公共服务(会务、商务、餐饮、健身等功能)、后勤配套(办公、厨房、设备、停车等功能)等内容;河口场商业配套沿用原河口场内建筑肌理,保留部分建筑体量。本项目包含两个地下通道,用以连接酒店和河口场以及河口场观光码头。工期约 36 个月。

图 8 – 4　国际峰会配套保障基地项目一期效果图

五、文旅综合体一期

文旅综合体一期,即某岛配套管理服务中心(西),包括集散中心、配套商业、配套管理用房及换乘中心、车库及配套设施用房,建设用地面积约 11 公顷,总建筑面积约 14.5 万平方米。

图 8 – 5　文旅综合体一期效果图

第二节　服务内容

全过程工程咨询包括但不限于投资决策综合性咨询(建设条件单项咨询等)、设计咨询、施工图审查、项目管理咨询、全过程 BIM 集成应用、全过程造价咨询、工程监理等服务内容。

(1)投资决策综合性咨询:包括水土保持方案编制和报批、环境影响评价编制和报批等工作。

(2)设计咨询:包括勘察设计管理、技术咨询、项目“绿色化”、“智能化”技术标准管控、重大技术问题设计咨询及优化、设计变更技术咨询等。

(3)施工图审查:按照有关法律、法规和规章,对施工图涉及公共利益、公众安全和工程建设强制性标准等内容进行审查并出具合格书。

(4)项目管理咨询:包括组织项目总体策划;组织完成各种审批手续;招标咨询;协助委托人与工程项目的总承包企业或勘察、设计、供货、施工等企业签订合同,并监督合同的履行;协调参建各单位之间的关系,各单位与外环境之间的协调;编制工程实施的用款计划、进度计划;根据工作大纲编制详细的工作细则;协助组织竣工验收;组织各种资料的整理归档工作;办理交接手续、处理回访问题、协调保修期内各方面关系;缺陷责任期管理等。

(5)全过程 BIM 集成应用:包括 BIM 管理服务、BIM 集成应用服务、BIM 协同管理平台等。

(6)全过程造价咨询:包括投资估算编制与审核、设计概算编制与审核、审核工程量清单及组价、编制招标控制价、全过程造价控制、设计变更经济审核、重大设计变更投资影响咨询、竣工结算审核等。

(7)工程监理:完成设计施工图范围内所有内容的施工监理及缺陷责任期阶段监理。对该项目质量、投资、进度实施有效控制,对施工组织进行协调,进行工程安全管理、合同管理、信息管理、技术咨询等。

第三节　项目组织

一、项目各参建方职责

1. 建设单位职责

(1)全面负责项目建设质量、进度、投资等管理。

(2)根据相关规定和要求,确定项目勘察设计单位、工程承包单位、工程造价咨询单位、甲供设备/材料供应商等单位并签署合同。

(3)全过程参与项目建设全过程管理,督促、协助项目全过程咨询单位对项目各参建方进行管理。

(4)负责与政府相关部门之间的沟通协调。

(5)负责落实项目建设资金,负责项目资金筹集、申请、支付、资金账户管理等财务管理。

2. 全过程工程咨询单位职责

(1)在建设单位书面授权范围内进行管理,全面履行项目全过程咨询合同约定的权利、义务和职责。

(2)负责项目投资、进度、质量、设计、合同、信息管理和协调。

(3)结合建设单位相关管理规定和要求,制定项目管理制度、流程、办法。

(4)协助建设单位组织项目竣工验收、工程移交、办理工程竣工结算。

(5)负责组织编制项目建设管理评估、评价。

3. 勘察/设计单位职责

(1)根据与建设单位签署的勘察/设计合同,全面履行合同约定的勘察/设计任务。

(2)负责组织项目建设功能需求调研。

(3)负责勘察/设计工作,并及时提供勘察/设计成果。

(4)参与工程施工阶段管理,及时处理和完善施工图纸缺陷、错误或工程变更。

(5)参与工程验收,并出具勘察/设计验收意见。

(6)参与工程质量评估评定,并出具勘察/设计意见。

4. 项目承建单位职责

(1)根据与建设单位的工程承包合同,全面履行合同约定的工程施工任务。

(2)负责工程施工期间现场安全管理、施工协调工作。

(3)负责按合同约定的质量、安全、进度标准进行工程施工,并及时移交经验收合格的工程内容。

(4)负责及时收集、整理工程施工资料,及时办理工程竣工结算。

二、项目组织机构

项目的组织机构见图 8 –6。

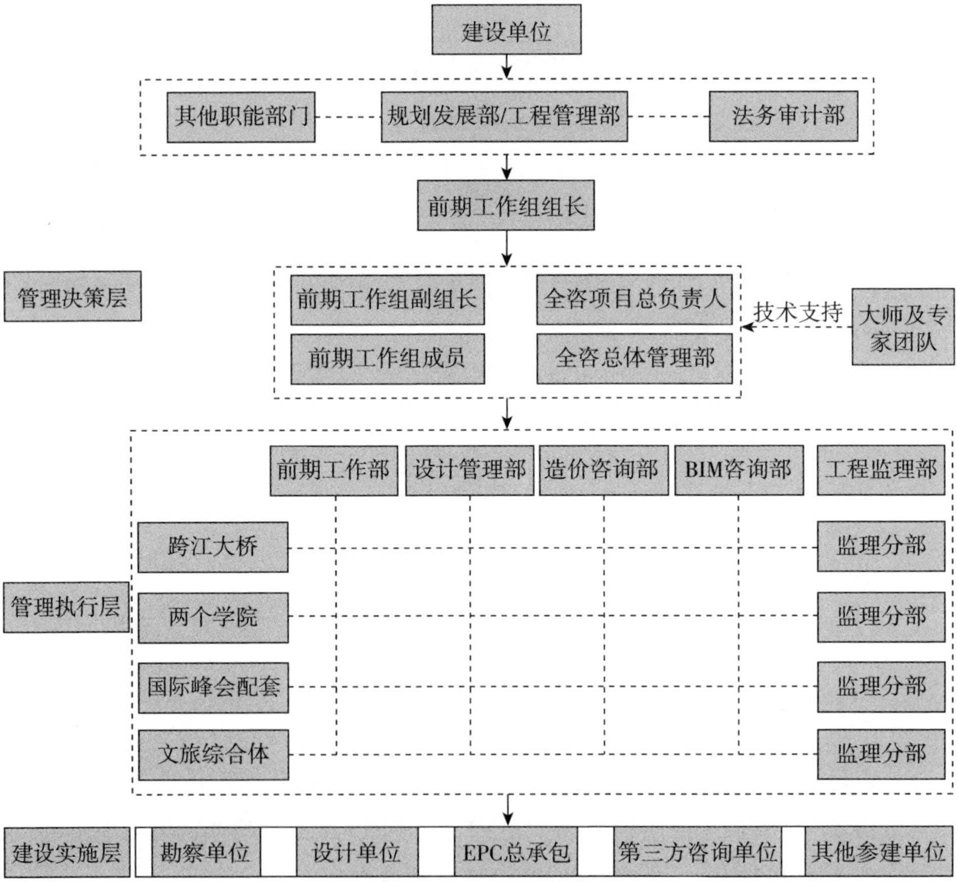

图 8 –6　项目组织机构

第四节　咨询方案

一、总体策划思路

1. 以组织为基础，全面推进项目建设

（1）建立和健全项目建设组织机构，明确各参建单位工作范围、工作职责、工作权限、工作流程等，确保各项目参建单位责任明确、分工明确、沟通畅通。

（2）建立和完善全过程咨询项目部组织机构，明确全过程咨询项目部内部各部门、人员的职责、权限、工作内容、工作流程等，确保全过程咨询内部分工明确、责任明确。

2. 以“质量”管理为核心，重点关注设计管理

工程设计质量、工程施工质量对项目投资、进度影响很大，尤其是工程设计质量，是项目建设需求目标实现的关键，也是直接决定和影响项目施工投资、进度、成本的关键，因此，本项目全过程咨询将以“设计管理核心中的核心”进行策划和管理，以提高前期行政审批的通过率，并通过成熟有效的施工工艺、降低和减少设计变更的频次加快项目进度、保证工程质量和安全施工。

3. 以信息技术为手段，全面实施运用 BIM 管理

本项目依托 EIM 数字孪生平台，以信息技术为手段，全面实施运用 BIM 管理，一方面，可以进一步确保、优化工程设计质量，减少和避免工程设计中存在的设计缺陷、错误和变更；另一方面，全面实施运用 BIM 项目管理手段，可以进一步优化项目施工进度、降低和减少不必要施工消耗，提高工程施工管理水平。

4. 以管理创新为要求，全面实施精细化管理

将精益化管理贯穿项目建设全过程，要求形象工程先行，树立项目建设标杆及标准。采用联合审议管理，在项目建设各个阶段，协调设计、造价、技术咨询、监理、施工等相关单位在过程中通过专题会议进行联合审议，力求项目建设的高效经济性。运用 BIM 技术开展项目场地施工平面布置优化，运用智慧工地系统对工程施工进行全过程、全方位监管，运用装配技术减少和降低施工场地限制并提高施工工效等。

二、项目咨询方案

1. 项目计划统筹及总体管理

(1)制订项目管理具体目标,建立项目管理组织机构,明确各部门及岗位工作职责,分解项目管理的工作内容,制订项目管理工作程序及工作制度,制订各阶段各岗位的人力资源计划。

(2)编制项目总体进度计划,根据项目实施情况进行动态调整。

(3)协调项目各层面、各相关单位、各项工作关系,协调项目外部关系。

2. 投资决策综合性咨询

(1)编制水土保持方案并报批。

(2)编制环境影响评价并报批。

3. 前期工作管理

(1)组织设计例会,组织各设计单位之间、设计与外部有关部门的协调工作。

(2)协助委托人办理各项前期报建手续,协助委托人完成相关招标工作。

(3)协助委托人进行现场情况调查、设计需求研究、编制设计任务书。

(4)对项目咨询、勘察、设计等技术文件进行把关,并提出优化建议。

(5)在对总体需求进行研究的基础上,根据调研、论证、规划方案设计等工作成果,对可行性研究报告进行把关并提出优化意见。

(6)审核可行性研究报告应根据国家、重庆市的相关规范、政策,项目建议书及批复的投资匡算进行评估,对项目用地面积、建筑面积、建设规模、工程建安造价指标进行系统分析,并根据对项目场地与项目功能、规模的分析,判断投资控制的方向和可能出现的疑难问题。

(7)对可行性研究报告的审核应充分评估项目的经济性、可实施性及适用性,明确项目建设标准,明确项目的质量、投资、进度、安全目标。使项目的建设规模、投资标准与项目需求匹配,报告要做到需求合理、论据充分,深度达到国家及重庆市相关规定要求及委托人下一步工作要求。

(8)参加相关各种汇报会、论证会,直至可研报告通过专家评审并取得发改委批文。

(9)对项目建设需要开展的相关专题研究以及需要办理的相关手续进行梳理。

(10)根据项目建设内容编制报批报建工作计划,完成项目前期及工程建设期间的各项报批报建手续(包括但不限于办理土地、规划、建设、环保、人防、消防、气象、水土保持、市政接驳等)。

(11)对各参建单位的报批报建工作进行协调管理。

4. 设计管理

(1)方案设计阶段

方案设计过程管控、方案评估(建筑、景观、精装)、专项方案经济性评估(土石方、基坑支护、地下车库、结构、机电设备)、专项设计技术评估(绿建、装配式建筑、海绵城市、人防、防雷、交通)。

(2)初步设计阶段

初步设计准备(编制任务书、明确技术要求)、初步设计过程管控、初步设计评估(全专业及各专项)。

(3)施工图设计阶段

施工图设计准备(编制任务书、技术要求、技术标准)、施工图设计过程管控、施工图设计成果评估(建筑、景观、消防、精装等专业)、专项设计技术咨询(立面、幕墙、绿建、装配式建筑、消防、暖通、机电设备、泛光照明、标识标牌、基坑支护、人防、门窗百叶、栏杆、智能化、雕塑小品、生化池、电梯、停车画线)、施工图经济性评估(边坡挡墙、基坑支护、基础、结构、机电设备)等。

(4)竣工图设计阶段

复核竣工图的准确性。

(5)组织勘察设计现场服务

项目“绿色化”“智能化”技术标准管控、重大技术问题设计咨询及优化、设计变更技术咨询。

5. 施工图审查

按照有关法律、法规和规章,对施工图涉及公共利益、公众安全和工程建设强制性标准等内容进行审查并出具合格书。

6. 技术管理

(1)对工程建设过程中的特殊结构、复杂技术、关键工序等技术措施和技术方案进行审核、评价、分析,解决施工过程中出现的设计问题,优化设计方案,对工程建设新技术、新工艺、新材料进行研究论证,对重要材料、设备、工艺进行考察、调研、论证、总结,从技术角度提出合理化建议或专项技术咨询报告。

(2)组织设计单位对监理和施工单位进行技术交底,对重点工序、重点环节的技术、质量进行控制,处理工程建设过程中发生的重大技术质量问题。

7. 进度管理

确定进度管理总体目标及节点目标,编制项目进度计划及控制措施,分析影响进度的主要因素,对进度计划的实施进行检查和调整。

8. 投资管理

(1)投资决策阶段的造价控制:项目立项的投资匡算的编制与审核;项目可行性研究阶段的投资估算的编制与审核。

(2)设计阶段的造价控制:方案阶段建安造价估算书的审核;初步设计阶段概算编制的审核;施工图设计阶段预算的编制与审核。

(3)招标阶段的造价控制:招标控制价的编制。

(4)施工阶段的造价控制:编制详细造价控制工作流程图;编制核定各项施工图预算;明确进行施工跟踪的造价控制人员、具体任务及管理职能;对设计变更进行技术经济比较;继续通过设计挖潜寻求节约造价进行造价控制;根据施工承包合同价、进度计划,编制各承包合同的明细工程款现金流量图表,根据工程进度编制工程用款计划书;负责对施工单位上报的每月完成工作量月报表进行审核,并提供当月付款建议书,经建设单位认可后作为支付当月进度款的依据;对已完工程计量进行复核,复核工程付款账单,在施工进展过程中进行造价跟踪,收集实际值,进行计划值和实际值比较,每月出具项目成本月报;双方提出索赔时,为双方提供确认、反馈索赔等咨询意见,出具索赔、反索赔咨询报告;收集工程施工的有关资料,了解施工过程情况,参与现场基础、隐蔽工程、零星收方等工作,协助建设单位及时审核因设计变更、现场签证等发生的费用,相应调整预算控制目标;根据施工阶段的每月工作量与付款,核定各项变更费用,会同建设单位办理工程总结算,编制合同执行情况专题报告,提供整套合同、结(决)算报告及各项费用汇总表交建设单位归档;对分阶段竣工的分部工程,对其完工的结算及时进行核定,并向建设单位提供造价控制分析报告。

(5)竣工结算审核阶段的造价控制:审核竣工结算,复核竣工图准确性。整理完善竣工结算资料,对工程量、定额套价、取费标准、建筑材料用量及价差以及隐蔽工程记录、变更、签证单进行审核。

(6)其他工作:向建设单位提供国内和本市工程项目的造价咨询业务有关法律、法令、条例、规定、标准、规范和一般惯例的咨询服务;向建设单位提供涉及委托工程项目的金额、材料、设备等造价信息和规定的咨询服务。

9. 质量安全管理

(1)落实管理制度

落实工程质量评估制度、安全巡查制度和材料设备检测制度;依据实测实量分级监管机制要求,行使监管职责;配合建立现场工程师巡查影像上传制度,对分项工程的关键工序和重点部位、隐蔽工程实现巡视检查全覆盖,实时上传信息化管理平台;充分利用材料抽检单位、监测单位的技术、设备优势,采用无人机、钢结构超声波探伤仪、数显砼保护层测定仪、混凝土强度测试仪、分布式震动采集仪等自动化检测设备,对工程实体进行全系统检查、评估。根据验收规章制度严把项目竣工移交质量关。

(2)建立材料管理体系

杜绝不符合要求的材料进入现场施工中,在源头上消除存在工程施工质量的隐患。

(3)引进先进施工技术

通过提升工程建设和选材用材标准,完善工程建设技术标准体系,积极采用新技术、新工艺、新材料、新设备,消除质量通病,打造精品工程。根据项目各区域特点,积极推进高精度楼面、薄贴墙地砖、全现浇外墙、新型模板及支架、构件预制化等相关技术在项目中的应用。

10. 项目组织协调管理

(1)建立项目组协调工作制度,对经常性事项制订专门程序,明确协调时间、内容方式和具体负责人。

(2)明确项目组协调工作职责。处理好集中协调和分散处理的关系,充分发挥各级各类管理人员的作用。

(3)通过宣传、指令、监督、交流、会议等方法实现信息有效传递,达到协调目的,从建设项目整体效益出发,实现综合协调和总体优化。

11. 招标咨询

根据项目特点对招标采购计划、招标文件等提出合理建议和评估报告。

12. 全过程 BIM 集成应用

(1)BIM 管理服务

①确定 BIM 建模标准:充分研究并借鉴国内外现行优秀的 BIM 案例和技术标准,结合工程建设特点以及重庆市建委要求,编制 BIM 实施相关标准及指导性文件,为后期项目 BIM 实施提供标准依据、深化依据、管理依据等,作为本项目 BIM 实施的基础文件。相关标准体系编制需要做到结合项目管理特点、项目管理思路、BIM 落地等方面因素,具有可执行性及领先性,并基于编制文件建立各阶段 BIM 样板文件。

②BIM 总体管理及实施协调:建 BIM 总体小组,代表委托人对项目所有 BIM 相关方进行统筹管理,包括建立项目管理部门组织架构,明确各方、各岗位的工作内容、权责关系,设计有效的 BIM 应用实施程序,并在项目实施全过程中代表委托人协调 BIM 应用的各方关系。

③BIM 能力考查、BIM 培训及应用指导:实施过程中,应对各参与方 BIM 技术人员 BIM 能力进行考查,确保满足项目 BIM 实施要求。同时组织建设单位、设计单位、EPC 单位、施工单位、监测单位等项目参与方进行相关的 BIM 教学培训,宣传贯彻 BIM 应用技术标准,确保项目实施各阶段相关的管理人员和技术人员能快速掌握 BIM 应用技术,在 BIM 项目实施工程中各司其职,充分发挥 BIM 技术应用的价值。

④成果审查及应用考核:在项目实施过程中,应负责对照本项目编制的标准

体系和相关的国家、地方标准，对各阶段参建方提交的 BIM 模型及 BIM 应用成果进行质量审查，并提供相应的审查报告。

⑤BIM 协调会议：协助解决设计阶段、施工阶段各单位间信息交互问题，协助解决图纸及模型问题，跟踪落地，形成成果。

（2）BIM 集成应用服务

BIM 集成应用服务包括 BIM 设计阶段管理、BIM 施工监管、BIM 运维交付。BIM 设计阶段管理包含性能分析、方案比选、设计优化等内容。BIM 施工监管包括质量、安全、进度、成本管理等内容。BIM 运维交付包括竣工模型交付、竣工 BIM 资料档案交付等内容。

①BIM 设计阶段：审查设计院完成的施工图设计阶段全专业 BIM 建模的完整性与可用性。

BIM 方案设计运用：各阶段技术经济指标验证、方案比选、方案展示。

BIM 初步设计运用：性能分析、BIM 审图、报审辅助。

②BIM 施工阶段：负责房屋建筑部分项目的 BIM 模型深化、整合与维护。

BIM 施工图设计运用：多专业碰撞检查、规范辅助审查、管线综合及优化、精装设计辅助、施工构件工程量辅助、报审辅助。

BIM 施工阶段运用：场地布置、三维交底、施工模型创建（房屋建筑部分）、模拟施工、方案模拟、质量管理、安全管理、进度管理。

③BIM 交付阶段：负责竣工 BIM 模型的移交（房屋建筑部分），保证 BIM 模型与现场一致，并包含物业运维所需的相关属性信息。

内容包括 BIM 模型移交、BIM 资料移交、奖项申报。

（3）BIM 协同管理平台

由委托人统一提供 BIM 协同管理软件。咨询单位可使用委托人提供的软件或自己的 BIM 软件，并开放开发数据接口，保障数据能接入委托人的 BIM 协同软件中。委托人提供的 BIM 协调管理平台主要功能模块包括：

①BIM 轻量化应用：BIM 轻量化平台用户无须安装 BIM 软件，直接查看 BIM 模型的完整信息；BIM 模型在线浏览操作，支持 Revit、3DMax、Tekla、SketchUP 等多种格式 BIM 模型上传，支持 BIM 模型在线轻量化浏览，支持模型

构件树设置，按专业查看所需模型构件，可对 BIM 模型进行在线旋转、移动、缩放、剖切，对 BIM 模型进行在线审核并批注。

②BIM 族库管理（房屋建筑部分）：支持内外部族文件的上传、审批、下载、查找及删除操作，并对已上传族文件进行分类管理。

③设计管理：设计管理中新建组织、权限管理、流程管理、文档管理、版本管理、文件追溯。

④施工管理：基于 BIM 模型，对质量、安全、进度、成本、信息、文件做管理，同时对接智慧工地，实施施工并做好监控。

⑤驾驶舱：通过平台对各项数据进行分析、挖掘、展示，包括进度、质量、安全等数据，最终以柱状图、饼图、趋势线等图表的方式呈现。

⑥移动应用：支持移动应用和 App 对接。

⑦平台架构：支持集团公司、分（子）公司、项目部三级管理架构；根据不同管理维度实现不同管理层级数据应用；支持内外部数据对接；进行平台架构搭设（小前端、大后台、移动端）。

13. 档案与信息管理

（1）借助专业的信息管理软件及先进的信息技术平台，根据时间、内容、类型进行分类、编码、归集，高效检索、分享、传递、审批工程项目信息，保存能清楚证明与项目有关的电子、文档资料直至项目移交。

（2）负责对勘察、设计、监理、施工单位工程档案的编制工作进行指导，督促各单位编制合格的竣工资料，负责本项目所有竣工资料的收集、整理、汇编，并负责通过档案资料进行竣工验收以及移交。

（3）借助先进的信息管理软件或信息技术平台，对工程建设过程中如质量、安全、文明施工等信息进行高效的分享、传递、监督、反馈、管理。

14. 现场施工管理

对项目实施过程进行质量、进度、安全及文明施工管理。

15. 竣工验收及移交管理

（1）负责组织项目相关参建各方办理项目专业验收和总体竣工验收申报手续，并协助进行项目专业验收和总体竣工验收，及时解决工程竣工验收中发现的工程质量问题。

(2)负责对项目移交工作的管理,包括质量监督、档案验收、项目审计、财务决算、环境保护、卫生监督、劳动安全、消防、工程总结等。

16. 工程结算管理

(1)负责项目结算的总体安排,对项目结算进度负责。

(2)负责在第一次付款前保存归档招标文件、答疑、标底、投标文件、评标报告、会议纪要、中标通知书、合同协议书、全套招标用施工图纸等招标阶段结算资料。

(3)负责办理工程量清单复核报告、设计变更、现场签证、补充合同等结算资料的审批手续。

(4)及时办理设备开箱检查及移交记录、合同外单价分析资料、主材设备价格确定依据、图纸会审纪要、实物移交清单、相关验收证明资料等手续。

(5)负责协调施工、造价咨询和项目组各成员的结算分歧,督促专业工程师和造价工程师及时办理设计变更等结算资料,必要时召集各方协调解决造价分歧。

(6)与项目建设管理相关的其他工作。

17. 工程监理

(1)工程监理报告

按约定的时间和份数向委托人提交工程监理与相关服务的报告,包括监理规划、监理实施细则、监理月报及约定的其他监理工作内容等。上述文件一式两份,监理规划(或修改)在第一次工地例会前 7 日内提交,监理实施细则在相应专项工程实施前 3 日内提交,监理月报在次月 5 日前(如遇节假日则为之后的首个工作日)提交,专项报告自委托人发出指令起 14 日内完成并提交。

(2)施工准备阶段监理

工程咨询单位在施工准备阶段了解建设项目的基本情况,熟悉设计文件,熟悉招标投标文件,是做好本建设项目的施工监理必不可少的工作;根据项目的具体要求,对项目进行整体策划,包括工期策划和关键节点策划,编制监理实施计划和方案;参与有关本建设项目的其他招标工作,对材料设备的技术参数或品牌档次提出意见或建议;参与对中标候选人投标文件的复核工作,提出意见或建议。

(3)施工过程中的质量、进度控制和安全生产监督管理

①根据工程设计文件编制监理规划,并于第一次工地会议7日前报项目管理团队。根据有关规定和监理工作需要,编制监理实施细则。

②熟悉工程设计文件,并参加由项目管理团队主持的图纸会审和设计交底会议。

③参加由项目管理团队主持的第一次工地会议;主持监理例会并根据工程需要主持或参加专题会议。

④督促、检查承包人严格执行工程施工承包合同和国家工程技术规范、标准,协调委托人和承包人之间的关系。

⑤审核承包人提出的施工组织设计、施工技术方案、施工进度计划、施工质量保证措施和施工安全保证体系,审核承包人选择的分包商。

⑥检查施工承包人工程质量、安全生产管理制度及组织机构和人员资格。

⑦检查施工承包人专职安全生产管理人员的配备情况。

⑧审查工程开工条件,对条件具备的签发开工令。

⑨审核承包人提供的材料、构配件和设备的数量及质量。

⑩审查施工承包人提交的工程变更申请,协调处理施工进度调整、费用索赔、合同争议等事项。

⑪控制工程进度、质量,督促、检查承包人落实施工质量、安全保证措施的情况。

⑫组织分部分项工程和隐蔽工程的检查、验收。

⑬协助委托人和项目管理团队组织工程竣工验收。

(4)费用控制

①复核施工图预算。

②审核施工期间工程量的计量、工程款支付,审查工程变更、签证及其费用等。

③审核工程结算。

(5)合同、信息等方面的协调管理

①做好合同管理的各项工作。

②协助委托人和项目管理团队签订合同。

③协助委托人和项目管理团队整理报建资料。

④督促承包人整理合同文件和技术档案资料。

⑤协助委托人和项目管理团队收集、整理、归档工程资料。

(6)保修及后续服务管理

检查和记录工程质量缺陷,对缺陷原因进行调查分析并确定责任归属,审核修复方案,监督修复过程并验收,审核修复费用,并做好以下工作:

①检查工程状况,参与质量责任鉴定。

②督促承包人及时完成未完工程尾项,维修工程出现的缺陷。

③督促承包人按规定进行回访。

④协助委托人收集、整理、归档工程资料。

18. 创新技术应用

(1)组合铝合金模板施工技术

铝合金模板具有自重轻、强度高、加工精度高、单块幅面大、拼缝少、施工方便的特点;模板周转使用次数多、摊销费用低、回收价值高,有较好的综合经济效益;具有应用范围广、可与墙顶同时浇筑、成型混凝土表面质量高、建筑垃圾少的技术优势。铝合金模板符合建筑工业化、环保节能要求。

(2)整体爬升钢平台技术

整体爬升钢平台技术是采用由整体爬升的全封闭式钢平台和脚手架组成一体化的模板脚手架体系进行建筑高空钢筋模板工程施工的技术。该技术通过支撑系统或爬升系统将所承受的荷载传递给混凝土结构,由动力设备驱动,运用支撑系统与爬升系统交替支撑进行模板脚手架体系爬升,实现模板工程高效安全作业,保证结构施工质量,满足复杂多变混凝土结构工程施工的要求。

(3)施工现场扬尘控制技术

包括施工现场道路、塔吊、脚手架等部位自动喷淋降尘和雾炮降尘技术、施工现场车辆自动冲洗技术。

①自动喷淋降尘系统由蓄水系统、自动控制系统、语音报警系统、变频水泵、主管、三通阀、支管、微雾喷头连接而成,主要安装在临时施工道路、脚手架上。

塔吊自动喷淋降尘系统是指在塔吊安装完成后通过塔吊旋转臂安装的喷水设施,用于塔臂覆盖范围内的降尘、混凝土养护等。喷淋系统由加压泵、塔吊、喷淋主管、万向旋转接头、喷淋头、卡扣、扬尘监测设备、视频监控设备等组成。

②雾炮降尘系统主要有电机、高压风机、水平旋转装置、仰角控制装置、导流筒、雾化喷嘴、高压泵、储水箱等装置,其特点为风力强劲、射程高(远)、穿透性好,可以实现精量喷雾,雾粒细小,能快速将尘埃抑制降沉,工作效率高、速度快,覆盖面积大。

③施工现场车辆自动冲洗系统由供水系统、循环用水处理系统、冲洗系统、承重系统、自动控制系统组成,采用红外、位置传感器启动自动清洗及运行指示的智能化控制技术。水池通过四级沉淀、分离处理水质,确保水循环使用;清洗系统由冲洗槽、两侧挡板、高压喷嘴装置、控制装置和沉淀循环水池组成;喷嘴沿多个方向布置,无死角。

(4)施工噪声控制技术

通过选用低噪声设备、先进施工工艺或采用隔声屏、隔声罩等措施有效降低施工现场及施工过程噪声。

①隔声屏是通过遮挡和吸声减少噪声的排放。隔声屏主要由基础、立柱和隔音屏板几部分组成。基础可以单独设计也可在道路设计时一并设计在道路附属设施上;立柱可以通过预埋螺栓、植筋与焊接等方法,将立柱上的底法兰与基础牢固连接,声屏障立板可以通过专用高强度弹簧与螺栓及角钢等将其固定于立柱槽口内,形成声屏障。隔声屏可模块化生产,装配式施工,选择多种色彩和造型进行组合、搭配以与周围环境保持协调。

②隔声罩是把噪声较大的机械设备(搅拌机、混凝土输送泵、电锯等)封闭起来,有效地阻隔噪声的外传。隔声罩外壳由一层不透气的具有一定重量和刚性的金属材料制成,一般用2~3纳米厚的钢板,铺上一层阻尼层,阻尼层常用沥青阻尼胶浸透的纤维织物或纤维材料制成,外壳也可以用木板或塑料板制作,轻型隔声结构可用铝板制作。要求高的隔声罩可做成双层壳,内层较外层薄一些;

两层的间距一般是 6～10 纳米，填以多孔吸声材料。罩的内侧附加吸声材料，以吸收声音并减弱空腔内的噪声。要减少罩内混响和防止固体声的传递；尽可能减少在罩壁上开孔，对于必须开孔的，开口面积应尽量小；罩壁的构件相接处的缝隙，要采取密封措施，以减少漏声；由于罩内声源机器设备的散热可能导致罩内温度升高，对此应采取适当的通风散热措施。要考虑声源机器设备操作、维修方便的要求。

③绿色施工在线监测评价技术

绿色施工在线监测评价技术是根据绿色施工评价标准，通过在施工现场安装智能仪表并借助 GPRS 通讯和计算机软件技术，随时随地以数字化的方式对施工现场能耗、水耗、施工噪声、施工扬尘、大型施工设备安全运行状况等各项绿色施工指标数据进行实时监测、记录、统计、分析、评价和预警的监测系统和评价体系。

绿色施工涉及管理、技术、材料、工艺、装备等多个方面。根据绿色施工现场的特点以及施工流程，在确保施工各项目都能得到监测的前提下，绿色施工监测内容应尽可能全面，用最小的成本获得最大限度的绿色施工数据。

(5)基于物联网的工程总承包项目物资全过程监管技术

基于物联网的工程总承包项目物资全过程监管技术，是指利用信息化手段建立从工厂到现场的“仓到仓”全链条一体化物资、物流、物管体系。通过手持终端设备和物联网技术，实现集装卸、运输、仓储等整个物流供应链信息的一体化管控，实现项目物资、物流、物管的高效、科学、规范管理，解决传统模式下无法实时、准确进行物流跟踪和动态分析的问题，从而提升工程总承包项目物资全过程监管水平。

(6)基于物联网的劳务管理信息技术

基于物联网的劳务管理信息技术，是指利用物联网技术，集成各类智能终端设备对建设项目现场劳务工人实现高效管理的综合信息化系统。系统能够实现实名制管理、考勤管理、安全教育管理、视频监控管理、工资监管、后勤管理以及基于业务的各类统计分析等，提高项目现场劳务用工管理能力、辅助提升政府对劳务用工的监管效率，保障劳务工人与企业利益。

19. 智慧工地建设

(1)“智慧工地”定义

“智慧工地”是智慧城市理念在建筑施工行业的具体体现,是建立在高度的信息化基础上的一种支持对人和物全面感知、施工技术全面智能、工作互通互联、信息协同共享、决策科学分析、风险智慧预控的新型信息化手段。它聚焦工程施工现场,紧紧围绕人、机、料、法、环等关键要素,综合运用BIM、物联网、云计算、大数据、移动和智能设备等软硬件信息化技术,与一线生产过程相融合,对施工生产、商务、技术等管理过程加以改造,提高工地现场生产效率、管理效率和决策能力等,实现工地数字化、精细化、智慧化管理。

(2)智慧工地施工现场管理

智慧工地施工现场管理可划分为事前施工策划、施工控制和事后决策分析三个方面:

①施工策划方面:以BIM为核心,对施工组织过程和施工技术进行模拟、分析,提前发现可能出现的问题,优化方案或提前采取预防措施,以达到优化设计与方案、节约工期、减少浪费、降低造价的目的。

②施工控制方面:通过传感器、射频识别(RFID)、二维码等物联网技术,随时随地获取工地现场信息,实现全面感知、实时采集。通过移动互联网和云平台实现信息的可靠传送,实时交互与共享。

③决策分析方面:通过基于云端的集成系统和大数据分析技术,对海量的、多维度和相对完备的业务数据进行分析与处理,对各管理要素的分析模型进行关联性分析,并结合结果实现智慧预测、实时反馈或自动控制。

(3)智慧工地建设

①智慧施工策划

基于BIM场地布置:运用BIM软件合理布置施工现场临建及施工机具,优化资源配置,提高施工效率,节约成本。

基于BIM的进度计划编制与模拟:通过施工进度计划与BIM模型的关联,以及人力、机械、材料、设备、成本等相关资源的信息融合,建立施工进度计划与BIM模型之间、与相关资源用量之间的复杂逻辑关系,并以三维模型的形式直接呈现出来,在策划阶段完成整个施工建造过程的可视化模拟。

基于 BIM 的资源计划:通过 BIM 模型技术评估资源投入量的合理性,确定合理完善的资源项目、资源工程量以及进场时间等信息,为后期施工过程中减少返工和浪费、保证进度的正常进行提供前期保障。

基于 BIM 的施工方案及工艺模拟:运用基于 BIM 模型技术的施工方案及工艺模拟不仅可以检查和比较不同的施工方案、优化施工方案,还可以提高向作业人员技术交底的效果。同时,施工模拟也为项目各参建方提供沟通协作平台,帮助各方及时、快捷地解决各种问题,大大提高工作效率,节省大量时间。

②智慧进度管理

基于信息化的智慧进度管理:利用 Project、P6 等软件实现进度计划编著,通过进度计划自动生成,将进度计划与项目工作安排相关联,并结合移动物联网技术实现工作内容的自动确认,从而实现进度的自动确认,有效提高其及时性和真实性。

基于 BIM 的进度智慧管理:基于 BIM 技术可实现进度计划与工程构建的动态链接,通过甘特图、网络图及三维动画等多种方式直观表达进度计划和施工过程,精确地计划、跟踪和控制每月、每周、每日的施工进度,确保工程项目按期完工。

③智慧人员管理

基于互联网的施工人员培训:通过互联网、多媒体技术,将安全生产法规、施工技术标准、安全隐患等文字课件,融入故事情节编排成情景动画,转换为动画视频课件,甚至可以通过情景虚拟再现,让一线工人在观看、参与、体验的过程中,对不安全行为的危险性和安全事故引发的后果有更深入的了解,减少不安全行为的出现,从根源上降低安全事故的发生。可针对现场安全事故、特殊工种、大型设备、高危作业等工作建立仿真模拟系统。

基于互联网的施工人员实名制管理:通过物联网技术建立人员信息管理体系,制定统一人员信息管理规则、劳务人员信息登记、实时动态考勤、安全教育落地、工人工资发放、工人诚信管理、工种配备等信息,实现企业层与项目层数据集成应用,实现数据动态实时管理,实现企业级劳动台账管理,促进各项管理制度落地。

信息化门禁管理：以施工人员实名制为基础，以物联网＋智能硬件为手段，通过使工人佩戴装载智能芯片的安全帽，以及采用基于虹膜与人脸识别等的生物识别技术，实现数据自动收集、上传和语音安全提示，最后在移动端进行实时数据整理、分析，清楚了解工人现场分布、个人考勤等，给项目管理者提供科学的现场管理和决策依据。当前建筑施工现场管理门禁系统主要有以下三种：刷卡式闸机系统、基于智能芯片的非接触式门禁系统、生物识别门禁系统。

④智慧施工机械设备管理

基于物联网的设备租赁：采用 ERP 系统、综合项目管理信息系统进行线上招投标、合同管理等操作，完成设备租赁的招标及供应商关系管理工作。

基于移动终端的设备现场管理：将互联网信息技术、物联网技术、移动终端智能化装备运用于设备管理，实现设备巡检智能化、设备预防维护智能化、设备 OEE 分析智能化以及备品备件管理智能化。建立智慧机械设备单项技术应用工具及软件系统，包括群塔防碰撞系统、塔机吊钩可视化安全管理系统、指纹识别系统、塔吊远程监控系统、钢筋翻样一体化管理系统，为设备资产、设备运行（包括故障管理）、维修管理等相关工作，提供先进、完整、综合、动态的工作体系、信息共享体系、知识管理体系和经济技术分析体系。实现“保生产”“提效能”“控成本”“防风险”的应用效果。

⑤智慧物料管理

互联网采购管理：采购人员利用互联网平台进行供应商选择、产品询价、订货等活动，不需要出差，大大降低采购费用。通过网站信息共享，实现无纸化办公，提高采购效率。基于电子商务的采购模式实现采购业务的标准化。

基于 BIM 的物料管理：基于现场施工的材料管理系统，将模型信息与现场进度计划、流水段划分、分包队伍管理、设计变更相结合，重新按照现场施工需要整合材料信息，并按照现场施工格式输出给相关现场管理人员，辅助施工。

基于物联网的物料现场验收管理：建立物料现场验收管控系统，采用云＋端架构，包括物料网、移动终端、标准数据集成等技术防范风险、控制成本、提升效率。

基于二维码的物料跟踪管理：利用二维码在施工材料上粘贴或挂接电子标

签来识别物资属性，在物质进场验收、入库登记、领料使用等环节进行扫码跟踪，实时更新仓储数据库，确保物资的不明流失和损坏而无迹可循，提高入库、出库、盘点等管理效率与准确性，确保及时准确地掌握库存的真实数据。

⑥智慧成本管理

基于 BIM 完成工程估算、概算和预算的编制。

⑦智慧质量安全管理

基于 BIM 的施工质量管理：建立基于 BIM 的施工质量管理系统，辅助生成施工质量验收任务、辅助现场验收、辅助统计和生成验收结构文档，提高验收工作效率、提升施工质量管理水平、保障施工质量。

基于物联网的工程材料质量管理：建立基于物联网的工程材料质量管理系统，实现建设工程材料检测全过程管控，包括工程材料台账、见证取样管理、检测报告核验、不合格材料管理等主要模块。

基于物联网的工程实测实量管理：建立基于物联网的工程实测实量管理系统，进行规划测区、数据采集、二维码标识、“爆点”整改、统计分析。采用二维码对测点进行标识，扫描二维码即可查看实测数据。借助大数据分析、云计算等技术，对采集到的测量数据进行统计分析，并生成智能报告。

基于 BIM 的可视化安全管理：建立基于 BIM 的可视化安全管理系统，以 BIM 模型为基础实现不安全设计因素的自动识别，并在系统中呈现直观的可视化表达。通过集成 BIM 与定位技术，实现在施工过程中对作业人员和不安全环境因素的动态追踪和安全预警。

机械设备的安全管理：建立基于物联网的特种设备安全监控系统，通过在机械设备上安装设备运行参数监控客户端，并通过无线网络将监控数据传输至监管系统，系统对数据进行分析处理，实现对机械设备运行情况的实时监控。

深基坑的安全管理：建立基于物联网的深基坑工程安全监测管理系统，对在建工地按报警类型予以分类统计，以图形化形式显示各类报警工程信息。系统根据监测值的情况亮起绿灯、黄灯、红灯和黑灯，进行亮灯报警。管理者可通过管理系统直接查询、调用在建或已建工地的监测数据，实时掌握监测情况，直观分析监测数据。

高支模工程的安全管理：建立高支模变形监测系统，利用物联网技术，通过4G/3G网络将高支模监测仪连接起来，将监测数据实时传输到软件平台中，通过远程控制，进一步排除影响安全的不利因素，保障作业人员的人身安全。

⑧智慧项目协同管理

基于云平台的图档协同：建立云平台的图档协同系统，为项目团队提供一个集中统一的文档储存空间，便于对项目所有文档进行集中统一管理与分享。实现项目文档的自动版本管理，使管理者可在移动端随时随地查看、批注、评论并回复文件。

基于BIM和移动端的综合项目协同管理：建立BIM协同管理平台，将模型导入平台进行集成，将模型构件与计划节点、质量检查点等信息进行关联，形成6D管理模型，利用模型的直观性及可计算性等特性，为项目的进度管理、现场协调、成本管理、材料管理等关键过程提供及时准确的数据。同时，基于平台的自动分析、预警功能，依据项目各业务管理要求直观显示分析结果，提高决策效率。

⑨智慧工地集成管理

根据相关标准，结合工地现场实际情况，依托物联网、云计算、BIM等创新型技术手段，建立智慧工地集成管理平台。通过BIM可视化平台，集成多个业务应用子系统，借助多种应用终端，实现施工信息化、管理智能化、监测自动化和决策可视化。

第五节　项目咨询总结

一、投资决策综合咨询方面

(1)可行性研究报告阶段，全过程咨询单位可组织研编制单位、设计单位、建设单位各方会审投资测算、风险管理等核心内容，重点是在决策阶段考虑到后面概算、预算的具体工作，避免出现概算超估算等情况。

(2)可行性研究报告报批前应开展建设项目用地预审与选址意见、建设资金审查，并取得相应批复文件，可能存在重大社会风险的建设项目应进行社会风险评估。鼓励提前开展开工前必须完成的环境影响评价、节能评估、防洪影响评价和水土保持方案等建设条件单项咨询,并将相关成果纳入可行性研究报告。

(3)可行性研究报告审批后、初步设计报批前,鼓励提前完成开工前必须完成的建设条件单项咨询及工程勘察设计等咨询,并将相关成果纳入初步设计方案。

(4)经核定的投资概算是控制政府投资项目总投资的依据,初步设计提出的投资概算超过可行性研究报告提出的投资估算10%的,项目单位应根据审批部门的要求重新报送可行性研究报告。

(5)符合相关规定的政府投资项目,可以简化需要报批的文件和审批程序。符合相关规定的企业投资项目,可以简化核准或备案程序和申报材料。

(6)工程咨询方应根据审批部门的意见反馈推进修改可行性研究报告,与批复的单项咨询意见保持一致。

二、报批报建方面

1. 建立组织架构,实行专人负责制

从组织和人员上保证报批报建工作的顺利开展。组建本项目的报批报建专业团队,由建设方有关领导担任团队总负责人,按标段定制本项目报批报建的组织架构,组建专业团队,确定报批报建工作的职责分工及沟通协调(会议、报告等)机制,从组织和制度上保证报批报建工作的顺利开展。根据现有的人员组织架构和工作分解结构,制定人员分工,将每一项任务落实到相应的部门和负责人。负责人负责具体工作的执行,审阅报批请求和检查报批资料的完整性。

2. 加强报批报建人员的业务学习

在充分理解本项目建设内容及功能需求的基础上,组织召开有关政府部门及事业机构的碰头会,收集和了解各部门及机构的办事流程及资料要求,确保本项目的报批报建手续完整且合法合规。

3. 合理编制报批报建计划,并及时修正计划

本项目功能特殊且情况复杂,行政审批文件多,涉及的政府部门也多,审批文件之间的衔接较为复杂,因此在编制行政审批计划时应尽可能地利用各种资源,最有效地利用各方面的人才,协调项目时效性、政府部门之间及文件审批环

节之间的关系，以保证项目行政审批的顺利推进。同时分标段编制本项目的报批报建流程图及专项进度计划，并提交团队负责人及有关政府部门、事业机构等审核，确保报批报建工作流程准确、进度合理。

4. 加强进度管控，督促设计单位按时完成设计任务

部分项目开工准备时间短，前期进度紧张，工程咨询单位应详细梳理前期报批报建手续的逻辑关系，并根据本项目特点征询相关部门，确保行政审批不漏项。此外，为保证前期报批报建按照计划节点进行，工程咨询单位将积极督促设计单位按时完成所需的设计任务。

5. 建立工作反馈机制

为了保证行政审批计划的顺利实施，在计划的实施过程中，对行政审批进度计划的实施进行动态跟踪，不定期地、经常性地对计划的执行情况进行检查，以便及时发现偏差。分析每个标段报批报建工作的关键线路（或关键工作）、可能存在的难点或风险，并建立相应的反馈及预警机制，为实现既定的报批报建进度计划保驾护航。

6. 报批报建全面管理

保证项目审批进度和质量行之有效的方法是全面管理，这里主要是 PDCA 循环。这一方法将项目行政审批进度和质量管理分为四个阶段：计划（P）阶段、实施（D）阶段、检查（C）阶段和处理（A）阶段。

计划阶段既包含对整体审批文件的质量要求，同时还要对各次审批需要的人、资源以及相关部门之间关系的协调等进行计划，预测可能出现的不稳定因素并制订相应的解决方案。实施阶段则是以计划为指导进行项目行政审批，在这个过程中通过不断预判和检查等，发现可能存在的影响审批质量的不稳定因素，这就是检查阶段。当发现偏差或不稳定因素时，及时采用合理的方式加以解决即为处理阶段。处理完潜在因素后要修改最初的进度和质量计划，然后循环重复上述步骤，以保证项目行政审批的最终质量。

7. 报批报建资料的定期更新制度

前期行政许可及审批手续办理的相应表式由相应行政主管部门或配套单位归口制作，可在办证窗口直接领取。前期行政许可及审批手续办理过程中，报批

报建资料将以工作任务状态记录表的形式定期更新。

三、进度控制方面

1. 进度控制的事前控制措施

(1)落实项目机构中进度控制的人员,具体控制任务和管理职责分工。

(2)分析进度滞后的风险所在,尽早提出相应的预防措施。

(3)认真审核承包单位提交的施工总进度计划。

(4)建立进度控制协调工作制度,包括协调会议举行的时间,协调会议的参加人员等。

(5)对影响进度目标实现的干扰和风险因素进行分析,制定相应的措施进行纠正。

(6)审核施工单位提交的施工方案,使设备、人力、施工方法等能保证进度计划的实现;审核承包商提交的施工进度计划。

(7)协助制订切块的单项工程工期及关键节点进度,通过总工期的分解切块,保证总工期目标的实现。由于工程节点、关键工序常常关系到整个工程项目总工期的长短,因此在施工进度计划的编制过程中要求承包商单独编制工程节点关键工序进度计划。

(8)协助建设单位完善外部手续,按期完成现场障碍物的拆除、渣场的确定和落实现场临时供水、供电和施工道路,及时向施工单位提供现场和创造必要的施工条件。

(9)督促总承包单位按时提供设计施工图纸等设计文件。

(10)协助建设单位做好保证资金供应的工作,及时按合同规定向施工单位支付工程进度款。

2. 进度控制的事中控制措施

(1)建立反映工程进度状况的管理日志,管理人员要随时收集和记录影响工程进度的有关资料和事项,逐日如实记载每日完成的实物工程量。同时,如实记载影响工程进度的内、外、人为和自然的各种因素。暴雨、大风、现场停水、现场停电等应注明起止时间。随时掌握承包商工程施工过程中存在的问题,以便及时协调和解决影响进度的各种矛盾和不利因素。

(2)审核总承包单位每周或每月、每季度的工程进度报告,每周管理例会检查进度情况,将实际进度与计划进度进行比较,及时发现问题。对滞后的工作,分析原因,找出对策,并调整可以超前的工序进行弥补,尽量保证总工期不受影响。

(3)按合同要求,及时进行合格质量工程的现场计量验收工作。

(4)及时认真处理有关进度、计量方面的签证:工程师积极配合承包单位的工作,及时到工地检查和签认,无特殊原因,决不因为个人工作的延误影响施工的正常进行。

(5)对工程进度实施动态管理,工程开工后,工程师应建立单项工程的月、旬进度报表及进度控制图表,以便对分项施工的工程月、旬进度进行控制。当实际进度与计划进度发生差异时,应分析产生的原因,向承包商发出工程进度缓慢信号,要求承包商采取措施加快进度,并提出进度调整的措施和方案,相应调整施工进度计划及设计、材料设备、资金等进度计划;必要时调整工时目标。

(6)及时为工程进度款的支付签署进度、计量方面的认证意见,对进度控制采取经济奖惩措施。

(7)认真组织现场协调会,及时协调总承包单位不能解决的内外问题、总图管理问题、现场重大事宜等涉及进度管理控制方面的问题。

(8)及时收集掌握设计、设备材料的供应状态以及由总承包单位提交的有关进度报表资料,加强现场跟踪检查,定期向建设单位报告有关工程进度的情况。

3. 进度控制的事后控制措施

(1)根据工程进展的实际情况,适时调整局部的进度计划,使其更加合理和有可操作性。

(2)当发现实际进度滞后于计划进度时,立即签发通知单指令承包单位采取调整措施。

(3)对因资金、材料设备、人员组织不到位导致的工期滞后,在例会上进行协调,并由责任单位采取措施解决。

(4)如承包单位发生非自身原因的延误,应对进度计划进行优化、调整,如确属无法消除的延误,在与建设单位协商后,审核批准工程延期,并相应调整其他事项的时间与安排,避免引起工程使用单位的索赔。

四、投资控制方面

1. 初步设计阶段

(1)建立项目管理的组织保证体系,在项目管理经营组织架构中从投资控制方面进行设计协调,明确任务及职责。

(2)专业设计通过设计招标,择优选择设计单位。

(3)定期组织设计工作会议,组织各阶段的投资会审,充分发挥沟通的桥梁作用。

(4)向有经验的专家咨询,对设计方案作技术经济比较,进行进一步设计优化。

(5)编制设计阶段阶段性投资控制详细工作流程图,抓住各阶段的工作重点。

2. 施工图设计阶段

(1)施工图预算编制应保证编制依据的合法性、有效性和预算报告的完整性、准确性、全面性;应考虑施工现场实际情况,并结合合理的施工组织设计进行编制。施工图预算编制应控制在已批准的设计概算投资范围内;施工图预算综合误差率应控制在5%以内。

(2)熟悉资料并了解现场情况,做好准备工作。熟悉施工图纸和设计说明书是编制施工图预算最重要的准备工作。在熟悉图纸过程中,对图纸的疑点、矛盾、差错等问题,要随时做好记录,以便在图纸会审时提出,进而确保其得到妥善解决。收到图纸会审记录后,要及时将会审记录中所列的问题和解决的办法写在图纸的相应部位,为工程结算做好准备工作。

(3)列项、计算工程量。确定分项工程项目和计算工程量,是编制施工图预算的重要环节。计算工程量以前,宜根据定额规定的要求、图纸设计内容,逐一列出应计算工程量的分项工程项目,以避免漏算和错算。

(4)套用定额,计算直接工程费和主材消耗量。将计算好的各分项工程数量,按定额规定的计量单位、定额分部顺序分别填入工程预算表中。再从定额(基价表)中查出相应的分项工程定额编号、基价、人工费单价、材料费单价、机械费单价、定额材料用量,也填入预算表中。然后将工程量分别与单价、定额材料用量等相乘,即可得出各分项工程的直接工程费(人工费、材料费、机械费)和各种材料用量。每个分部工程各项数据计算完毕,应进行分部汇总。最后汇总各分部计结果,得出单位工程的直接工程费(人工费、材料费、机械费)和各种材料用量。

(5)取费计算。直接工程费汇总以后,按规定的程序和费率,计算其他各项费用(措施费、价差、企业管理费、规费、利润、安全文明施工专项费、税金等),汇总求得工程预算造价。造价计算出来以后,再计算确定每平方米建筑面积的造价指标。还应计算每平方米的人工费、材料费、施工机械使用费、各大主材消耗量等指标。

3. 招标及采购阶段

(1)建设工程招投标制度是招标人控制工程造价的有效手段,招标文件中要包括通常的内容如招标须知前附表、招标须知、合同条件、合同协议条款、合同格式、技术规范、图纸、投标文件参考格式等,还必须提供工程的工程量清单,作为投标报价参考文件的重要组成部分;工程量清单和招标控制价综合误差率必须控制在5%以内。

(2)进行工程量清单审核和招标控制价审核,保证工程量清单和招标控制价编制质量。

(3)将招标图纸、招投标答疑等进行保存(文本及电子光盘),为后期结算提供充足依据。

(4)在评标中,审查投标单位报价应该做到总报价和单项报价的综合评审。总价符合要求并不能说明单项报价符合要求,总报价最低并不能说明单项报价最低。投标人往往在保持总造价不变的情况下,采用不平衡报价,将工程量可能变化较小的项目的单价降低,将可能变化较大的项目单价增大,以期达到在竣工结算时追加工程款的目的。应通过审查报价择优选择合适的承包单位。

(5)加强清标工作,在不改变实质性内容的前提下,对投标文件中不符合招标文件要求和比较含糊容易引起争议的内容,在询标环节让投标单位进行澄清,规避风险。

(6)施工合同是施工阶段造价控制的依据。签订严密的施工承包合同,在施工中加强合同管理,才能保证合同造价的合理性、合法性,减少合同履行中的纠纷,维护合同双方利益,有效地控制工程投资造价。

4.施工阶段

(1)严格审核工程变更及现场签证,将工程造价控制在投资范围内。工程变更及现场签证是影响项目造价的主要因素。对必须发生的设计变更,必须经设计单位代表、招标单位现场代表、监理工程师共同签字确认。在施工现场还应设置专职工程造价管理人员随时掌握现场变化,特别是隐蔽工程的变化情况、材料代用、现场签证、额外用工及各种预算外费用,招标人的现场代表要督促施工方做好各种记录和签证工作,减少结算时的扯皮现象。

(2)把好材料质量、数量关,合理确定材料价格。材料价格控制是工程总造价控制的关键环节。在施工过程中,招标人造价人员及现场管理人员应密切注意市场行情,掌握第一手的施工情况及材料信息,为竣工决算提供有力的依据。

(3)设计变更出具应严谨、变更理由应合理且充分、变更范围应表达清晰、相关签署应齐全、签发应及时,如该变更非承包单位本身原因造成且涉及造价变化,承包单位应按相关流程规定,就设计变更的费用进行正式洽商,并最终确定变更价款。

(4)现场签证遵循四大原则。完工确认原则:现场签证的正式签署必须待签证项目完工后,由监理部组织建设单位、承包单位共同到场复核后签字确认。量价分离原则:由于签证项目往往有不少是新增项目,既涉及工程量又涉及新增单价,现场签证实行量价分离,实施签证前,主要完成拟实施方案、与该签证项目计量及计价有关的原始事实确认,具体签证工程量及价格待签证完毕后由承包单位另行申报办理。权力限制原则:各单位项目负责人为现场签证的第一责任人,未经项目负责人签署的签证类文件一律无效。时间限制原则:对现场原始事实签证及完工后正式签证单的办理均强调时效性,合同中明确约定办理时间的应严格遵守合同约定。

5.竣工验收与移交阶段

(1)收集整理送审资料,保证结算资料的完整性。如对招标文件、施工合同、工程变更及现场签证等,避免边审核边补交结算相关资料,严重影响审核效率的情况发生。

(2)严格按工程结算编制依据进行审查。要确保工程结算的审核质量,必须依据双方签订的施工合同,准确理解工程项目的承包形式、计价方式、价差调整办法、工程变更及现场签证的结算方式、投标承诺及作为施工合同附件的澄清纪要,对工程结算的编制依据进行全面审查。

(3)工程量及单价的审查。工程量的审核根据施工合同,在熟悉图纸、设计变更和现场签证等资料的基础上进行现场察看并实地测量,依据编制原则逐项审核;结算审核过程中,审核项目的单价;工程量清单招标工程,投标人的综合单价为固定单价;材料价格调差应符合施工合同的约定,为防止材料质价不符,对主要材料价格进行实物审核也十分必要。

五、设计管理方面

1.设计质量控制措施

(1)加强工程设计的标准化。设计标准化在保证项目设计质量及造价控制方面起着重要作用,要求设计院编制本项目统一技术措施,以便于各单位开展工作。

(2)建立设计成果校审制度。设计过程中每一个阶段都应进行校审,对阶段成果质量进行严格校审。

(3)对于专项设计、深化设计图纸,除要求设计院进行确认外,应视情况聘请外部咨询公司进行审核,并要求出具详细的审核清单。

(4)协调主体设计、专项评估、深化设计等参建单位,划分设计界面,明确提资文件标准、成果文件标准,保障各项设计质量。加强各专业、各设计院之间的配合,减少设计失误。

(5)通过全过程咨询整体团队,尤其是工程管理部的技术参与,借鉴既有大型公共建筑项目实践经验,在设计的不同阶段对设计成果开展可建造性分析,针对其中的结构形式、节点构造、专项施工技术等进行专题分析,从施工工艺、材料、工期、造价等方面进行可行性论证,对可能出现的问题进行风险评估并提供专业咨询意见,以便设计方对设计成果进行优化,促进设计成果质量提升。

(6)对于设计院、全过程咨询单位和建设单位未达成一致意见的技术问题或重大关键技术问题,协调建设单位通过专家评审的方式及时有效地解决。

2. 设计进度管理措施

(1)制订设计进度计划。项目的设计包含方案设计、初步设计、施工图设计,人防、基坑围护、智能化、室内二次装饰、幕墙、景观等专业设计,供水、供电、燃气等配套设计。这么多的设计内容需要提前规划好各项设计的启动时间、设计周期、出图时间等,编制设计进度计划,避免设计漏项和设计滞后,为实现总进度计划节点目标服务。

(2)根据项目整体进度计划和设计合同制定整体设计进度计划,包括主体设计、专项设计、专项评估等进度,找出关键线路、关键工作、关键控制点,保障整体设计工作顺利推进。

(3)严格按照设计进度计划及设计合同控制设计周期。对方案设计文件、初步设计文件及概算、施工图设计文件、室内外装修设计文件、景观设计文件等设计重点工作严格把控。

(4)在项目设计过程中,按控制节点检查实际进度,并与计划进度进行比较,以确定实际进度是否出现偏差。

(5)当实际进度与计划进度相比出现滞后时,及时组织设计及相关单位分析产生偏差的原因,以及对后续工作的影响,并督促设计院采取切实可行的赶工措施,在规定的时间内消除偏差,要确保不因设计进度原因延误工程进展。

(6)当确实由于设计进度滞后原因影响后续工作时,启动进度预警。由项目管理部负责人约谈相关单位法人代表及项目负责人,并提出解决方案。

(7)报批与设计工作平行交叉开展。根据实际设计进度,当方案设计或初步设计到达报批的深度时启动报批工作,在等待主管部门审查的时间里同步进行设计深化工作。

3. 设计成本控制措施

(1)方案设计阶段

①组织设计院、建设单位对需求任务书、可研报告等基础资料进行交底;对规划布局、空间功能布置、建筑形式、建筑规模等进行方案的深化设计。

②依据可研批复估算控制总投资。

(2)初步设计阶段

①在建筑形式、结构选型、设备选型、材料选样方面严格把控,定期召开各专业的专题会,对阶段性成果进行跟踪审查;严格按照限额设计进行各专业的设计工作。

②组织建设单位及设计院根据项目功能和未来发展定位,对相关建筑材料、结构形式等进行初步选定,尤其是对外墙形式、屋面形式、机电设备指标、电梯指标、配电、配水指标以及与“荷载”相关的其他指标进行确认。

③组织造价单位对成本进行定期核算,提出初步的土建安装工程概算,结合项目定位与成本控制计划,提出对图纸的修改意见。

④设计概算编制完成后,在报送发改部门审批前,由造价咨询单位对设计概算进行复核,必要时组织召开专家评审会。在参考同类工程经济指标的同时充分考虑项目特点,确保设计概算全面、合理、准确。

(3)施工图设计阶段

①重点控制优化结构,合理计算荷载,提高各专业设计的沟通质量和沟通次数,向设计院提出更高要求。

②在专项设计施工图设计过程中,可聘请相关专业的专家进行充分论证,同时应加强概预算方面的审核频次,重点从结构优化方面为成本控制提出合理的意见。

③要求设计院在批准的初步设计和总概算范围内进行施工图限额设计。在施工图设计完成后,由造价咨询单位将施工图与发改委的概算批复进行逐项对比。

④在关键设计节点完成后,定期审查设计概算,重点审查设计概算是否在批准的投资估算内,若概算超过估算,组织设计院、造价单位及时开专题会,找出原

因,修改设计,调整概算。

⑤加强设计变更管理,规范设计变更制度和现场签证的程序。

六、BIM 管理方面

(1)前期策划阶段:主要针对 BIM 管理实施进行总体策划、完善组织和制度,协助建设单位建立 BIM 应用的组织体系、技术标准、管理办法等;依据本项目的特点和难点,参与编制招投标技术文件中 BIM 相关的条款要求。

(2)应用技术准备阶段:审核各有关单位 BIM 实施方案、BIM 技术路线、BIM 工作计划等文件,保证各标段按原有策划的目标,在项目 BIM 实施中有据可依,并根据实际情况进行相应调整,满足技术进步、条件变化的需求。

(3)BIM 实施阶段:依据实施方案,对照标准文件,做好 BIM 实施的过程质量、进度控制,对于 BIM 应用成果进行阶段性复核、提出优化建议,并监督整改,确保 BIM 实施成效。

(4)BIM 交付阶段:做好最终成果的整理归档,积极参加相关竞赛和申报奖项,满足交付审查和验收要求。

七、施工管理方面

1. 施工质量管理

(1)样板引路。首先建立样板工程,由建设单位工程管理部、项目管理部、设计、施工监理部、施工总承包单位共同验收,确立施工工艺与验收标准,后续项目参照样板项目施工。样板管理分为材料样板管理、施工工艺样板管理、样板间(段)管理。样板间(段)可综合考察材料样板效果及施工工艺。专业性较强的样板间(段)可委托专业公司来设计施工。项目管理部设置专用的房间来存储材料样板。

(2)关键工序控制。工程开工前,项目管理部督促施工方及时落实施工项目的“单位、分部工程”划分工作,施工监理部审核,最终由项目管理部确认。施工总承包单位根据批准的单位工程划分意见,确定关键工序及验收批,经施工监理部审核后由项目管理部协调确认。对高风险关键工序,施工总承包单位要加强跟踪,施工监理部要旁站监理,现场项目部加强巡视。关键工序完成一定量时,施工方自检填写关键工序质量验收证明书,向施工监理部提出验收申请,监理组在收到申请24小时内应进行复查和评估,并及时给出验收答复。当符合验收条件时,通知设计单位等相关人员,由监理组织验收,验收合格后,由监理、施工、设计和项目管理部确认关键工序质量,所有的关键工序(部位)验收完成后,由施工、监理单位分别按规定进行汇总。

(3)质量检查。全过程咨询项目部每月对总承包单位进行一次质量大检查,一般安排在每月下旬进行,检查人员有项目管理人员和监理、施工、建设单位的代表。

2. 安全管理措施

(1)建立健全安全保障体系,以体系的有效运转确保安全生产。根据项目实际情况建立本项目安全管理体系,并制订项目安全生产目标计划。项目其他参建单位按本项目管理体系及项目部实际情况建立项目安全管理体系,指派专人负责本项目安全管理,原则上各单位第一负责人为该项目安全负责人,全面负责本项目部安全管理。

(2)加强风险清单管理,明确安全管理重点,制定具体防范措施。项目管理中应重视对项目危险源的识别工作,全过程咨询项目部入场后根据项目施工特点及类似工程管理经验,编制项目危险源清单,明确安全管理重点,并制定具体的防范措施加以控制。

(3)注重安全方案审查管理,过程中加强安全方案执行情况检查。安全专项方案的审查、执行是安全生产的有力保障。在项目管理中重视对安全专项方案的管理,其管理重点包括:建立安全专项方案管理台账;审查专项方案审批的合法性(需专家论证的必须进行专家证),方案的技术可行性、全面性;建立执行方案执行情况验收制(方案实施完成后,督促监理部门组织各方进行验收,并做好验收记录,合格后方可开始正式施工)。

(4)做好定期、不定期的安全检查工作,切实做好安全生产检查、监督工作,并纳入安全台账管理范畴。

(5)严格监督施工单位安全文明施工措施费的使用,并定期检查。

3. 文明施工管理

(1)平面布置管理措施。平面布置包括:道路专用线,停车场,各种加工、预制场地,仓库,堆场,办公、生活用房,临时供电、供水,排水,通信,安全保卫及防火设施等,这些布置管理措施必须报方案,实行审批制度。

(2)交通运输的管理措施。工地临时施工道路应做好规划布置,同时随时注意洒水保洁,减少道路扬尘;水泥和其他易飞扬的细颗粒散体材料应尽量安排库内存放,如露天存放应严密遮盖,运输和装卸时防止遗洒飞扬,以减少扬尘;施工场地出场道路路口应设置专门的车辆冲洗水池,对出场车辆进行冲洗;土方车辆做好防尘遮盖措施,防止对道路造成污染;施工单位必须对规定的行驶路线做好日常保洁工作。

(3)控制扬尘污染的管理措施。工地内应当根据行政主管部门的要求,设置相应的车辆冲洗设施和排水、泥浆沉淀设施,运输车辆应当冲洗干净后出场,并保持出入口通道及道路两侧各 50 米范围内的整洁;施工中产生的物料堆应当采取遮盖、洒水、喷洒覆盖剂或其他防尘措施;施工产生的垃圾、渣土应当及时清运,不能及时清运的,应当在施工场地内设置临时性密闭堆放设施进行存放或采取其他有效防尘措施;建立本项目及周边区域的安全文明施工的应急联动机制和管理制度,确保工程本身范围及周边的文明施工达到目标要求。

4. 环境保护措施

(1)在全过程咨询项目部成立环境保护领导小组,使整个施工过程严格遵守《环境保护法》及地方政府有关法规、条例,避免施工对周围环境造成干扰,保护好自然生态环境。

(2)确保国家、地方有关环保的法律法规及建设单位要求得到有效地贯彻执行。

(3)对施工机械产生的施工噪声,应遵守《环境噪声污染防治法》并依据《工业企业噪声卫生标准》合理安排机械施工,减少高噪声的时间。

(4)施工中的废水、废油、废渣、泥、砂浆等应指定地点排放净化,并定时清理、及时清运。

(5)现场内存放油料及其他污物时,仓库要进行防渗处理,防止跑、冒、滴、漏污染水体和废气。

(6)排水沟出口尽量与永久既有沟渠相连,保证排水畅通。

(7)拌合设备要有较好的密封或防尘措施,并在施工便道和拌合站经常洒水降尘。

(8)将工地生活区的生活垃圾、工程废料及废油分类堆放,及时集运至当地环保部门指定的地点。生活污水处理设化粪池,不直接排放;杜绝焚烧有毒废料。

(9)生活区域现场整洁,文明有序,无污水、污物,生活设施规范化、标准化,清洁卫生。

八、信息与沟通管理方面

1.信息管理机制

(1)组建专业的信息管理团队,为日后的信息收集整理工作奠定良好基础。

(2)协助做好前期行政审批所需资料的准备工作。

(3)结合信息专项管理方案,编制项目日常信息管理制度、文档编码制度以及文档储存制度等专项文档管理制度。

(4)在已有的文件管理体系的基础上,制定适合本项目的文档管理框架。

(5)根据项目策划方案,制定相关流程及表格。

(6)借助专业的信息管理软件及信息技术平台,根据时间、内容、类型进行分类、编码、归集,高效检索、分享、传递、审批工程项目信息,保存能清楚证明与项目有关的电子、文档资料。

(7)借助先进的信息管理软件及信息技术平台,对工程建设过程中如质量、安全、文明施工等信息进行高效分享、传递、监督、反馈、管理。

(8)管理现场相关单位的日报表,定期对监理日记以及监理和施工单位的日报、月报进行收集,及时上传信息平台以供查阅。

(9)做好收发文的登记工作。

(10)通过对现场各参建单位上传信息的分析,结合原有计划,形成对比分析报表报建设单位。

(11)施工过程中,监督施工单位、施工监理部等做好声像档案的拍摄、收集和管理工作。

(12)管理和督促相关参建单位做到项目信息的及时传递、共享与保密工作。

(13)检查相关单位信息管理人员是否及时把其负责部门的相关信息及时上报。

(14)督促各模块策划工作内容的顺利推进,并及时收集过程中的资料文件。

(15)配合各专业模块工程师做好信息支撑工作。

(16)建立实施阶段信息策划,包含过程跟踪提醒制度等。

(17)负责对勘察、设计、监理、施工单位工程档案的编制工作进行指导,督促各单位编制合格的竣工资料。

(18)在工程竣工验收前按当地档案管理规定,负责本项目所有竣工资料的收集、整理、汇编,并负责档案资料的竣工验收以及移交。

(19)通过对项目信息的梳理,形成一套系统的项目管理文件,为建设单位日后类似工作提供指导。

2. 沟通协调机制

(1)建立项目整体的外部沟通协调机制。在此主要指本项目建设实施过程中所涉及的政府部门、事业机构(如自来水公司、电力公司、燃气公司等)、社会组织(如工程建设相关协会)、周边社区等,如何协调好这些外部关系,确保沟通顺畅,在很大程度上决定了项目建设的成败。因此,需要建立统一的外部沟通渠道及相应的快速沟通机制,确保建设过程中的各种外部问题得到快速解决。

(2)建立项目内部的沟通协调机制。在此是指各参建单位(如建设单位、项目管理部、使用单位等)内部的沟通协调机制及各参建单位之间的沟通协调机制。由于本项目的建设涉及多个子项目,各参建单位间的沟通协调将比一般单个项目复杂得多。因此,制订统一的沟通协调规则是提高本项目内部沟通效率的关键。

第九章

重庆市某足球场建设项目全过程工程咨询

第一节　项目概况

本项目建设地点位于重庆市某区，占地面积 300 余亩，总建筑面积约 17 万平方米，固定座位数不低于 60000 座，场地标准为承办国际性比赛的标准足球场（见图 9 – 1）。

图 9 – 1　项目效果图

第二节　服务内容

(1)项目管理:项目计划统筹及总体管理、前期工作管理、报批报建管理、概算审核、设计管理、技术管理、进度管理、投资管理、质量安全管理、项目组织协调管理、合同管理、造价管理(包括但不限于施工方案经济评价、设计变更经济分析、施工阶段的现场计量、现场签证、新增项目的价格审核及评价、材料认质核价、工程进度款审核、完工后的结算审查等工作)、档案信息管理、竣工验收及移交管理、工程结算管理以及与项目建设管理相关的其他工作、BIM 技术应用服务等。

(2)设计咨询:完成咨询范围内所有项目的设计咨询工作,并提出设计咨询意见。包括但不限于完成可行性研究报告编制、方案设计、初步设计、施工图设计、配套设施及设备设计的咨询服务,以及施工全过程至项目竣工验收的设计咨询相关服务,如审查勘察大纲、设计大纲,项目的方案优化设计,体育工艺咨询、结构验算,各专业图纸之间的错、漏、碰、缺,投资估算、概算审查,专项论证审查,功能审查,材料(含主要设备及大宗材料)的选择合理性,“四新”技术运用的经济合理性审查,核实设计内容及设计变更实施情况,参与设计变更管理,参与关键工程验收,对工程建设过程中的特殊结构、复杂技术、关键工序等技术措施和技术方案进行审核、评价、分析,提出解决措施等,以及过程中招标人的其他相应要求。

(3)工程监理:完成设计施工图范围内所有内容的施工监理及缺陷责任期阶段监理,在项目实施过程中提供技术咨询服务。具体包括:对该项目质量、投资、进度实施有效控制,施工组织协调,进行工程安全管理、合同管理、信息管理、技术咨询等。

第三节　项目组织

本项目工程规模体量大,涉及专业工程多,施工工艺复杂,项目建设工期紧迫,社会关注度高,社会影响力大。

重庆市某足球场建设项目全过程咨询项目部项目管理采用扁平化管理模

式，项目总负责人直接对建设单位负责，减少管理层级，提高工作效率。围绕项目推进，决策机构提供决策支持。在项目总负责人的统一领导下，全面履行项目全过程工程咨询服务合同中的义务和责任。

全过程工程咨询机构由项目管理部、设计咨询部及项目监理部构成。项目管理部下设综合事务组、设计管理组、合同造价组、工程管理组、安全环保组等，具体负责项目报建管理、需求管理、投资管理、进度管理、质量管理、设计（技术）管理、造价及合同管理、施工管理、信息管理、安全文明施工管理、竣工验收等具体工作（见图9－2、图9－3、图9－4、图9－5）。

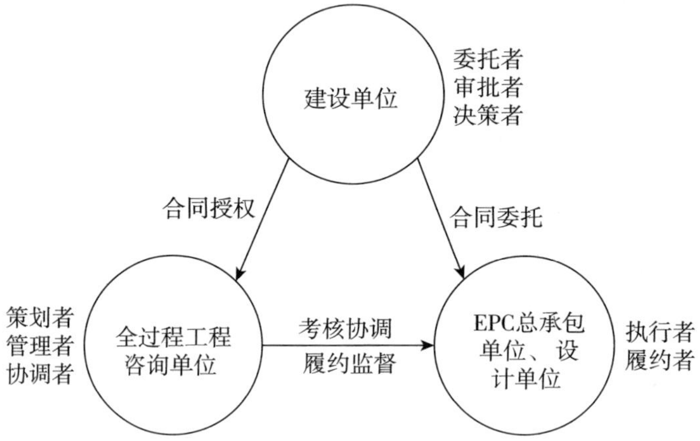

图9－2　参建单位管理关系定位图

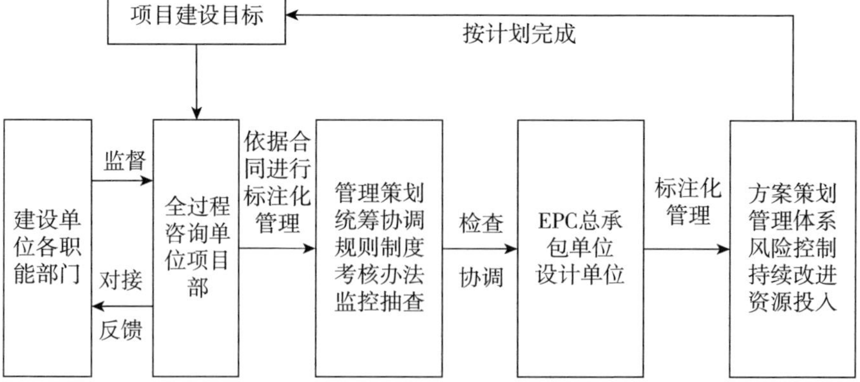

图9－3　项目管理运作图

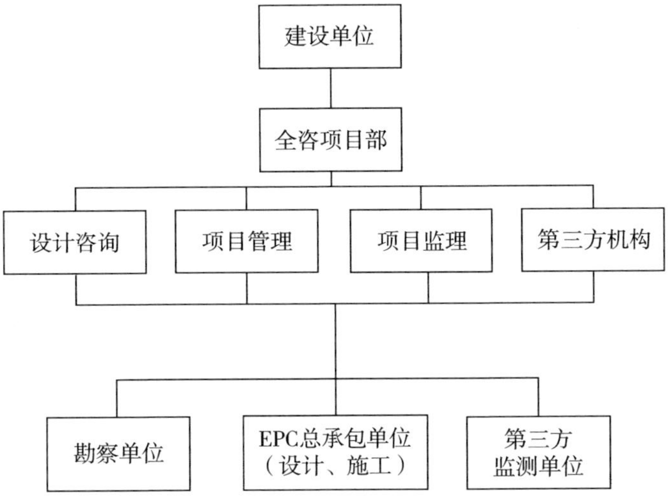

图9－4　项目整体组织框架

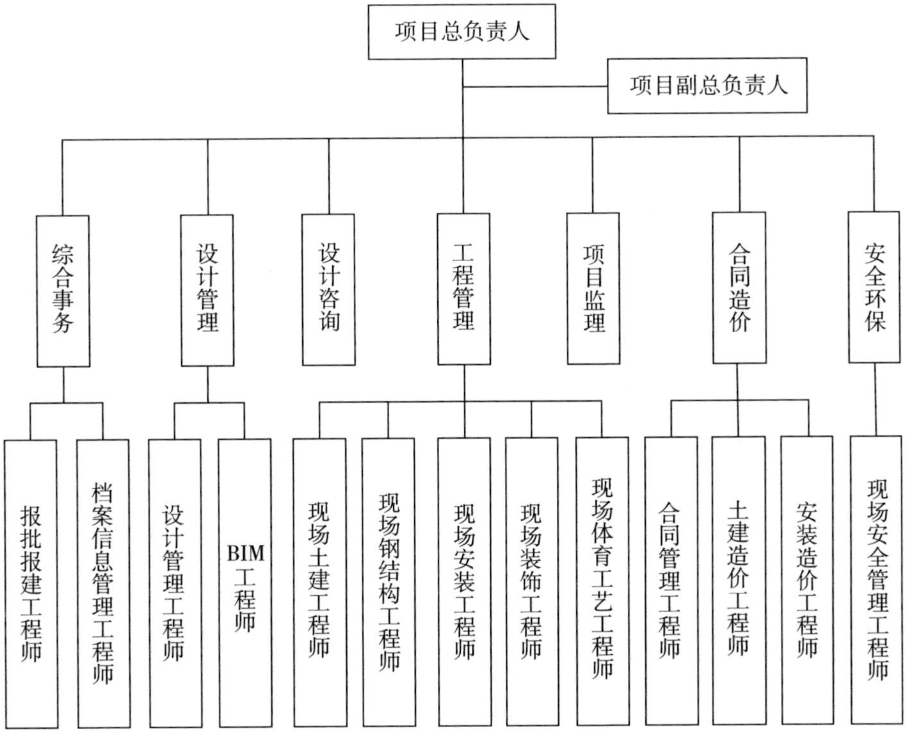

图9－5　全过程咨询项目部组织机构

第四节　咨询方案

一、总体策划思路

1. 以组织为基础,全面推进项目建设

(1)建立和健全项目建设组织机构,明确各参建单位工作范围、工作职责、工作权限、工作流程等,确保各项目参建单位责任明确、分工明确、沟通畅通。

(2)建立和完善全过程咨询项目部组织机构,明确全过程咨询项目部内部各部门、人员的职责、权限、工作内容、工作流程等,确保全过程咨询单位内部分工明确、责任明确。

2. 以"质量、进度"管理为核心,重点关注设计管理

工程设计质量、工程施工质量对项目投资、进度影响很大,尤其是工程设计质量,是项目建设需求目标实现的关键,也是直接决定和影响项目施工投资、进度、成本的关键,因此,本项目全过程咨询将以设计管理为核心中的核心进行策划和管理,以提高前期行政审批和亚洲足球联合会审查的通过率,并通过成熟有效的施工工艺、降低和减少设计变更的频次加快项目进度、保证工程质量和安全施工。

3. 以信息技术管理为手段,全面运用 BIM 管理手段

以信息技术管理为手段,特别是全面运用 BIM 管理手段,一方面,可以进一步确保、优化工程设计质量,减少和避免工程设计中存在的设计缺陷、错误和变更;另一方面,全面运用 BIM 实施项目管理,可进一步优化项目施工进度、降低和减少不必要施工消耗,提高施工管理水平。

二、项目咨询方案

1. 项目计划统筹及总体管理

(1)制订项目管理具体目标,建立项目管理组织机构,明确各部门及岗位工作职责,分解项目管理的工作内容,制订项目管理工作程序及工作制度,制订各阶段各岗位的人力资源计划。

(2)编制项目总体进度计划,根据项目实施情况进行动态调整。

(3)协调项目各层面、各相关单位的工作关系,协调项目外部关系。

2. 前期工作管理

(1)组织设计例会,组织设计单位与 EPC 总承包单位之间、设计单位与外部有关部门的协调工作。

(2)协助委托人办理各项前期报建手续、协助委托人完成相关招标工作。

(3)协助委托人负责现场情况调查、设计需求研究、编制设计任务书。

(4)对项目咨询、勘察、设计等技术文件进行把关,并提出优化建议。

(5)在对同类项目调研、使用需求调研、项目现状调研、相关政策调研的基础上,组织研究项目总体建设需求、边界条件、建设规模及投资规模。

(6)为规划、方案设计提供技术咨询服务,组织和开展规划条件研究、设计需求研究和全过程设计需求管理。

(7)对项目建设需要开展的相关专题研究以及需要办理的相关手续进行梳理。

(8)根据项目建设内容编制报批报建工作计划,完成项目前期及工程建设期间的各项报批报建手续(包括但不限于办理土地、规划、建设、环保、人防、消防、气象、水土保持、市政接驳等)。

(9)对各参建单位的报批报建工作进行协调管理。

3. 设计管理

(1)对项目设计各阶段(方案设计、初步设计、施工图设计)计划进行统筹及总体管理;对设计进度(配合项目部完成)、设计质量进行管理;对设计方案、设计变更进行管理;负责与设计相关的调研、确认、审查。

(2)要求设计单位按时提交合格的设计成果,检查并控制设计单位的设计进度、检查图纸的设计深度及质量,分阶段、分专项对设计成果文件进行设计审查。

(3)负责组织对各阶段(方案、初步设计、施工图)及各专业的设计图纸设计深度及设计质量进行审查,减少由于设计错误造成的设计变更、增加投资、拖延工期等情况。对设计方案、装修方案及各专业系统和设备选型进行优化比选,并提交审查报告。

(4)协调使用各方对已有设计文件进行确认。确认设计样板,组织解决设计问题及设计变更,预估设计问题导致的费用变更、施工方案变化和工期影响。

(5)组织专项审查,包括但不限于:交通评估的审查、环境影响评价的审查、结构超限审查论证、消防性能论证、深基坑审查、绿色建筑审查、海绵城市、体育工艺、装配式建筑等;对评估单位提出的意见进行修改送审,直到通过各种专业评估;组织工程勘察、设计、施工图设计审查。

(6)负责组织设计单位进行工程设计优化、技术经济方案比选并进行投资控制,要求限额设计,施工图设计以批复的项目总概算作为控制限额。

(7)组织各参建单位的BIM工作,审查设计单位、施工单位提交的BIM成果,对存在的问题提交碰撞报告,并负责督促设计单位整改完善;在施工阶段督促施工单位编制满足相关精度要求的BIM模型,审核相关模型,对存在的问题提交碰撞报告,并负责督促施工单位整改完善;对施工中出现的管综碰撞问题,组织设计、施工单位开展专项讨论确定方案,并督促施工单位按照解决方案施工,BIM模型根据相应整改方案调整至与现场实际情况一致。参加工程竣工验收,确保BIM模型与竣工图描述一致,为以后BIM运维管理提供准确依据。

4. 技术管理

(1)对工程建设过程中的特殊结构、复杂技术、关键工序等技术措施和技术方案进行审核、评价、分析,解决施工过程中出现的设计问题,优化设计方案,对工程建设新技术、新工艺、新材料、新设备进行研究论证,对重要材料、设备、工艺进行考察、调研、论证、总结,从技术角度提出合理化建议或专项技术咨询报告。

(2)组织设计单位对监理和施工单位进行技术交底,对重点工序、重点环节的技术、质量进行控制,处理工程建设过程中发生的重大技术质量问题。

5. 投资管理

(1)以总投资概算审批金额为投资控制目标,制订投资管理制度、措施和工作程序,做好决策、设计、招标、施工、结算等阶段的投资控制。

(2)负责设计概算的审核,以批复的可行性研究报告中建安工程投资为最高限额,且最终结算建安费不超过审定概算建安费的95%为依据,控制设计单位限额。

(3)管理造价咨询单位,组织概算全面审查工作,组织专家评审会议,根据项目特点参考同类工程经济指标进行评审。

(4)概算经业主批准后报送发改部门,与发改评审部门进行沟通、协调,确保评审结果的合理性。

(5)审批工程进度款支付,审核工程变更及签证并送业主审批,做好用款计划、月报、年报、年度投资计划等统计工作,建立项目的合同、支付、变更、预结算等各种台账;负责对项目投资进行动态控制,处理各类有关工程造价的事宜,定期提交投资控制报告。

(6)不定期组织召开造价专题会议,解决造价争议问题,建立投资控制台账,督促完善设计变更等程序。

(7)负责办理工程量清单复核报告审批手续,检查督促造价咨询单位、项目监理单位及时审核工程量清单复核报告、设计变更及现场签证等,督促专业工程师及时办理设计变更、现场签证等审批手续。

(8)负责工程结算的审核并配合报业主审定;负责对项目工程造价进行经济指标分析,提交结算审核表;参与结算资料整理归档;配合财务办理竣工决算;负责审核结算款、保修款,协助办理审批手续。

(9)负责协调和造价咨询单位有关结算问题的分歧;负责对监理和造价咨询单位的结算工作进行管理;负责结算报告的审批手续并报送业主;负责跟踪审计进度,及时反馈审计意见;负责审计报告征求意见稿的审批手续和审计报告的整理归档。

6. 质量管理

(1)组织建立项目质量控制体系,督促项目各参建单位建立相应的质量控制体系,并跟踪执行情况。

(2)组织进行工程施工质量管理策划,并跟踪执行。

(3)评估分析设计变更、专项施工方案对质量的影响。

(4)督促和检查项目监理部及跟审单位的工程质量控制工作,必要时督促施工单位的工程质量控制工作。

(5)参与材料、设备、构配件的进场质量验收工作。

(6)督促、配合项目监理部、施工单位的质量控制及应急预案的实施。

(7)组织处理工程质量问题及事故。

(8)组织、检查质量评比工作,协调质量奖项的评审工作。

7. 安全管理

(1)进行安全生产、文明施工管理策划,明确安全生产、文明施工管理的目标、方针、组织机构及职责、管理要求、管理办法、重大安全风险源识别、可能的评比及奖惩措施与办法。

(2)组织建立项目安全文明控制系统,督促项目各参建单位建立相应的安保体系,编制安全应急预案并跟踪执行情况。建立工程项目安全文明管理、控制工作制度流程,明确业主方及各参建单位的工程安全文明管理责任;建立业主方的工程安全文明管理组织机构和制度,落实各岗位安全文明管理职责;督促项目监理部、施工单位、材料设备供应单位等建立工程安全文明管理组织机构和制度并进行审核,落实各岗位安全文明管理职责;督促项目各参建单位建立相应的安保体系,编制安全应急预案;在实施过程中进行跟踪检查。

(3)督促项目监理部切实履行建设工程安全生产方面法定及合同约定的监理职责。

(4)督促施工单位落实安全生产的组织保证体系和安全人员配备,建立健全安全生产责任制。

(5)定期组织检查、评比项目各参建单位的安全文明施工落实情况。

(6)督促施工单位落实安全文明措施费并专款专用。

(7)组织或参与安全生产应急演练。

(8)组织有关安全文明、绿色环保的评比、创优的准备工作。

8. 项目组织协调管理

围绕建设项目总目标,积极参与并主动承担各级工作范围内的组织协调工作。

(1)建立项目组协调工作制度,对经常性事项制订专门程序,明确协调时间、内容方式和具体负责人。

(2)明确项目部协调工作职责。处理好集中协调和分散处理的关系,充分发挥各级各类管理人员的作用。

(3)通过宣传、指令、监督、交流、会议等方法实现信息有效传递,达到组织协调目的,从建设项目整体效益出发,实现综合协调和总体优化。

9. 招标采购管理

(1)全过程咨询项目部配合建设单位开展整个建设工程项目相关招标采购工作。

(2)全过程咨询项目部督促 EPC 总承包单位根据项目特点,对招标采购工作内容进行分解,制订招标采购计划,确定招标方式、招标时间、标段划分等内容,编制招标文件和拟定设备材料的技术要求及参考品牌等。对大宗设备、材料采购进行审查,并组织建设单位、跟审单位、EPC 总承包单位、全过程咨询项目部进行实地考察。

10. 合同管理

(1)结合政府相关文件以及招标文件,本次全过程咨询合同管理工作内容包括:对参建单位合同履约、变更、索赔、合同后评价进行管理;对合同风险进行分析并制定应对措施。

(2)实施阶段对合同进行的管理,包括:合同实施控制、总包及分包合同的管理;合同完成后的后评估;合同争议处理及风险防范;合同的档案管理。

11. BIM 管理

在重庆市某足球场建设项目全过程咨询项目管理的应用中,主要对 EPC 总承包单位的 BIM 工作进行管理:

(1)工程性能化分析。通过 BIM 和有关软件的结合,可以很方便、高效地进行各种工程性能分析,督促设计单位提高设计质量。

(2)可视化的优势。BIM 作为三维建筑模型,与传统的 CAD 二维图纸相比,更直观、更真实。全过程咨询项目部借助 BIM,一方面可以更好地熟悉图纸,另一方面也可以更好地和使用方、各参建方进行沟通。

(3)设计纠错和优化。BIM 通过搭建各专业的模型,可以很方便、快捷地审查出设计中的错、漏、碰、缺,显著减少设计变更。

(4)管线综合。以往设计单位提供的管线综合图纸,由于各专业不协同、设计人员不懂施工要求等原因,往往会有图纸错误、频繁变更的情况。利用 BIM,设计单位、全过程咨询单位、施工单位共同在三维模型里对管线综合进行“模拟建造”,可以很好解决管线综合的难题。

(5)施工组织模拟。督促施工单位在施工过程中,建立 BIM 应用模型。通过 BIM 对项目重点及难点部分进行“模拟建造”,可快速审查施工方案的合理性,并对施工组织及施工技术的应用进行指导,达到满足甲方 BIM 建设运营管理系统平台的要求。

12. 档案与信息管理

(1)负责对勘察、设计、监理、施工单位工程档案的编制工作进行指导,督促各单位编制合格的竣工资料,负责本项目所有竣工资料的收集、整理、汇编,并负责通过档案资料的竣工验收以及移交。

(2)借助先进的信息软件,对工程建设过程中如质量、安全文明施工等信息进行高效分享、传递、监督、反馈、管理。

13. 现场施工管理

项目实施过程中,对质量、进度、安全及文明施工等进行管理。

14. 竣工验收及移交管理

(1)负责组织项目相关参建方办理项目专项验收和总体竣工验收申报手续,并协助进行项目专项验收和总体竣工验收,及时解决工程竣工验收中发现的工程质量问题。

(2)负责项目移交工作的管理,积极对接运营单位。

15. 工程结算管理

根据业主工程结算管理办法,完成工程结算工作,主要如下:

(1)负责项目结算的总体安排,对项目结算进度负责。

(2)负责在第一次付款前保存归档招标文件、答疑文件、标底文件、投标文件、评标报告、会议纪要、中标通知书、合同协议书、全套招标用施工图纸等招标阶段结算资料。

(3)负责办理工程量清单复核报告、设计变更、现场签证、补充合同等结算资料的审批手续。

(4)及时办理合同外单价分析资料、主材设备价格确定依据、图纸会审纪要、实物移交清单、相关验收证明资料等审批手续。

(5)检查、催办项目监理部的结算资料收集情况和结算审核进度,重点审核竣工资料与现场实际情况的一致性。

(6)负责协调施工、监理、造价咨询和全过程咨询项目部各成员的结算分歧,督促专业工程师和造价工程师及时办理设计变更等结算资料,必要时召集各方协调解决造价分歧。

(7)负责对监理和咨询单位的结算工作进行管理,并在咨询单位的结算审核报告上签署意见。

16. 工程监理

(1)工程监理报告

全过程咨询单位应按约定的时间和份数向业主提交工程监理与相关服务的报告,包括监理规划、监理实施细则、监理月报及约定的其他监理工作内容等。上述文件一式两份,监理规划(或修改)在第一次工地例会前 7 日内提交,监理实施细则在相应专项工程实施前 3 日内提交,监理月报在次月 5 日前(如遇节假日则为之后的首个工作日)提交,专项报告自业主发出指令起 14 日内完成并提交。

(2)施工准备阶段监理

全过程咨询单位在施工准备阶段了解建设项目的基本情况,熟悉设计文件,熟悉招标投标文件,是做好本建设项目的施工监理必不可少的工作:根据项目的具体要求,对项目进行整体策划,包括工期策划和关键节点策划,编制监理实施计划和方案;对材料设备的技术参数或品牌档次提出意见或建议。

(3)施工过程中的质量、进度控制和安全生产监督管理

收到工程设计文件后编制监理规划,并在第一次工地会议 7 日前报项目管理团队。根据有关规定和监理工作需要,编制监理实施细则;熟悉工程设计文件,并参加由项目管理团队主持的图纸会审和设计交底会议;参加由项目管理团队主持的第一次工地会议;主持监理例会并根据工程需要主持或参加专题会议;

督促、检查承包人严格执行工程施工承包合同和国家工程技术规范、标准，协调委托人和承包人之间的关系；审核承包人提出的施工组织设计、施工技术方案、施工进度计划、施工质量保证措施和施工安全保证体系，审核承包人选择的分包商；检查施工承包人工程质量、安全生产管理制度及组织机构和人员资格；检查施工承包人专职安全生产管理人员的配备情况；审查工程开工条件，对条件具备的签发开工令；审核承包人提供的材料、构配件和设备的数量及质量；审查施工承包人提交的工程变更申请，协调处理施工进度调整、费用索赔、合同争议等事项；控制工程进度、质量，督促、检查承包人落实施工质量、安全保证措施；组织分部分项工程和隐蔽工程的检查、验收；协助业主和项目管理团队组织工程竣工验收。

(4)费用控制

复核施工图预算；审查施工期间工程量的计量、工程款支付、工程变更、签证及其费用等；审核工程结算。

(5)合同、信息等方面的协调管理

做好合同管理的各项协调工作；协助业主和项目管理团队签订合同；协助业主和项目管理团队整理报建资料；督促承包人整理合同文件和技术档案资料；协助业主和项目管理团队收集、整理、归档工程资料。

(6)保修及后续服务管理

检查和记录工程质量缺陷，对缺陷原因进行调查分析并确定责任归属，审核修复方案，监督修复过程并验收，审核修复费用，并做好以下工作：检查工程状况，参与鉴定质量责任；督促承包人及时完成未完工程尾项，维修工程出现的缺陷；督促承包人按规定进行回访；协助委托人收集、整理、归档工程资料。

第五节　项目咨询总结

对于本项目的重难点问题，项目部有针对性地采取了相应的措施，主要包括以下几项。

一、项目管理方面

1. 重难点

（1）本项目工程体量大，涉及专业多，项目统筹管理难度大。

（2）本项目施工专业多，工作面交叉重叠多，设计管理及现场管理工作任务繁重，各专业工程之间亦会发生较多功能衔接及交叉作业，协调工作量大。

2. 应对措施

（1）建立有效的协调管理模式和协调机制，提高执行效率。项目协调管理模式的搭建对项目的顺利开展及实施起到至关重要的作用，完善的管理模式及协调机制，不仅可以使工程项目建设的协调管理活动更加规范化、制度化，而且还能提高工程项目组织的工作效率和敏捷度，降低由于协调管理困难而导致的诸多风险。针对项目管理模式及协调机制，全过程咨询项目部在统筹管理方面有效解决了三个层面的管理问题：EPC 总承包单位管理职能的健全情况及指令执行力问题、项目内部职能架构的设计及一体化融合管理问题、与建设单位职能部门的衔接对接问题。

（2）根据项目总体建设目标、项目实施条件、项目批复资金等多方面因素，综合确定设计、报建、采购、施工等相关工作，是指导各参建单位相关工作计划的重要依据之一，项目总控计划是确保项目参建单位各项工作科学、有序、按计划推进的基本依据。针对本项目特点，项目总控计划重点控制以下两个方面：

①重庆市某足球场的场平施工、地基基础施工、主体结构施工、钢结构施工、机电安装施工、装饰装修、体育工艺及环境景观工程施工等建设计划。

②要求 EPC 总承包单位合理策划项目相关招标采购计划，有利于工程施工造价、质量、进度等的控制及协调管理。

二、报批报建方面

1. 重难点

报批报建环节多、周期长、协调量大。本工程报批报建贯穿整个项目建设周期，环节多、周期长，是影响项目进度的重要因素。其中，在设计阶段，项目需要办理立项批复、选址意见书、用地规划许可证、方案批复、初设批复、施工图批复、建设工程规划许可及土地划拨意见书等；在施工阶段，项目需要办理施工许可证、各种专项验收及竣工验收等。

2. 应对措施

在办理各种批复及工程验收时，积极协调规划、国土、发改委、财政、建委、街道（乡镇）、政府、公安、城管、消防、人防、电力、通信、燃气、供水等部门，并配合中国足协对设计方案的审查和对建设过程的检查等。

三、进度管理方面

1. 重难点

（1）土方外运及场内填方情况

本工程涉场平及土石方外运工作，其进展情况决定了项目能否顺利开工、是否正常施工及按期竣工，如土方外运及场内填方工程不能及时完成，将直接影响整个工程的施工进度，给整个项目的推动造成极大障碍，是影响项目实际工期的关键因素。

（2）水电等施工条件的保障

施工水电的供应、施工便道建设及各项施工手续的办理，作为顺利开工的先决条件，对项目工期有着重要影响。

（3）施工现场组织协调

本项目建设内容涉及场平、低洼填土及土方外运、地基基础施工、主体结构施工、钢结构施工、机电安装施工、装饰装修及体育工艺施工，专业工程多，交叉作业多，施工界面狭窄。因此，施工单位人员、设备、材料投入、工序安排、工作协调等的施工组织管理，是本项目工期节点能否顺利达成的决定性因素。

2. 应对措施

（1）项目部通过诸多措施，督促施工单位及时完成开工前的各项准备工作。结合现场界面条件，合理分期安排施工进度计划；加强施工组织人员、设备、材料的投入，确保按计划施工。

（2）项目部加强各专业施工范围间的统一协调，减少相互间的干扰、影响，注意协调好与周边环境的关系。施工组织过程中应注意交叉影响,必须做好施工界面协调、管理,确保施工效率。

(3)项目部加强对关键性工程资源调配、工序衔接的监督管控以及全线的统筹管理,施工资源配备优先保证关键线路上的分部分项工程。同时,加强各阶段地基基础、主体结构的穿插施工。

四、安全管理方面

1. 重难点

本项目涉及塔式起重机安拆、钢结构吊装及支持架体卸载、基坑开挖施工等危险工程,施工危险源分布广,施工机械众多,尤其大型施工机械众多,设备、构件吊装、高空作业等给安全管理带来极大挑战,在施工高峰期间,大量工人在现场施工,安全风险极大。由此带来的安全保卫、消防防火、施工照明、环境保护、交通运输等一系列问题,安全文明措施要求很高,安全管理任务繁重。

2. 应对措施

(1)土方工程需重点控制基坑开挖及机械使用安全。土方工程所涉及的材料、机械体型大,所需人力多,在保证安全、质量、成本的条件下完成计划节点,安全是关键。为确保基坑具有足够的整体稳定性、坑壁具有足够的强度、确保排水通畅等目标,施工现场需从机械操作安全、施工人员安全、施工用电安全等方面进行全方位的安全监管。

(2)钢结构工程需注意大型构件的吊装。本项目涉及钢构件地面拼装、桁架分片吊装、高空组对焊接等施工工艺。钢结构拼装构件长度大、重量大、吊装难度大,安全风险控制点多,安全管理要求高,安全风险大。

(3)塔式起重机安装、拆卸实行旁站监理,定期检查塔式起重机设备完好状态,不定期抽查作业状况及人员培训、持证情况。

(4)加大钢结构吊装机具管理力度,由承办单位组织分包、监理等单位对进场吊装机具进行实物、资料验收,作业前试吊。定期检查吊装机具完好情况及保养情况,不定期抽查吊装机具作业状态及人员持证情况。

五、投资控制方面

1. 重难点

(1)EPC 模式中总承包对设计、施工和采购全权负责,承包商必须通过优化设计来节约成本。但由于设计、施工同属一个总承包商,在设计阶段,应重点防止 EPC 承包商只偏重经济效益,部分降低建设标准和功能配置,或部分设计“肥梁胖柱”,通过不合理的“设计优化”“高标准设计”“低标准施工”,甚至降低项目质量要求等手段追求高额利润。因此,EPC 项目对投资控制要求高,在 EPC 模式下,应加强对设计方案、设计概算、施工图预算等文件的审核,将项目造价控制在合理范围内。

(2)在 EPC 承包模式下,项目的设计、采购、施工将由工程总承包单位进行统筹管理,该模式的应用虽然能够把优化设计、合理采购和施工有机结合起来,实现设计、采购和施工的深度交叉和内容协调,减少工程建设时间,但工程总包单位为追求利益最大化,往往不能客观、有理有据地进行设计概算。

2. 应对措施

全过程咨询单位,应在设计阶段,对工程投资估算、初步设计概算、施工图预算等环节进行重点管控,严格审查,特别是对初步设计概算进行管控,确保工程总投资控制在目标范围内。

(1)限额设计审查

投资控制的重点在设计阶段,对可研估算按单项工程进行切块限额。设计管理是控制投资的关键,在设计阶段进行嵌入式服务,协同设计管理团队实行限额设计管理及优化,是造价合约管理的重点。

(2)做好预算审核

各单项工程开工前要求施工单位编制各单项工程预算,然后由项目部组织业主、跟审单位、监理单位按程序对预算进行核算,确保工程量清单的准确性。在工程实施过程中,严格控制土石方工程挖填收方、地基基础工程计量、主体工程计量、钢结构工程计量、机电安装工程计量、装饰装修及体育工艺工程计量等。

(3)做好工程计量

项目部应加强工程量计量、审核工作，负责对因设计变更调整的工程量进行统计，对施工单位所报变更工程量进行审核。针对工程计量影响投资的管控对策：施工前，组织 EPC 总承包单位、跟审、业主、监理对各单项工程原始地貌、现状进行复核，作为原始凭证；建立工程量相关计量台账，确保工程量清单准确性；制订计量管理办法，确保计量准确。

(4)控制工程变更

工程变更是施工阶段影响投资的重要因素，工程变更包括正变更和负变更。对存在不良地质及特殊地质条件的地基基础工程、主体结构工程，项目管理及监理人员在做好详细记录的同时，应立即召集工程有关各方共同协商处理，并加强施工处理方案的论证和比选，严格工程变更程序，确保所采用的技术处理方案经济合理，达到控制工程变更费用的目的。使变更管理工作变更合理、依据充分、手续齐全、计量准确。主要管控对策包括：坚持信息化施工动态设计原则，结合地质情况及时提请设计单位优化设计方案，节约投资；严格审查施工单位提出的施工变更设计的经济合理性，控制施工变更造价；严格核实变更内容，按实核定变更工程量。

(5)严控材料价格

本项目施工期间，施工用原材料及构配件的价格可能发生较大变化。针对材料价格波动的管控对策为：对一些涨价可能性较大且易于保存的主要材料(如柴油、钢材等)，在场地允许的前提下，应积极储备，同时工程后期使用的一些主要材料也要提前准备，以降低物价上涨带来的经济损失；根据合同约定及造价信息，公平核定相关材料信息价；关键材料、设备实行价格比选或招标。

(6)做好认质核价工作

全过程工程咨询项目部在施工管理过程中，如出现以下情形，需加强认质核价工作管理：施工过程中需要认质核价的材料、设备；因设计变更或工程量增加，招标文件和合同中未约定，经建设单位各职能部门批准为认质核价的材料(设备)；工程项目管理过程中，经项目业主研究确定为认质核价的其他非招标材料(设备)。

六、环境保护方面

1. 重难点

本项目对环境保护要求高，控制难度大。本工程的实施将不同程度改变原有地形地貌，加上施工过程中可能产生的噪声、振动、“三废”排放等，若管理不当，势必对现有自然环境造成不良影响及水土流失。

2. 应对措施

(1)项目环境保护措施

全过程咨询项目部成立环境保护领导小组，根据项目实际情况，督促、指导EPC总承包单位制定并落实项目环境保护管理制度，确保国家、地方有关环保法律、法规、标准及业主要求得到有效贯彻执行，使整个施工过程严格遵守《环境保护法》及地方政府有关规定，避免施工对周围环境造成干扰，保护好自然生态环境。

(2)项目水土保持措施

①在整个施工过程中严格遵守《水土保持法》、《水土保持法实施条例》及地方政府有关规定，避免施工对当地水系造成污染和破坏。

②建立健全水土保持保证体系，坚持“预防为主，综合防治，全面规划”，加强对施工单位水土保持有关法律、法规的教育和管理，牢固树立水土保持意识，有针对性地采取措施，确保不污染和破坏水源、植被和土地。

③施工前邀请地方政府环保主管部门共同对水文、地质、植被情况进行调查，复核设计水土保持方案并制定详细水土保持施工措施。

④生活区内要修筑净化池，日常生活中的脏水、污水等统一排入或倒入净化池，定期进行处理，并定期在生活区范围内洒消毒液，保证现场内排水设施及现场污水(经净化处理后)及时排出。

⑤从当地地表及地下抽水时，盛水和抽水器具保持清洁，避免污染水源。

(3)施工后期场地恢复措施

①工程竣工后，生活、生产用地等临时占地要及时恢复，并根据地方规划进行绿化或复垦，同时修建好排水系统，防止水土流失。

②弃土场表面回填黏性土,加强植树绿化,尽力补偿林地损失,维护原生态环境。

③对于占用的地方道路,要根据当地有关部门的要求进行加固或整修,确保其使用性能。

(4)其他管理方法措施

①项目实施前,做好项目周边环境的摸底工作,走访产权单位,收集既有构筑物、建筑物的相关资料并做好相关单位的交底和沟通工作,尽量使其理解和支持本工程的建设。

②合理布置施工通道,减少临时用地,避免大规模破坏自然环境。

③注重项目总平面布置管理工作,对施工产生的废水和生活污水必须在处理后有组织排放。

④事先与就近环卫部门取得联系,在其指导配合下合理对生活垃圾、施工垃圾等固体废物进行管理与处置。

⑤尽量减少夜间施工,避免扰民事件发生,这同时也是对工程质量的保障。对于确需夜间施工的工程,应及时进行相应方案的报审,做好与相应周边单位的沟通解释工作,取得理解和支持。

第十章

重庆市某复线高速公路连接道工程项目全过程工程咨询

第一节 项目概况

一、基本信息

重庆市某复线高速公路连接道工程项目位于重庆市巴南区。西起燕尾山隧道,东至某高速扩能项目。路线自西向东在南泉立交北侧出洞后(燕尾山隧道)上跨内环快速路,继续向东下穿规划轨道 8 号线、福鹿大道后上跨鹿角纵三路,路线继续向东下穿铁路东环线(在建)后设置樵坪山隧道穿越樵坪山及樵坪水库,路线出洞后转向东南方向,终点接重庆市某复线高速公路(见图 10-1)。

重庆市某复线高速公路连接道工程,主线设计起点桩号 K0+000,始于燕尾山隧道,止于某高速桩号 K10+722,全长 10.72 千米,全线设置 3 个立交互通及 3 座隧道,2 座还建道路桥,1 座线外桥及 7 座人行天桥,7 座车行地通道,6 座人行地通道,11 道涵洞桥梁。其中立交分别为与内环快速相交的南泉立交,与福鹿大道相交的花地沟立交,与鹿角纵三路相交的纵三路立交,隧道分别为 1 号隧道和 2 号隧道、樵坪山特长隧道。道路等级为城市快速道路，主线设计行车速度为 80 千米/时，标准路幅宽为 42 米。建设施工工期为 1440 日。

图 10－1 项目效果图

二、项目特点

（1）全线桥梁较多，跨越既有线，施工组织管理难度较大。本工程设一座涡轮＋半苜蓿叶组合式全枢纽型互通立交（南泉立交），一座蝶形立交集散型全互通式立交（花地沟立交），一座“8”字形立交集散型全互通式立交（纵三路立交），2 座还建道路桥，1 座线外桥及 7 座人行天桥，7 座车行地通道，6 座人行地通道，11 道涵洞桥梁。

南泉立交在复杂及施工难度方面较其他两个立交大，该立交形式为一座涡轮＋半苜蓿叶组合式全枢纽型互通立交，上跨内环快速路，交通量大，匝道多，结构较复杂，既有线施工及复杂工作面施工组织与管理难度大。

（2）樵坪山特长隧道工程中，小净距隧道施工难度较大。本工程沿线共设置 3 座隧道 4194 米（按双幅计），均为小净距，其中 1 座特长隧道 3279 米，1 座中隧道 620 米，1 座短隧道 295 米，占线路总长的 41.23%。其中樵坪山隧道全长约 3200 米，属特长隧道，围岩条件较复杂、不可预见性多；作业空间通风、排水要求高；涉及专业多、综合性强；隐蔽性大、循环性大、风险高；对作业管理人员的应变能力要求高。项目的施工质量要求高、技术难度大，且施工质量事关施工和运行安全。

(3)本工程软基处理范围极大。其中，主线范围需处理的清淤换填面积约13万平方米，换填近27万方，高压旋喷桩有24000米。软基处理工程量较大。

(4)全线挡护结构数量众多，共设挡护结构48段。挡护结构类型多样，设有重力式、衡重式、悬臂式、扶壁式挡墙、桩板挡墙、锚杆挡墙共6种类型。

(5)高挖深填段落多，质量控制难度大。本项目高挖深填段落较多，多达55处，挖方边坡最高达39米，填方深度17米，存在多种岩质及软基，局部软基较深处需进行悬喷桩地基加强，地形较为复杂，施工安全、质量、进度控制难度较大。

第二节　服务内容

本项目服务内容包括重庆市某高速复线连接道项目全过程咨询(含工程全过程咨询管理、造价咨询及项目业主要求的其他工作内容)、监理等，具体工作内容如下：

(1)全过程咨询服务内容：包括从项目施工之日起至项目竣工验收、竣工结(决)算、移交和缺陷责任期结束之日止的建设全过程咨询服务，包括但不限于技术咨询、造价咨询服务等。

(2)监理服务内容：包括但不限于本项目施工范围内工程项目施工阶段及缺陷责任期全部监理工作。

第三节　项目组织

结合本工程的特点、服务范围和内容，按合理年龄结构和专业配置优化的原则组建项管部，作为本项目的常驻机构。

项管部由管理决策层、专家技术保障层、操作实施层组成，在项目负责人的统一领导下，全面履行全过程咨询管理服务合同的义务和责任(见图10-2)。

（1）管理决策层由项目负责人、副经理及管理办公室组成，全面负责项目的管理、策划、组织、协调和控制工作。

（2）专家技术保障层由具有多年全过程咨询管理、设计、工程咨询、施工经验的技术经济专家组成，负责协助全过程咨询管理部解决工程项目出现的重大技术问题，是全过程咨询管理的技术后盾，负责保障项目经济上可行、技术上先进可靠。

（3）操作实施层由工程报建组、管线迁改组及现场管理协调组3个职能组构成。具体负责项目报建、迁改、设计、施工、竣工验收等项目全过程的投资管理、进度管理、质量管理、合同及信息管理、安全文明施工管理等具体工作。

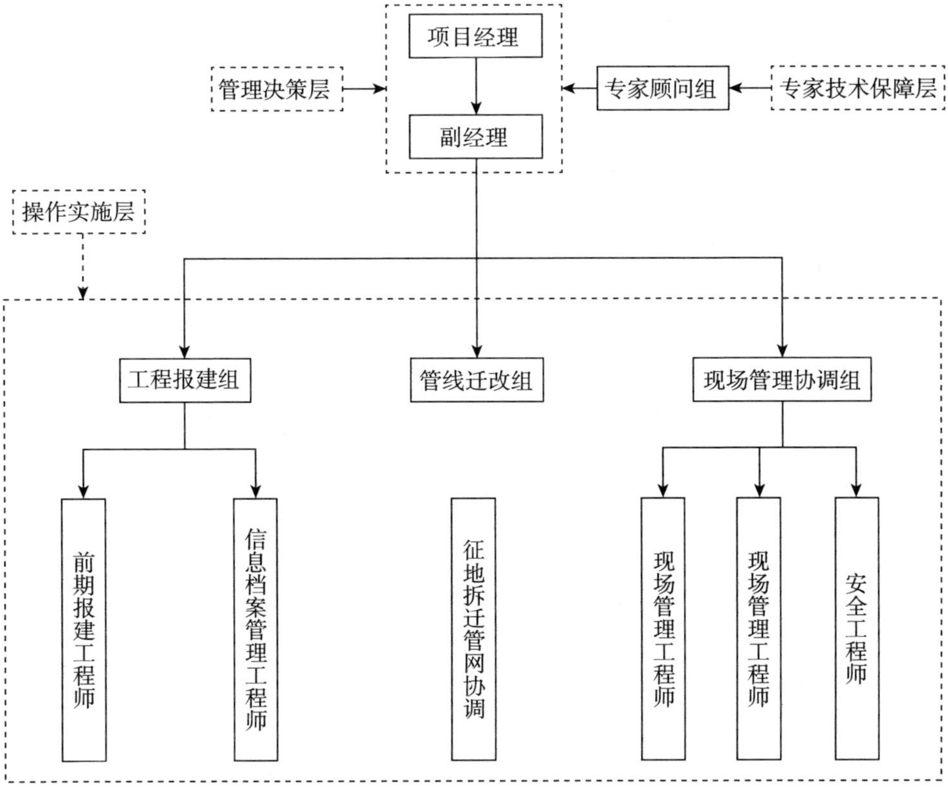

图10－2　项目组织机构

第四节　咨询方案

一、勘察设计管理

由于前期勘察设计工作基本完成，项目组主要负责实施阶段的勘察设计管理以及与相关管理部门的协调工作，组织完成设计变更或新增项目的设计及审查等。在建设项目工程施工阶段，全过程咨询管理设计管理的主要工作如下：

(1)参与组织施工、监理和设备材料采购招标投标及相关合同策划与签订工作，特别是督促设计单位对清单、预算编制中提出的设计问题进行及时回复。

(2)组织设计、全过程咨询管理方、监理、施工单位进行施工图设计会审和设计交底。

(3)准确、齐全地向施工单位、监理单位等有关单位提供施工图设计文件和有关工程施工的资料，并完善相关手续。

(4)参与对施工单位施工组织设计的审查，对实现设计意图的主要施工技术方案、质量、进度及费用保证措施做必要的论证。

(5)协同施工管理部门做好施工过程中的相关设计接口工作，处理设计与施工质量、进度、费用之间的接口关系。

(6)参与现场质量控制工作，参与工程重点部位及主要设备的质量监督等。

(7)督促设计单位配合施工，参加施工中主要技术问题的设计校核与处理等，参与重大措施方案的论证。

(8)进行与设计有关的施工质量跟踪检查，发现偏差时，及时与设计、施工和监理等单位沟通，处理并解决现场问题。

(9)参与或协助材料设备等货物采购工作，协同采购部门做好采购过程中的设计接口工作。

(10)严格控制工程变更，及时处理设计变更(包括设备材料的变更)，修改设计文件。当工程变更造成合同工程的工程量变化时，施工进度和费用亦随之发生变化，故应做好因变更而引起的施工进度和费用控制工作。

(11)督促参与处理工程质量事故，包括事故分析、提出处理的技术措施或对处理措施组织技术鉴定等。

(12)明确与政府相关管理部门、施工、采购和有直接关系的市政配套单位之间在设计工作方面的关系，全面及时地做好设计沟通协调工作。

(13)督促设计单位参与分部验收和竣工验收，确保各项验收正常进行。

(14)按信息管理规定要求，负责做好设计管理职责内的包括项目文件资料管理的信息管理工作。

二、投资管理

(1)根据项目设计概算、施工图预算、承包合同和项目建设的具体情况，合理地设置项目投资控制目标，分块切割，制定各单项、分部、分项工程的投资控制目标。

(2)采用全面控制和重点控制相结合的方式，以事前预控为主的造价控制方法，将控制重点放在合同外费用的控制上。

(3)分析项目造价控制的难点、重点和易突破口，采取主动控制的方法，严格控制设计变更和施工变更，严格认质核价控制和管理、严格现场计量，严格把好工程进度款、结算款的审核支付工作。

(4)熟悉施工承包合同中合同价的类型及关于费用的相关条款，明确工程款支付的内容、时间、支付条件、预付款项及支付应扣除项目等。

(5)采用技术与经济相结合的投资控制手段。

(6)了解市场行情，搜集材料、设备价格信息，当好业主参谋。

(7)编制建设项目招标、评标、发包阶段投资控制详细的工作流程图和细则。

(8)审核标底，将标底与投资计划值进行比较；审核招标文件中与投资控制有关的内容(项目的工程量清单)。

(9)参加项目招标的系列活动，如项目的评标、决标，对投标文件中主要的施工技术方案作出技术经济论证。

(10)控制工程变更和防止发生索赔；事前应协助业主在合同中明确对工程变更和签证的处理方法；在施工过程中，业主、设计及承包单位等各方提出的变更应交监理机构核查同意，并在全过程咨询管理机构批准后实施。

(11)加强对工程造价的动态控制，及时提醒和建议业主补充完善承包合同，尽量减少可能产生的索赔。

(12)管理工程师将施工中出现的问题进行归纳汇总，业主方与设计单位应就这些问题交换看法、意见，尽量减少不必要的设计变更。

(13)根据工程内容的变化及时向业主提出合理化建议，协调解决投资、质量、工期之间的矛盾。

(14)审核施工阶段投资详细的工作流程图和投资计划。

(15)施工阶段投资控制经济措施的工作方法：

①审核项目工程量，并与已完工的实物量进行比较。

②审核工程进度款清单。

③在项目施工进展过程中，进行投资跟踪。

④定期向项目经理、业主提供投资控制报表。

⑤审核竣工结算。

(16)施工阶段投资控制技术措施的工作方法：

①审查施工单位的施工组织设计、施工方案，提出改进意见。

②对技术变更部分进行技术经济比较。

③对施工方案进行技术经济比较。

④继续寻求项目建设中，通过设计的修正挖潜节约投资的可能。

(17)施工阶段投资控制合同管理的工作方法：

①参与处理工程索赔工作。

②参与合同修改、补充工作，着重考虑它对投资控制有影响的条款。

③依据施工合同有关条款、施工图，对工程项目造价目标进行风险分析，并制定防范性对策。

三、质量管理

(1)组织建立项目质量控制体系，督促项目各参建单位建立相应的质量控制体系，并跟踪执行情况。

(2)组织进行工程施工质量管理策划,并跟踪执行。

(3)评估分析设计变更、专项施工方案的质量影响。

(4)督促和检查监理单位、跟审单位对工程的质量控制工作,必要时督促施工单位的工程质量控制工作。

(5)参与材料、设备、构配件的进场质量验收工作。

(6)督促、配合监理单位、施工单位的质量控制应急预案实施。

(7)组织处理工程质量问题及事故。

(8)组织、检查质量评比工作,协调质量奖项等评比工作。

四、进度管理

(1)审核施工总进度计划,同时优化完善项目总控进度计划,进一步明确项目关键节点与里程碑。

①审核施工进度计划的工期目标、关键节点与里程碑是否符合招标文件、施工承包合同文件的约定及业主方的管理要求。

②结合施工组织设计等,审核施工总进度计划的合理性、可行性。

③结合具体施工总进度计划优化完善项目总控进度计划;必要时对项目关键节点与里程碑进行相应调整,同时明确下一层级的关键节点与里程碑。

④因为本工程较为复杂,应对施工总进度计划、项目关键阶段与里程碑进行论证。

(2)制订材料采购、深化设计、配套建设等业主方的专项控制计划。

①制订甲供材料采购计划。

②制订深化设计计划。

③制订配套建设计划。

④组织各相关方进行讨论,确定专项控制计划。

(3)审核监理单位编制的进度控制方案并跟踪其执行。

①审核监理单位编制的进度控制方案。

②跟踪检查监理进度控制方案的执行。

(4)审核项目各参建单位编制的工作进度计划,督促其落实及动态调整,并跟踪执行情况。

①审核设计单位、施工单位、材料设备供应单位等参建单位的进度计划，使其与施工总进度计划相匹配。

②督促各参建单位严格按经批准的进度计划落实各项工作，并跟踪检查执行情况。

③实施过程中，根据需要协调、指导相关单位对进度计划进行动态调整。

（5）定期比较施工进度计划值和实际值，提供分析报告，根据需要采取措施并督促落实。

①收集实际施工进度信息，对比计划值和实际值的差异，分析差异产生的原因，对进度的趋势进行判断。

②提出改进建议。

③督促监理单位、施工单位采取应对措施。

（6）评估分析对项目进度可能产生重大影响的事件。

①初步判断项目事件对进度的影响程度。

②组织内部或外部专家进行相关论证。

③撰写评估分析报告。

（7）协调各参建单位因项目进度变化产生的施工进度矛盾。

①归结分析各参建单位产生进度矛盾的原因。

②提出解决矛盾的建议或措施。

③通过会议等方式进行沟通，以解决矛盾。

（8）审批、处理工程停工、复工及工期变更事宜。

五、安全文明施工管理

（1）进行安全生产、文明施工管理策划，明确安全生产、文明施工管理的目标、方针、组织机构及职责、管理要求、管理办法、重大安全风险源识别与分析，并制定奖惩措施与办法。

（2）组织建立项目安全文明控制系统，督促项目各参建单位建立相应的安保体系，编制安全应急预案并跟踪执行情况。

(3)建立工程项目安全文明管理、控制工作制度流程,明确业主方及各参建单位的工程安全文明管理责任。

(4)建立业主方的工程安全文明管理组织机构和制度流程,落实各岗位工程安全文明管理责任。

(5)督促、审核监理单位、施工单位、材料设备供应单位等建立工程安全文明管理组织机构和制度流程,落实各岗位工程安全文明管理责任。

(6)督促项目各参建单位建立相应的安保体系,编制安全应急预案。

(7)在实施过程中进行跟踪检查。

(8)督促监理单位切实履行建设工程安全生产方面法定及合同约定的监理职责。

(9)督促施工单位落实安全生产的组织保证体系和安全人员配备,建立健全安全生产责任。

(10)定期组织检查、评比项目各参建单位的安全文明施工落实情况。

(11)督促施工单位落实安全文明措施专款专用。

(12)组织或参与处理安全事故。

(13)组织进行有关安全文明、绿色环保的评比、认证、创优的准备工作。

六、财务及风险管理

(1)招投标阶段的财务风险分析

招投标阶段的财务风险主要包括招标文件编制不合理,尤其是招标文件中对标段的划分不明、工作内容的描述不全面、界面不清晰,合同不完善的风险较大;工程量清单描述不准、漏项等,导致潜在投标人有空子可钻、有机可乘,通过采取不平衡报价、低价策略等手段,对后期施工产生财务风险。

(2)合同签订阶段的财务风险分析

合同应清楚地界定、描述各方的权利和义务,以杜绝模糊、歧义、推诿、扯皮现象;合同中尤其应有明确的、可以界定清楚的工作内容,工期、合同价款、结算办法及付款方式;如果合同价款可能调整,则应明确调整依据、调整方式(如何计价、总价如何最后确定等),并就设计变更与现场签证的有效性、可控性作出明确规定,否则将给后期结算带来较大的风险。

(3)施工阶段的财务风险分析

施工阶段财务风险主要包括因施工组织设计审查不细致产生一些措施费用;地勘不准确;隧道工程监测数据不准确;因设计变更、签证管理不善而增加费用;质量、安全事故以及不可抗力因素;施工单位低价竞争导致在施工时扯皮;施工单位未专款专用导致资金链断裂;业主资金筹措问题等。

第五节　项目咨询总结

一、勘察设计管理方面

(1)加强设计交底与图纸会审管理,确保设计技术延续性和一致性

设计技术交底与图纸会审是保证工程质量的重要环节和前提,也是工程施工的主要步骤,通过设计交底和图纸会审可以使施工人员充分领会设计意图,熟悉设计内容,正确地按图施工,同时也可以有效减少图纸差错,将图纸中的隐患和问题消灭在施工之前。项目设计交底与图纸会审应坚持以下原则:

①全面性原则。即项目设计交底与图纸会审必须对项目施工图所有技术进行交底和会审,不得遗漏。

②专业性原则。即项目设计交底与图纸会审时,设计单位必须按专业派熟悉项目设计技术的人员参加,并进行详细交底和会审。

③强制性原则。即项目设计交底与图纸会审,必须审核图纸内容是否符合地勘、相关设计规范强制性条款等。

④熟悉性原则。即项目设计交底与图纸会审应在各单位充分了解和熟悉图纸的基础上进行。

(2)加强项目设计沟通与协调,确保项目顺利开展

加强与设计单位的沟通与协调是设计管理中非常重要的一项工作,在施工阶段与设计的沟通主要包括设计变更、重大质量施工处理、分部验收及竣工验收等,沟通不畅将对项目质量、进度、投资等产生巨大的影响。项目设计沟通与协调的基本原则是:

①技术相通原则。彼此知识背景结构相同(近),是有效设计沟通的前提。

②相互信任原则。信任是沟通管理最为基本的原则,信任能消除沟通的距离,使沟通更有成效。

③相互理解原则。建立在相互理解范围内的设计沟通,方可更好地消除沟通障碍,达到沟通的目的。

④持续改进原则。为了更好地开展后续设计管理工作,需要持续、不断地审查勘察设计成果,最后得到满意的效果。

(3)加强设计变更管理,做好变更台账

工程变更管理主要审查工程变更资料,审查的重点包括变更理由的充分性、变更程序的正确性、变更估价的准确性。

在工程变更管理过程中,应建立严格的审批制度和审批程序,防止任意提高设计标准、改变工程规模、增加工程投资,切实把投资控制在全过程咨询管理控制目标范围内。设计变更的原则是:

①若不能满足项目使用功能或施工技术要求的需要,则必须进行变更。

②在满足项目使用功能及施工技术要求的前提下,尽管变更理由充分,若总投资不可控,则不能同意变更。

③若经相关单位审核同意变更,则应按变更程序确定变更项目综合单价。

二、投资管理方面

1. 开工准备阶段的投资控制

(1)认真审查施工图

在建设项目实施阶段,以设计阶段对工程造价的影响程度最大,但是即使是在施工阶段,管理工程师也要通过认真审图,对施工图纸在技术、经济方面不合理的部分和错、漏、碰、缺部分,向业主和设计人提出我们的意见和建议。由于此项工作是在施工前或施工招投标时进行的,因此可以达到控制投资的效果:

①通过合理化建议改正施工图在技术、经济上不合理的或错误的问题,这不仅能保证工程的质量,也有利于节约工程投资。

②通过合理化建议使图纸中的错误消除在施工之前,避免使设计变更发生

的费用变化进入施工合同价,减少施工过程中工程计量时各方的工作量,避免因施工后返工造成索赔事件的发生。

(2)全面掌握现场情况

管理班子进入现场后,首先要全面了解工程的情况,包括各参建单位及组织机构,现场的地形地貌及地下情况、环境情况、临建布置情况,承包商的人力、物力、财力等生产要素情况等。虽然施工过程中上述各种情况会有很多变化,但是对原状的全面了解和掌握,对日后处理各参建方的经济关系、搞好投资控制都有很大好处。

(3)全面熟悉和掌握各方的承包合同

承包合同是管理工程师进行投资控制的主要依据之一。一方面,工程师要熟悉全部合同文件;另一方面,还要求管理工程师在施工前,针对合同文件中的问题,尽早向业主和承包单位提出意见和建议,如有可能双方应签署补充协议,避免施工中和结算时发生矛盾和争执。

(4)认真审核施工组织设计(施工方案)和施工进度计划

管理工程师应运用技术经济的观点,从优化的角度,对施工组织设计、施工方案、人力资源和资金投入计划进行评定、审核和完善,这不仅是保证工程质量和进度的重要措施,而且也有利于承包单位降低施工成本,为业主节约投资。

(5)编制投资控制基准计划

根据合同中标价、项目预算费用、工作结构分解(WBS)、项目总进度计划,运用MS Project Management、电子表格等现代手段,编制投资控制工作目标、计划和详细的投资控制工作流程图,编制资金使用计划。

2. 施工阶段的投资控制

施工阶段是工程实体的形成阶段,建设项目的投资主要发生在施工阶段。管理工程师在施工阶段投资控制的基本原理是把投资控制计划作为工程项目投资控制的目标值,对施工过程中实际支出额与计划值进行比较,发现并找出实际支出额与投资目标值之间的偏差,并采取有效措施加以控制,以保证投资目标值实现。在施工阶段,管理工程师在投资控制方面要重视和做好以下工作:

(1)严格工程计量、控制工程款的支付和工程费用的增加

对于实行工程量清单的项目,管理工程师应熟悉工程量清单及清单说明的内容。掌握工程具体项目的工作范围、工作内容和计量方式与方法,按合同约定,对已完成的工程量进行准确计量。管理工程师要熟悉计量的特点和方法,特别是对于清单项目,合同约定"实际工程量与清单项目工程量有差别时,按实调整"的,工程师更要在工程计量上下大功夫,严格控制因工程量变化而增加的预算外支出,防止承包方因虚报工程量而增加工程投资。同时,对清单中工程量,工程师应做到心中有数,对于可能出现的实际工程量比清单工程量少的,应提醒承包单位如实进行调整,核减清单工程量和工程费用。

(2)控制设计变更和洽商,有效控制工程造价

设计不周或设计深化不足常常导致工程大量设计修改和设计变更而引起工程造价的提高,同时它也是导致工程变更和费用索赔的重要根源。因此,要加强对设计变更和工程变更的有效控制。加强对施工图的全面审查,重点审查施工图是否完全符合有关规范的要求,是否符合工程的各方面实际条件,以及是否存在错、漏、碰、缺等问题。做到事前发现、事前纠正,减少因图纸设计问题而造成的工程变更。对设计变更和工程变更进行技术经济分析比较,对增加造价的变更必须进行严格控制。

(3)控制工程材料及设备单价,特别是暂估材料设备价格,这也是工程造价最易突破的一个环节

对于工程变更项目的单价,清单中已有相同项目单价的,按清单中的单价执行;有类似项目单价的,按类似单价执行;清单中没有相同或类似项目单价的材料或设备,及工程量清单中属于暂估价格或暂估项目的,应是本工程造价控制的重点。工程师应协助业主多方询价,了解市场价格动态,确定既能满足本工程使用要求,又不突破计划值的合理低价。同时造价师应协助业主把好合同关,或明确价格的性质,防止因价格不明确或包含的内容不清在价格调整时发生扯皮现象。

(4)严格按合同约定进行控制,防止工程发生索赔

管理工程师应按照预控原则,采取防范措施,尽量不发生或减少发生索赔事

件，减少业主的损失。当索赔事件发生时，管理工程师应做好工程施工记录，收集索赔事件的各种相关依据，为正确处理索赔提供保障。

(5)及时收集有关资料，做好工程造价的动态管理和结算、审计工作

管理工程师特别是造价工程师应在日常管理工作中及时收集与工程投资及项目结算有关的文件、资料，如合同文件、价格确认文件等，做好工程投资的统计表，及时对已完工程进行结算，对变更价款进行调整，做好合同内价款及合同外新增变更价款的台账，为顺利进行竣工结算创造条件。竣工结算是投资控制的最后一个环节，管理工程师应严格按合同条件对竣工结算进行审核，确保投资控制的顺利完成。造价管理工程师应熟悉施工合同，尤其是合同中关于投资控制的条款，掌握工程结算办法，弄清合同价格的调整因素和方法，按合同规定审核竣工结算。

三、质量管理方面

(1)制定质量管理工作制度和现场施工质量管理控制程序，按照规定的质量管理制度和程序开展工作。

(2)开工前审核各项技术保证资料是对工程质量进行全面监督、检查与控制的重要程序(环节)。审核的具体内容如下：

①审查进入施工现场的各单位的资质、人员资格证明文件，对照各单位投标人员进行专项审查并约谈单位负责人，确保投入本项目人员的技术水平，且让各单位高度重视本项目。

②审查施工承包单位的开工申请应具备的各项条件，检查、核实施工准备工作落实情况。

③核查承包单位提交的施工专项方案、施工组织设计等技术保障措施的审批程序合法性。

④审查施工单位提交的重要的有关材料、半成品和构配件的质量证明文件，对一般材料、半成品在监理审查的基础上进行抽查。

(3)协调组织各种相关施工技术、工艺、质量问题的会议，如施工图会审会议、设计技术交底会议、地基基础处理会议等。为了使施工单位准确理解设计技

术要求,全过程咨询管理单位要组织设计、施工、监理等相关各方参加会议,以便有效准确地按照设计规范、标准开展施工活动。

(4)对进场的原材料、构配件和设备进行监控。进场的原材料、构配件和设备经施工单位自检后,全过程咨询管理单位(或监理工程师)对自检合格的产品进行审核。不合格的不能进入现场,更不得在施工中使用。

(5)认真进行现场质量监督检查,施工中各工序、工艺要求严格按照方案实施,重要工序、关键部位要求监理旁站监督控制,坚持施工方自检和专项检查、抽检、平行检、巡检、预检相结合的原则,强化施工过程中的隐蔽检查验收工作,通过施工方的自检和专项检查,发现质量问题,及时消除质量隐患。

(6)制定工程质量控制方案措施,明确各分部、分项工程保证质量的措施及质量控制重点,按照实施、检查、纠正、再检查、验收的管理程序,才能进入下道工序,不断克服质量的薄弱环节和通病、缺陷、隐患,以促使工程质量提高。

(7)按照国家各项施工验收规范、质量检验标准和设计的要求,对分部、分项、重点部位、关键部位、结构安全、使用功能、原材料等项进行质量检验评定和取样抽检评定。

(8)工程质量追踪回检,对完成后的各项工作及工程交付使用后的情况要进行回访,检查工程质量的变化情况,及时收集质量信息,由于施工原因造成的质量问题,要认真处理,不断总结提高工程质量水平。

(9)认真落实每月的质量安全大检查,坚持组织监理及相关单位每月进行质量大检查,对月度质量问题在月度会上进行点评。

四、进度管理方面

1.进度控制的事前控制措施

(1)落实项目机构中进度控制的人员,明确控制任务和管理职责分工。

(2)分析进度滞后的风险所在,尽早提出相应的预防措施。结合地下通道、道桥施工的特点,进度滞后的风险主要来自以下几个方面:设计变更不能及时确认;实施组织不合理;征地拆迁久议不决;交通转换方案不合理;行政、社会干预;地质情况复杂,地勘资料不准确;承包单位人力不足;安全隐患排除缓慢;施工质量不合格造成返工等。

将上述因素分类后,有针对性地向业主、承包单位、分包单位、设备供应单位等提出“预警”信息和建议,使各方意识到进度滞后的潜在风险,采取相应的防范性对策。

(3)认真审核承包单位提交的施工总进度计划。分析所报送的进度计划的合理性和可行性,提出审核意见,由项目经理批准执行。审核时重点分析总工期目标是否合理地分解为分部、分项工程目标,检查各工序间顺序安排是否符合逻辑;根据工程规模、质量标准、工艺复杂程度、施工现场条件,审核承包单位的劳动力配备、施工机具配备、材料设备供应、水电供应等是否满足进度需要。另外,以上述分析为基础,结合施工合同有关条款、施工图及经过批准的施工组织设计制定进度控制方案,对进度目标进行风险分析,确定防范性对策。

(4)建立进度控制协调工作制度,包括协调会议举行的时间、协调会议的参加人员等。

(5)对影响进度目标实现的干扰和风险因素进行分析,制定相应的措施予以纠正。

(6)审核施工单位提交的施工方案,使设备、人力、施工方法等保证进度计划的实现;审核承包商提交的施工进度计划。

(7)协助制订切块的单项工程工期及关键节点进度,通过总工期的分解切块,保证总工期目标的实现。由于工程节点、关键工序常常关系到整个工程项目总工期的长短,因此在施工进度计划的编制过程中,承包商要单独编制工程节点关键工序进度计划。

(8)协助业主完善外部手续,按期完成现场障碍物的拆除、渣场的确定和落实现场临时供水、供电和施工道路,及时向施工单位提供场地和创造必要的施工条件。

(9)督促总承包单位按时提供设计施工图纸等设计文件。

(10)协助业主做好保证资金供应的工作,及时按合同规定向施工单位支付工程进度款。

2. 进度控制的事中控制措施

(1)建立反映工程进度状况的管理日志,管理人员要随时收集和记录影响工程进度的有关资料和事项,逐日如实记载每日完成的实物工程量。同时,如实记载影响工程进度的内、外、人为和自然的各种因素。暴雨、大风、现场停水、现场停电等应注明起止时间(小时、分)。随时掌握承包商工程施工过程中存在的问题,以便及时协调和解决影响进度的各种矛盾和不利因素。

(2)审核总承包单位每周或每月、每季度的工程进度报告,通过每周的例会检查进度情况,将实际进度与计划进度进行比较,及时发现问题。对滞后的工作,分析原因,找出对策,并调整可以超前的工序进行弥补,尽量保证总工期不受影响。

(3)按合同要求,及时进行现场合格质量工程的计量验收工作。

(4)及时认真处理有关进度、计量方面的签证:工程师积极配合承包单位的工作,及时到工地检查和签认,无特殊原因,决不因为个人工作的延误影响施工的正常进行。

(5)对工程进度实施动态管理,工程开工后,工程师应建立单项工程的月、旬进度报表及进度控制图表,以便对分项施工的工程月、旬进度进行控制。当实际进度与计划进度产生差异时,应分析产生的原因,向承包商发出工程进度缓慢信号,要求承包商采取措施加快进度,并提出进度调整的措施和方案,相应调整施工进度计划及设计、材料设备、资金等进度计划;必要时调整工时目标。

(6)及时为工程进度款的支付签署进度、计量方面的认证意见,对进度控制采取经济奖惩措施。

(7)认真组织现场协调会,及时协调总承包单位不能解决的内外问题、总图管理问题、现场重大事宜等涉及进度管理控制的问题。

3. 进度控制的事后控制措施

(1)根据工程进展的实际情况,适时调整局部的进度计划,使其更加合理和有可操作性。

(2)当发现实际进度滞后于计划进度时,立即签发通知单指令承包单位采取措施进行调整。

(3)对由于资金、材料设备、人员组织不到位导致的工期滞后,在例会上进行协调,并由责任单位采取措施解决。

(4)如承包单位发生非自身原因的延误,应对进度计划进行优化、调整,如确属无法消除的延误,应在与业主协商后,审核批准工程延期,调整其他事项的时间与安排,避免引起工程使用单位的索赔。

五、安全文明施工管理方面

1. 安全施工管理

(1)建立健全安全保障体系,以体系的有效运转确保安全生产。根据项目实际情况建立本项目安全管理体系,并制订项目安全生产目标计划。项目其他参建单位按本全过程咨询管理体系及项目部实际情况建立项目安全管理体系,指派专人负责本项目安全管理,原则上各单位第一负责人为该项目安全负责人,全面负责本项目部安全管理。

(2)加强风险清单管理,明确安全管理重点,制定具体防范措施。在全过程咨询管理中应重视对项目危险源的识别工作,项目部入场后根据项目施工特点及类似工程管理经验,编制项目危险源清单,明确安全管理重点,并制定具体的防范措施加以控制。

(3)注重安全方案审查管理,加强安全方案执行情况检查。安全专项方案的审查、执行是安全生产的有力保障。全过程咨询管理的重点包括:建立安全专项方案管理台账;审查专项方案审批的合法性(需专家论证的必须进行专家论证),方案的技术可行性、全面性;执行方案执行情况验收制(方案实施完成后,督促监理单位组织各方进行验收,并做好验收记录,合格后方可进行正式施工)。

(4)做好定期、不定期的安全检查工作,切实做好安全生产检查、监督工作,并纳入安全台账管理范畴。

(5)严格监督施工单位安全文明施工措施费的使用,并定期检查(一般每月一次)。

2. 文明施工管理

(1)总图管理措施。总图布置包括道路专用线,停车场,各种加工、预制场地,仓库,堆场,办公、生活福利用房,临时供电、供水,排水,通信,安全保卫及防火设施等,总图管理实行审批制度。

(2)交通运输的管理措施。

①工地临时施工道路应做好规划布置,尽量减少翻交次数。同时,随时注意洒水保洁,减少道路扬尘。

②水泥和其他易飞扬的细颗粒散体材料应尽量安排库内存放,如露天存放应严密遮盖,运输和装卸时防止遗洒飞扬,以减少扬尘。

③施工场地出场道路路口应设置专门的车辆冲洗水池,对出场车辆进行冲洗。土方车辆做好防尘遮盖工作,防止对道路造成污染。

④施工单位必须做好规定行驶路线的日常保洁工作。

(3)控制扬尘污染的管理措施。

①工地内应当根据行政主管部门的要求,设置相应的车辆冲洗设施和排水、泥浆沉淀设施,运输车辆应当冲洗干净后出场,并保持出入口通道及道路两侧各50 米范围内的整洁。

②施工中产生的物料堆应当采取遮盖、洒水、喷洒覆盖剂或其他防尘措施。

③施工产生的建筑垃圾、渣土应当及时清运,不能及时清运的,应当在施工场地内设置临时性密闭堆放设施进行存放或采取其他有效防尘措施。

(4)建立本项目及周边区域的安全文明施工的应急联动机制和管理制度,确保工程本身及周边的文明施工达到目标要求。

六、财务及风险管理方面

(1)加强对招标文件的质量控制和招标文件中重点部分的审查,对招标文件中的标段划分、工作界面以及其中分包工程的界定等进行多层次审查,并形成审查意见,在招标之前要求全过程管理单位逐一修改。

(2)加强对工程量清单及限价的审查,要求工程量清单编制和审核单位实行背靠背编制,再进行对审,对限价中的暂定金额应予以充分考虑。

(3)加强对合同的评审,重点审查合同中的工作内容、工期、合同价款、结算办法及付款方式;如果合同价款可能调整,则应明确调整依据、调整方式(如何计价、总价如何确定等),并就设计变更与现场签证的有效性、可控性等进行重点审查,对工程款的专款专用作出规定,监督劳务工资的发放。

(4)编制资金使用计划,并根据实际情况进行调整,为业主资金筹措提供准确的数据,降低资金时间成本。

(5)加强对施工组织设计的审查,对其中要增加措施费的地方进行重点审查。与投标方案进行对比,严格控制增加措施费。

(6)加强对设计变更、签证的管理,按照制定的管理办法和流程办理,打消施工单位低价中标、高价结算的念头。

(7)加强对暂定金额的管理,认质核价工作应层层把关。

(8)加强对备用金的使用管理,加强工程款支付管理。

(9)加强对施工单位工程款的监管,设置专用账户,确保劳务费的支付。